the orbi

academy.orbi.kr

형식은 모방해도 내용은 모방할 수 없습니다.
개인의 능력을 극대화 시킬
모든 계획이 **디오르비**에 있습니다.

전화 : 02-597-3533 ◇ 문자 전용 : 010-9124-0207 ◇ 주소: 강남구 삼성로 61길 15 (은마사거리 도보 3분)

출발의 습관은 수능날까지 계속됩니다.
형식적인 상담이나
관리하고 있다는 모습만 보이거나
학습에 전혀 도움이 되지 않는
보여주기식의 모든 것을 배척합니다.

쓸모없는 강좌와 할 수 없는 계획을 강요하거나
무모한 혹은 무리한 스케줄로
1년의 출발을 무의미 하게 하지 않습니다.
형식은 모방해도 내용은 모방할수 없습니다.

개인의 능력을 극대화 시킬 모든 계획이 **디오르비**에 있습니다.

랑데뷰
N 제

랑데뷰세미나

저자의 수업노하우가 담겨있는
고교수학의 심화개념서

랑데뷰 기출과 변형 (총 5권)

- 1~4등급 추천(권당 약 400~600여 문항)

Level 1 - 평가원 기출의 쉬운 문제 난이도
Level 2 - 준킬러 이하의 기출+기출변형
Level 3 - 킬러난이도의 기출+기출변형

모든 기출문제 학습 후 효율적인 복습
재수생, 반수생에게 효율적

〈랑데뷰N제 시리즈〉

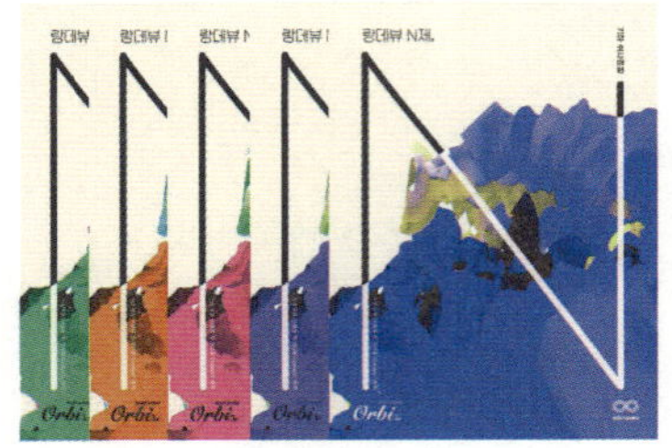

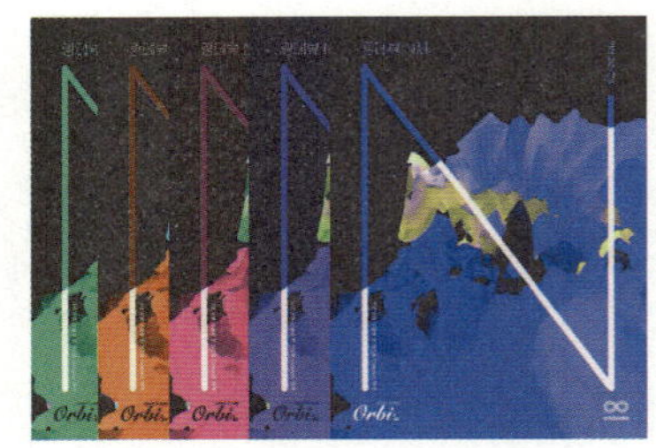

라이트N제 (총 3권)

- 2~5 등급 추천

수능 8번~13번 난이도로 구성

총 30회분의 시험지 타입
 - 회차별 공통 5문항, 선택 각 2문항
  총 11문항으로 구성

독학용 일일학습지
또는 과제용으로 적합

랑데뷰N제 쉬사준킬

- 1~4등급 추천(권당 약 240문항)

쉬운4점~준킬러 문항 학습에 특화
실전개념 및 스킬 등이 포함된
문제와 해설로 구성

기출문제 학습 후 독학용
또는 학원교재로 적합

랑데뷰N제 킬러극킬

- 1~2등급 추천(권당 약 120문항)

준킬러~킬러 문항 학습에 특화
실전개념 및 스킬 등이 포함된
문제와 해설로 구성

모의고사 1등급 또는 1등급 컷에
근접한 2등급학생의 독학용

〈랑데뷰 모의고사 시리즈〉 - 선택 확률과통계, 미적분, 기하 합본

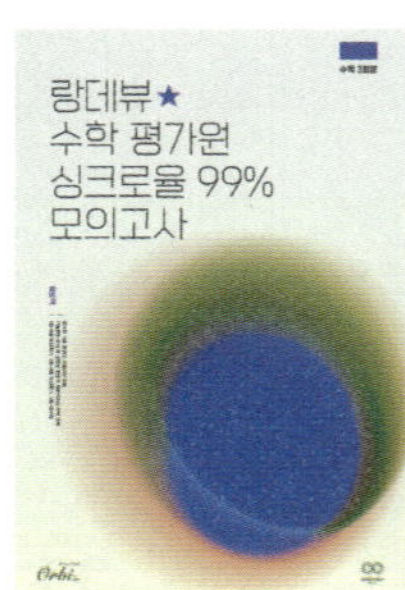

싱크로율 99% 모의고사

제1회 - 6평 싱크로율99%
제2회 - 9평 싱크로율99%
제3회 - 수능 싱크로율99%

1~4등급 추천

싱크로율 99%의 변형문제로 구성되어
평가원 모의고사를 두 번 학습하는 효과

기출 학습의 확인용으로 적합
100분 풀타임 모의고사 연습에 적합

랑데뷰☆수학모의고사 시즌1~3
어썸&랑데뷰 모의고사

1~4등급 추천

매년 8월에 출간되는 봉투모의고사

수능난이도와 비슷하거나 조금 어려운 난이도

실전력을 높이기 위한
100분 풀타임 모의고사 연습에 적합

랑데뷰 시리즈는 **전국 서점** 및 **인터넷서점**에서 구입이 가능합니다.

수능 대비 수학 문제집 **랑데뷰N제 시리즈**는 다음과 같은 난이도 구분으로 구성됩니다.

1단계- 랑데뷰 라이트 N제 (총3권) [종이책]

⇨ 변형 자작 문항(100%)
어려운 3점, 쉬운 4점, 어려운 4점 문항으로 구성되어 있다.

교재 활용 방법

① 각 권 30회씩(제1권:1~30, 제2권:31~60, 제3권:61~90회) 일일학습지 형식으로 구성되어 있어 매일 꾸준히 풀어보길 권한다.
② 각 회마다 수1&수2 5문항, 선택2 문항으로 구성되어 모든 선택자가 풀어볼 수 있다. (1~5번:공통, 6~7번:확통, 8~9번:미적분, 10~11번:기하)
③ 2~5등급 학생들에게 추천한다.

2단계- 랑데뷰 쉬사준킬 [종이책]

⇨ 변형 자작 문항(100%)
쉬운 4점과 어려운 4점, 준킬러급 난이도 변형 자작 문항 (쉬사준킬의 모든 교재의 문항수가 200문제 이상)이 출제유형별로 탑재되어 있음

교재 활용 방법

① 랑데뷰 [기출과 변형] 문제집과 같은 순서로 유형별로 정리되어 기출과 변형을 풀어본 후 과제용으로 풀어보면 효과적이다.
② [기출과 변형]과 병행해도 좋다. [기출과 변형]의 단원별로 Level1, level2까지만 완료 한 후 쉬사준킬의 해당 단원 풀기
③ 준킬러 문항을 풀어내는 시간을 단축시키기 위한 교재이다. N회독 하길 바란다.
④ 학원 교재로 사용되면 효과적이다.
⑤ 1~4등급 학생들에게 추천한다.

3단계- 랑데뷰 킬러극킬 [종이책]

⇨ 변형 자작 문항(100%)
킬러급 난이도 변형 자작 문항(킬러극킬의 모든 교재의 문항수가 100문제 이상)이 탑재되어 있음

교재 활용방법

① 랑데뷰 [기출과 변형]의 Level3의 문제들을 완벽히 완료한 후 시작하도록 하자.
② 킬러 문항의 해결에 필요한 대부분의 아이디어들이 킬러극킬에 담겨 있다.
③ 1등급 학생들과 그 이상의 실력을 갖춘 학생들에게 추천한다.

랑데뷰 수학을 만난 수험생 여러분! 꽃길만 걸으시길 응원합니다. [샤인수학학원 이재호]

잘하고 있다. 자신을 믿어라 [이지웅T]

너의 열정을 응원 할게 [수원 스카이에듀 김종렬T]

나의 꿈은 맑은 바람이 되어서 당신의 주위에 떠돌겠습니다.－한용운－ [가토수학과학학원 이태형T]

세상에 쉽게 얻어지는 것은 없습니다. [홍지석T]

재능의 차이를 뛰어넘는 피나는 노력만이 만점을 만듭니다. [오은경T]

수험생 여러분들의 열정과 땀은 앞으로의 인생에 커다란 밑거름이 될 것입니다. [오라클수학교습소 김수T]

노력과 인내는 재능을 이길 수 있다. [장선생수학학원 장세완T]

돌이켜보면 몹시 괴로울 때 성장했고, 모든게 편안할 때 퇴보했다. [장정보수학학원 장정보T]

공들여서 천천히 꼼꼼하게 생각하세요. [굿티쳐강남학원 배용제T]

천리길도 한걸음부터...어떤 일이든 한번에 이루려 하지말고 차근차근 꾸준히 쌓아간다면 미래는 꿈꾸는 삶을 살 수 있을 것이다. [서영만T]

부족하다는 것은 그만큼 채울 수 있다는 뜻이다. [대전 오엠수학 오세준T]

도전을 즐기고, 실패에 좌절하지 말자. 자기 자신을 성장시키는 효과적인 방법이다. [장정보수학학원 함상훈T]

많은 사람들은 재능의 부족보다 노력의 부족으로 실패한다. [가인수학학원 최혜권T]

승패의 차이는 대부분 그만두지 않는데에 있습니다. 랑데부와 함께 끝까지 갑시다. [수학만영어도학원 최수영T]

오늘의 한 문제가 수능날 나를 만듭니다. [이호진고등수학 이호진T]

들은 것은 잊어버리고, 본 것은 기억하고, 직접 해본 것은 이해한다. 직접풀자 랑데뷰~! [섭수학과학학원 김창섭T]

간단하게 설명할수 없으면 제대로 이해하지 못하는 것이다. [태오름수학학원 임성일]

성실한 과정의 시간들은 원하는 결과를 반드시 가져올 것이다. [반포파인만고등관 김경민T]

Excelsior : 더욱 더 높이 [메가스터디 김가람T]

'새는 날아서 어디로 가게 될지 몰라도 나는 법을 배운다'는 말처럼 지금의 배움이 앞으로의 여러분들 날개를 펼치는 힘이 되길 바래봅니다. [가나수학전문학원 이소영T]

물 위의 우아한 백조는 물속 보이지 않는 다리를 열심히 젓고 있는 것이다. 보이는 것보다 보이지 않는 부단한 노력과 성실이 실력을 만든다. [일산제우스 수학학원 김진성T]

"포기라는 단어를 생각하는 순간이 가장 좋은 때이다. 늦지 않으니 충분히 노력하면 다시 일어설 수 있을 거야." [매천필즈수학원 백상민T]

Attitude Determines Altitude [본투비수학 이인호 T]

오늘도 과거의 자신보다 나이지는 하루가 되길 바랍니다. [최병길T]

큰 성공은 작은 행동에서 시작된다. [조남웅T]

why, how 두 가지 질문에 답을 찾아 보세요. [샤인수학학원 김은수T]

지금 잠을 자면 꿈을 꾸지만, 지금 공부하면 꿈을 이룬다. [이미지매쓰학원 정일권T]

Step by step! 꾸준히 노력한 자, 수능날 랑데뷰로 성공하리라. [가나수학전문학원 황보성호T]

나는 똑똑한 것이 아니라, 단지 문제를 더 오랫동안 연구할 뿐이다. 알버트 아인슈타인 [강동희수학교습소 강동희T]

1등급을 만드는 특별한 습관 랑데부수학과 함께 합시다. [이지훈수학학원 이지훈T]

목표가 확실한 사람의 성장은 무서운 법이다!-이태원 클라쓰 [MQ멘토수학 최현정T]

반갑습니다 마지막문제에서 다시 만나요. [답길학원 서태욱]

목표는 사람을 성장하게 하고 랑데뷰는 목표 있는 사람을 지혜롭게 성장시킨다. [김이김(멘토수학) 이정배T]

수학을 즐길 줄 알아야 해. 완전해야만 빛이 나는 것은 아니야. 한 방울씩 떨어지는 낙숫물이 바위를 뚫듯 즐겁게 도전하는 너의 열정이 수학 실력을 더욱 높일 수 있을 거야. [샤인수학학원 필재T]

랑데뷰
N 제

하루 중 90%는 겸손하게 10%는 자신있게...

목차

1 | 경우의 수 ...... 008 p

   | 단원평가 ...... 041 p

2 | 확률 ...... 058 p

   | 단원평가 ...... 091 p

3 | 통계 ...... 110 p

   | 단원평가 ...... 141 p

빠른 정답 ...... 154 p

상세 해설 ...... 160 p

랑데뷰
N   제

하루 중 90%는 겸손하게 10%는 자신있게...

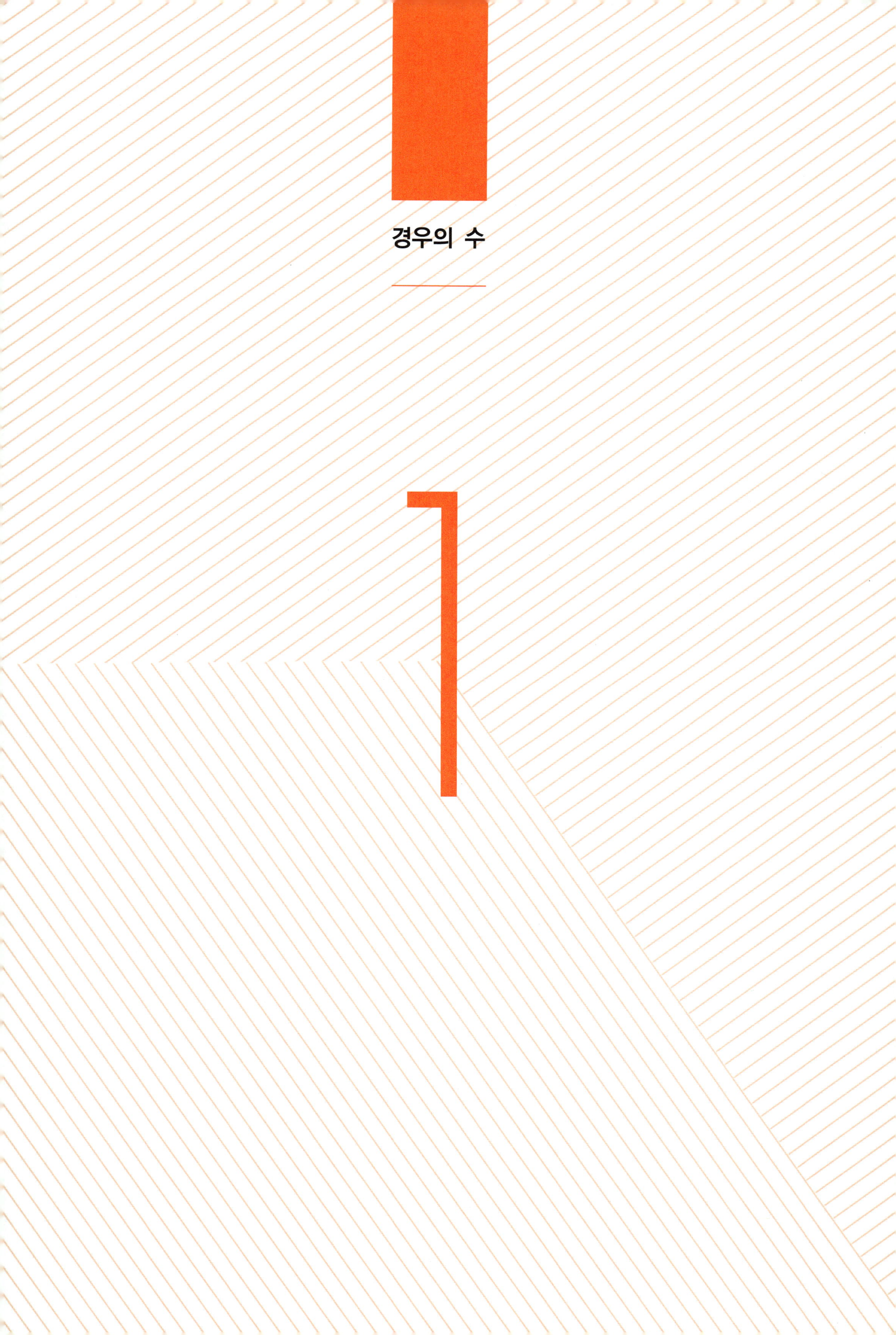
경우의 수
경우의 수

출제유형 | 원형으로 사람이나 물건을 배열하거나 원형으로 배열된 영역에 색칠하는 순열의 수를 구하는 문제가 출제된다.

출제유형잡기 | 원순열의 뜻을 알고 회전하여 같은 모양이 나타나는 경우를 파악할 수 있도록 연습한다.

01

다음 그림과 같이 한 개의 원을 중심각의 크기가 같은 5개의 부채꼴로 나누고 크기가 같은 정삼각형 5개를 각 부채꼴의 호의 길이를 이등분하는 점에 정삼각형의 한 꼭짓점이 있고 중심과 그 점을 이은 직선이 정삼각형의 다른 한 변을 수직이등분 하도록 만든 10개의 영역으로 구분되는 도형이 있다. 서로 다른 10가지 색을 모두 사용하여 10개의 영역을 색칠하는 경우의 수를 a라 할 때 $\dfrac{a}{8!}$ 의 값을 구하시오. (단, 각 영역에는 한 가지 색만 칠하고 회전하여 일치하는 것은 같은 것으로 본다.) [4점]

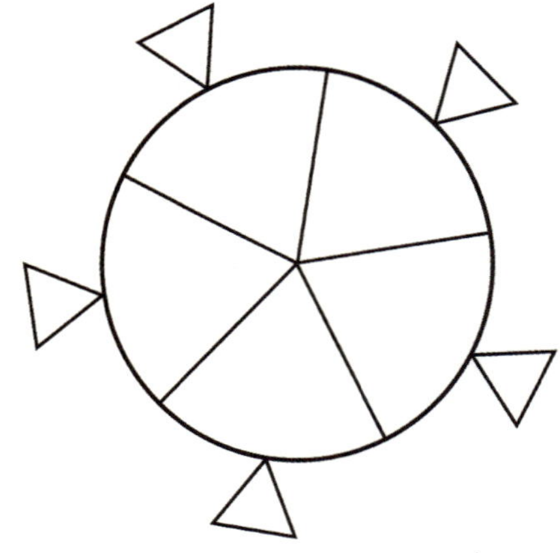

그림과 같이 정육각형에서 가장 긴 대각선 3개를 그리고,
정육각형의 각 꼭짓점과 가장 긴 대각선의 중점에 각각
중심이 있고 반지름의 길이가 모두 같은 7개의 원을
그린다. 2부터 8까지의 자연수를 7개의 원에 각각 하나씩
적을 때, 이웃한 두 원에 적은 수의 합이 모두 12이하인
경우의 수를 구하시오. [4점]

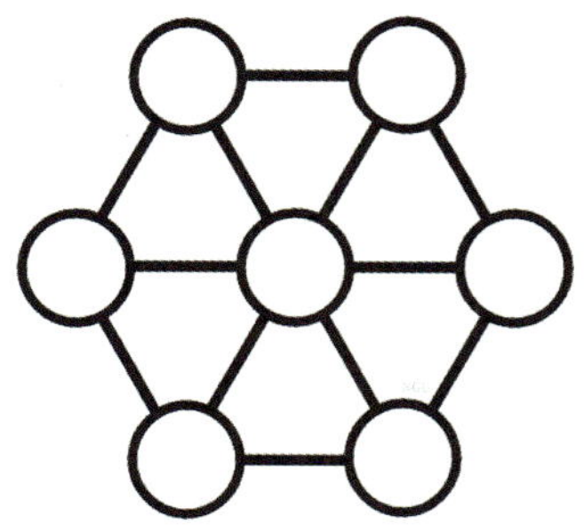

네 학생 A, B, C, D를 포함한 8명의 학생이 있다. 이
8명의 학생이 일정한 간격을 두고 원 모양의 탁자에 다음
조건을 만족시키도록 모두 둘러앉는 경우의 수는?
(단, 회전하여 일치하는 것은 같은 것으로 본다.) [4점]

> (가) A와 B는 이웃한다.
> (나) B와 C는 이웃한다.
> (다) C와 D는 이웃하지 않는다.

① 180 ② 184 ③ 188
④ 192 ⑤ 196

9개 칸의 문자판에 A부터 I까지의 알파벳을 하나씩 넣는
경우의 수는 $k \times 7!$이다. 그림은 그 중 하나의 예이다.
k의 값을 구하시오. (단, 문자판을 회전하여 일치하면
같은 경우로 생각하고 알파벳은 나침반처럼 문자판이
회전하여도 모양이 변하지 않는다.) [4점]

A	B	C
H	I	D
G	F	E

다음 그림과 같이 정오각형 모양의 회의장에 원모양의
의자가 놓여 있다. 각 의자에 한 명씩 11명이 앉는 경우의
수가 $k \times 9!$일 때, k의 값을 구하시오. (단, 회전하여
일치하는 것은 같은 것으로 본다.) [4점]

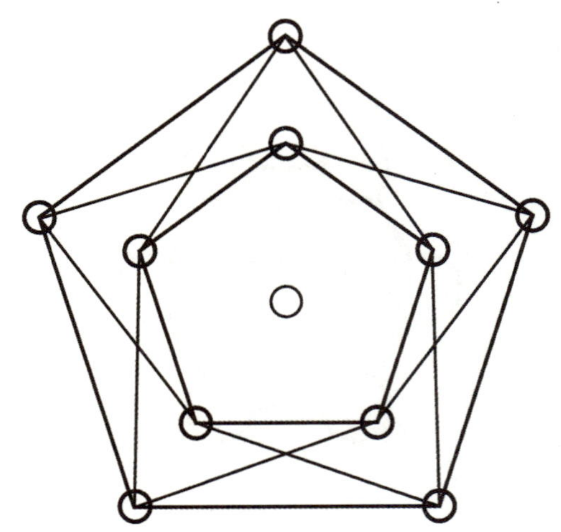

다음 그림과 같이 한 원 안에 중심각의 크기가 30°인 부채꼴이 4개, 중심각의 크기가 60°인 부채꼴이 4개 있다. 서로 다른 8가지 색을 모두 사용하여 각 부채꼴의 내부는 한 가지 색으로만 칠하여 이 원의 내부를 모두 칠하는 경우의 수는 $\dfrac{p!}{q}$ 이다. $p+q$의 최솟값을 구하시오. (단, $n! = n \times (n-1) \times \cdots 2 \times 1$, p, q는 자연수이며 회전하여 일치하는 것은 같은 것으로 본다.) [4점]

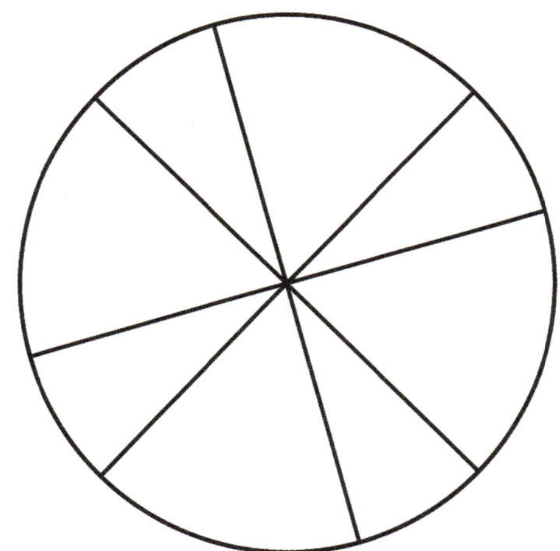

출제유형 | 서로 다른 n개에서 중복을 허락하여 r개를 택하여 일렬로 나열하는 중복순열의 수를 구하는 문제가 출제된다.

출제유형잡기 | 순열, 중복순열, 조합, 중복조합과 구분하여 중복순열의 뜻을 정확히 이해할 수 있도록 한다.

07

두 집합 $X=\{1,2,3,4,5,6\}$, $Y=\{1,2,3,4,5\}$에 대하여 X에서 Y로의 함수 f 중에서 다음 조건을 만족시키는 함수의 개수를 구하시오. [4점]

(가) $f(1)+f(2)+f(3)=6$
(나) 함수 f의 치역의 원소의 개수는 3이다.

두 집합 $A = \{1,\ 2,\ 3,\ 4,\ 5\}$ $B = \{3,\ 4,\ 5,\ 6,\ 7\}$에 대하여 다음 조건을 만족시키는 두 집합 $X,\ Y$의 순서쌍 $(X,\ Y)$의 개수를 구하시오. [4점]

> (가) $X \subset A,\ Y \subset B$
> (나) $(A \cap B) \subset (X \cup Y)$

다음과 같은 [규칙]에 따라 A에서 출발하여 D까지 가는 방법의 수는? [4점]

> [규칙1] 갈림길 위에서는 위, 아래 또는 오른쪽 방향으로만 갈 수 있다.
> [규칙2] 한 번 지나간 길은 다시 지나가지 않는다.
> [규칙3] 선분 BC 위의 두 점을 이은 선분을 적어도 한 번은 지나간다.

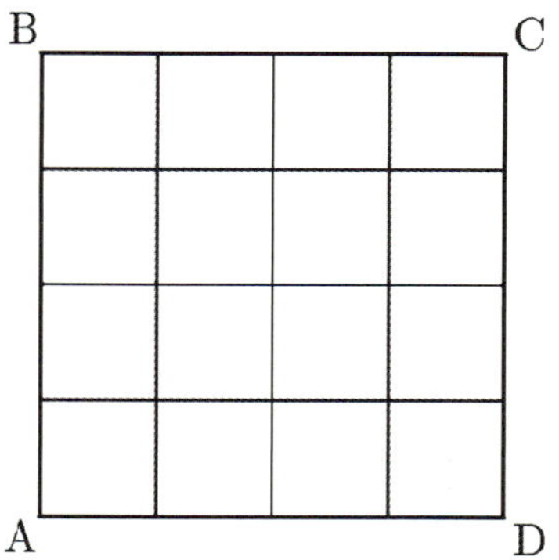

① 65　　② 175　　③ 369　　④ 399　　⑤ 510

출제유형 | 같은 것이 있는 문자 또는 숫자를 일렬로 나열하는 순열의 수를 묻는 문제가 출제된다.

출제유형잡기 | 같은 것이 있는 대상의 개수를 파악하여 경우의 수를 구한다. 특정한 대상의 순서가 정해지는 경우 이를 고려하여 같은 것이 있는 순열의 수를 구한다.

10

흰 공 4개와 검은 공 4개가 통에 들어 있다. 이 통에서 다음 조건을 만족시키도록 8개의 공을 모두 꺼내는 방법의 수를 구하시오. (단, 같은 색의 공은 구별하지 않는다.) [4점]

> (가) 검은 공은 한 번에 한 개씩만 꺼낼 수 있다.
> (나) 흰 공은 한 번에 한 개 또는 두 개씩 꺼낼 수 있다.
> (다) 흰 공과 검은 공을 동시에 꺼낼 수는 없다.

11

영문자 S, C, H, O, O, L 이 각각 하나씩 적힌 6장의
카드를 일렬로 나열하여 문자열을 만든다. 이 문자열
전체를 알파벳순으로 늘어놓으면 첫 번째 나오는
문자열은 CHLOOS 이고, 마지막 나오는 문자열은
SOOLHC이다. SCHOOL은 a번째 나오는
문자열이다. a의 값을 구하시오. [4점]

12

다음 그림과 같이 10단짜리 계단이 있다. 한 걸음에 한 단
또는 두 단 또는 세 단으로 올라 계단의 맨 위쪽에
도달하는 경우의 수를 구하시오. [4점]

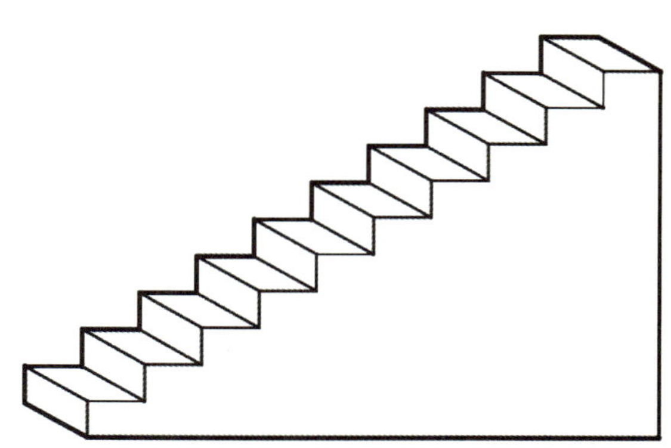

쉬사준킬 – 확률과통계   **17**

13

크기와 모양이 같은 8개의 아이스크림이 들어 있는
아이스박스 A와 빈 아이스박스 B가 있다. 아이스박스
A의 아이스크림을 1개 또는 2개씩 집어 아이스박스 B로
옮기려고 한다. 아이스박스 A에서 8개의 아이스크림을
모두 아이스박스 B로 옮기는 경우의 수를 구하시오.
[4점]

14

'소주만병만주소'의 일곱 개의 낱말을 일렬로 나열하여
문자열을 만들 때, 문자열 '소주' 또는 '주소'를 포함하는
문자열의 개수는? [4점]

① 630　　② 604　　③ 570　　④ 534　　⑤ 504

15

가로의 길이가 13, 세로의 길이가 1인 직사각형이 있다. 직사각형 내부에 세로선과 평행선을 그어 넓이가 1 또는 2 또는 3인 직사각형만 나타나게 직사각형을 나누는 경우의 수는? (단, 넓이가 3인 직사각형은 적어도 하나 있다.) [4점]

① 1080   ② 1100   ③ 1196
④ 1260   ⑤ 1328

16

왼쪽 문과 오른쪽 문이 달린 안경원 진열장 A, B에 서로 다른 안경테 9개가 각각 4개, 5개 진열되어 있다. 두 진열장 안에 들어 있는 안경테는 진열장의 한쪽 문을 열었을 때 벽에 가까운 순서대로 하나씩만 꺼낼 수 있다고 한다. 두 개의 진열장에서 한 번에 한 개씩 9개의 안경테를 모두 꺼낼 때, 안경테를 꺼내는 순서를 정하는 경우의 수를 n이라 하자. $\dfrac{n}{63}$의 값을 구하시오.

(단, 진열장 안에 한 개의 안경테가 남아 있을 때 꺼내는 경우는 1이다.) [4점]

<table><tr><td>

유형 4   같은 것이 있는 순열(최단거리)

출제유형 | 같은 것이 있는 순열을 이용하여 최단거리로 가는 경우의 수를 구하는 문제가 출제된다.

출제유형잡기 | 최단거리로 가는 경로를 직사각형으로 나타낸 후 가로, 세로로 한 칸씩 이동하는 것으로 생각하고 조건에 맞게 이동하는 경우를 파악하여 문제를 해결한다.

</td><td>

17

다음 그림과 같은 모양의 도로망이 있다. 이 도로망을 따라 A 지점에서 출발하여 B 지점까지 최단거리로 갈 때 선분 PQ를 지나지 않는 경우의 수를 a, 선분 PQ를 지나는 경우의 수를 b라 하자. $a-b$의 값을 구하시오. (단, 가로 방향의 도로와 세로 방향의 도로는 각각 서로 평행하다.) [4점]

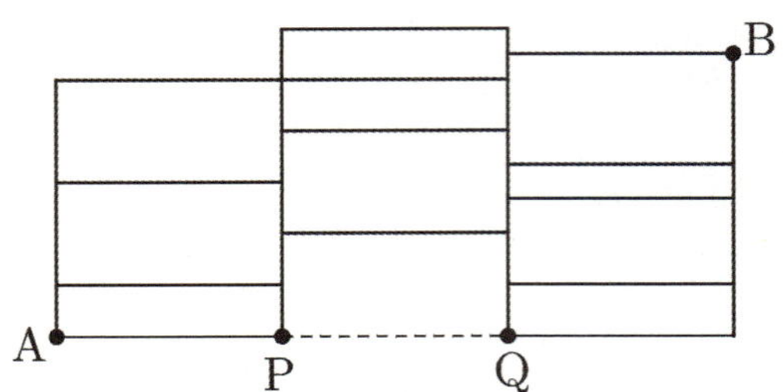

</td></tr></table>

A 팀과 B 팀이 승패가 결정날 때까지 반복하여 게임을 한다. 어느 한 팀의 승리의 횟수가 패배의 횟수보다 3만큼 크면 이 팀이 우승이라 하고 더 이상 게임을 하지 않는다. A 팀이 0승 0패에서 7승 4패로 우승을 하는 경우의 수를 구하시오. (단, 한 게임에서 비기는 경우는 없다.) [4점]

출제유형 | 중복조합의 공식을 이용하여 조건을 만족시키는 경우의 수를 구하는 문제가 출제된다.

출제유형잡기 | 주어진 문제의 상황에서 중복되는 것과 중복되지 않는 것을 구분하여 조건에 맞게 합의 법칙, 곱의 법칙, 순열, 조합 등을 이용하여 중복조합의 수를 구한다.

19

다섯 명의 학생 A, B, C, D, E에게 같은 종류의 사탕 10개를 다음 규칙에 따라 남김없이 나누어 주는 경우의 수를 구하시오. [4점]

> (가) 각 학생은 적어도 1개의 사탕을 받는다.
>
> (나) 학생 A는 학생 B보다 더 많은 사탕을 받는다.

20

정원이 30 명인 어느 학급의 회장 선거에
A, B, C, D, E의 5 명이 출마하였으며, 회장을
선출하는 방식은 다음과 같다.

> (가) 출마한 사람은 투표에 참여하지 않는다.
> (나) 나머지 25 명은 투표용지에 5 명의 후보 중 서로
> 다른 세 명의 이름을 순서 없이 기입한다.

투표를 마치고 개표 결과가 다음과 같이 발표되었다.

> 두 후보 A, B의 득표수는 각각 19, 20 이고,
> 세 후보 C, D, E는 각각 4 표 이상씩 득표하였다.

세 후보 C, D, E의 득표수를 각각 x, y, z 라 할 때,
가능한 순서쌍 $(x,\ y,\ z)$의 개수를 구하시오. [4점]

21

방정식 $3\displaystyle\sum_{k=1}^{4} x_k + 2\displaystyle\sum_{k=5}^{8} x_k = 9$을 만족시키는 서로 다른
순서쌍 $(x_1,\ x_2,\ x_3,\ \cdots,\ x_8)$의 개수를 구하시오.
(단, x_k는 음이 아닌 정수이고 $k = 1,\ 2,\ 3,\ \cdots,\ 8$이다.)
[4점]

22

다음 조건을 만족시키는 음이 아닌 정수 x_1, x_2, x_3, x_4의 모든 순서쌍 (x_1, x_2, x_3, x_4)의 개수를 구하시오. [4점]

> (가) $n = 1$, 2, 3일 때, $x_{n+1} - x_n \geq 2$
>
> (나) $x_2 \geq 6$, $x_4 \leq 15$

23

9이하의 자연수 중에서 중복을 허락하여 5개의 수를 선택할 때, 3의 배수를 3번 선택하고 1은 적어도 1번 선택하는 경우의 수를 구하시오. (단, 선택한 수의 순서는 생각하지 않는다.) [4점]

24

4개의 주사위를 동시에 던져서 나온 눈의 수를 작은
것부터 차례대로 나열하여 네 자리 자연수를 만들려고
한다. 네 자리 자연수 중 홀수의 개수를 구하시오. [4점]

25

6개의 초코 우유와 4개의 바나나 우유가 있다. 이 10개의
우유를 갑, 을, 병, 정 4명 중 2명에게만 1개 이상씩
남김없이 나누어 주는 경우의 수를 구하시오. (단, 맛이
같은 우유는 서로 구별되지 않는다.) [4점]

26

집합 $X = \{1, 2, 3, 4\}$에서 $Y = \{6, 7, 8, \cdots, 20\}$로의
함수 f에 대하여 다음 조건을 만족시키는 함수의 개수를
구하시오. [4점]

$$f(n+1) - f(n) \geq 2 \quad (n = 1, 2, 3)$$

27

다음 그림과 같은 바둑판 모양의 도로망이 있다. 방향
전환을 3번만 하면서 최단거리로 A 에서 B까지 움직이는
경우의 수를 구하시오. (단, 도로망은 7×5칸이다.) [4점]

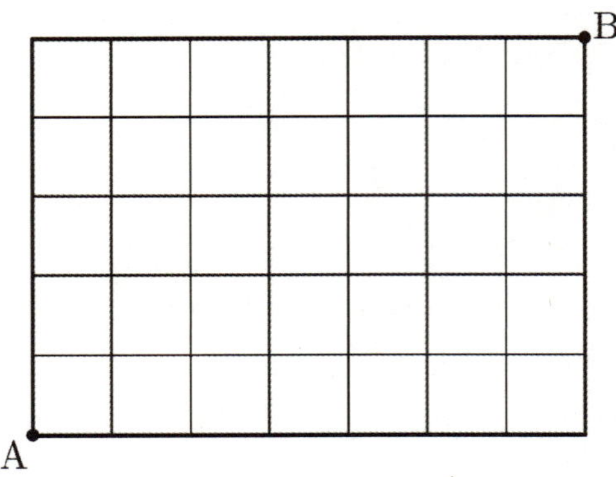

28

검은색 볼펜 n개와 파란색 볼펜 2개가 있다. 볼펜
$n+2$개를 서로 다른 세 영역 A, B, C의 각 영역에
적어도 1개의 볼펜이 있도록 남김없이 나누어 넣는

방법의 수를 $f(n)$이라 할 때, $\displaystyle\sum_{n=1}^{10} f(n)$의 값은?

(단, 같은색 볼펜은 구별되지 않고, 넣는 순서와 위치는
고려하지 않는다.) [4점]

① 855   ② 1000   ③ 1155
④ 1354   ⑤ 1518

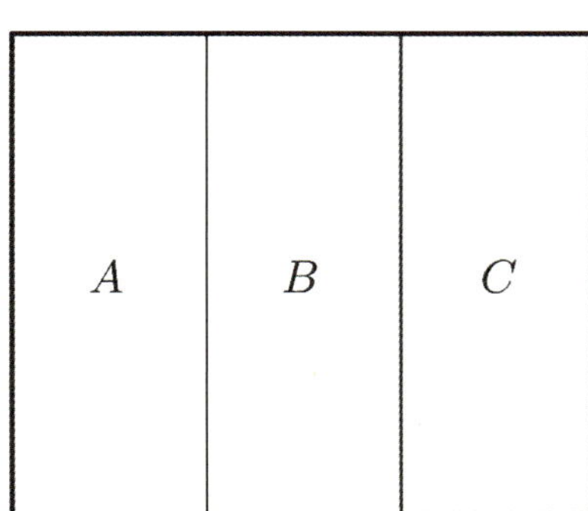

29

등식

$$\log a + \log b + \log c = 6(\log \sqrt{2} + \log 3)$$

을 만족시키는 세 자연수 a, b, c의 모든 순서쌍
$(a,\ b,\ c)$의 개수를 구하시오. [4점]

30

어느 약국에서는 마스크를 한 사람이 최대 8개까지
구입할 수 있다고 한다. 이 약국에서 다섯 명의 사람이
구입한 마스크의 개수를 x_1, x_2, x_3, x_4, x_5라 할 때,
$1 \leq x_1 < x_2 \leq x_3 \leq x_4 < x_5 \leq 8$ 를 만족시키도록
마스크를 구입하는 경우의 수를 구하시오. (단,
마스크끼리는 구분하지 않는다.) [4점]

31

소풍날 콜라, 사이다, 환타, 쿨피스의 네 종류 음료 중에서
9개의 음료를 선택하여 가져가려 할 때, 다음 조건을
만족시키는 경우의 수를 구하시오. (단, 각각의 음료는
모두 9병 이상씩 있고, 같은 종류의 음료는 서로 구별이
되지 않는다.) [4점]

> (가) 적어도 3종류 이상의 음료를 선택한다.
> (나) 콜라는 2병 이하를 선택하고 쿨피스는 3병
> 이상을 선택한다.

32

각 자리의 수가 0이 아닌 다섯 자리의 자연수 중 각 자리의 수의 합이 10인 모든 자연수의 개수는? [4점]

① 110   ② 114   ③ 118   ④ 122   ⑤ 126

33

4개의 문자 a, b, c, d 중에서 중복을 허락하여 9개를 택해 일렬로 나열할 때, 선택된 문자들이 모두 각각 한 번씩만 서로 이웃하는 경우의 수는? (단, 문자 a, b, c, d 중 적어도 두 문자는 나타난다.) [4점]

① 996   ② 1284   ③ 1344
④ 1440   ⑤ 1680

쉬사준킬 – 확률과통계

사랑이는 어느 인터넷 카페에 가입하기 위해 비밀번호를
설정하려 한다. 중복을 허락하여 1부터 9까지의 자연수로
이루어진 비밀번호 여섯자리를 만들려고 한다.
비밀번호의 각 자리의 수의 합이 16이고, 1은 한번
사용되고 2는 두 번 사용된다. 사랑이가 만들 수 있는
비밀번호의 개수를 구하시오. [4점]

출제유형 | 중복을 허락하여 선택하는 경우의 수를 구하는 문제나 방정식을 만족시키는 정수해의 순서쌍의 개수를 구하는 문제가 출제된다.

출제유형잡기 | 주어진 문제를 방정식을 만족시키는 음이 아닌 정수해의 순서쌍의 개수를 구하는 문제로 변형한 후 중복조합의 수를 이용하여 문제를 해결한다.

35

다음 조건을 만족시키는 음이 아닌 정수 a, b, c의 모든 순서쌍 $(a,\ b,\ c)$의 개수를 구하시오. [4점]

> (가) $a + b + c = 9$
> (나) 정수 k에 대하여 $abc = 3k$이다.

36

두 집합 $X = \{1, 2, 3\}$,
$Y = \{y \mid y$는 15이하의 자연수$\}$에 대하여 다음 조건을
만족시키는 함수 $f : X \to Y$의 개수를 구하시오. [4점]

(가) 집합 X의 임의의 두 원소 a, b에 대하여
$\quad\ a < b$이면 $f(a) \leq f(b)$이다.
(나) $\{f(1) - 8\}\{f(2) - 8\} > 0$

37

다음 조건을 만족시키는 자연수 x, y, z, w의 모든
순서쌍 (x, y, z, w)의 개수는? [4점]

(가) $x + y + z + w = 21$
(나) x, y, z는 짝수이고, w는 3의 배수이다.

38

다음 조건을 만족시키는 네 자연수 a, b, c, d의 모든 순서쌍 (a, b, c, d)의 개수를 구하시오. [4점]

> (가) $a \times b \times c \times d = 1296$
>
> (나) a와 b는 서로소이고 b와 c는 서로소이다.

39

다음 조건을 만족시키는 네 자연수 a, b, c, d의 순서쌍 (a, b, c, d)의 개수를 구하시오. [4점]

> (가) $a + b + c + d = 30$
>
> (나) a, b, c, d는 짝수이다.

40

다음 조건을 만족시키는 자연수 a, b, c의 모든 순서쌍 (a, b, c)의 개수를 구하시오. [4점]

> (가) a, b, c는 3의 배수인 자연수이다.
> (나) $a+b+c=30$

41

다음 조건을 만족시키는 음이 아닌 정수 a, b, c, d, e의 모든 순서쌍 (a, b, c, d, e)의 개수는? [4점]

> (가) $a+b+c-d-e=10$
> (나) $d \leq 3$, $e \leq 3$이고 $b \geq d$, $c \geq e$이다.

① 960   ② 988   ③ 1016
④ 1044   ⑤ 1056

42

다음 조건을 만족시키는 음이 아닌 정수 a, b, c, d, e의 모든 순서쌍 (a, b, c, d, e)의 개수를 S라 할 때, $\dfrac{S}{5}$의 값을 구하시오. [4점]

(가) $a+b+c+d+e = 12$
(나) $a+b \neq 4$이고 $b+c+d \neq 8$이다.

43

다음 조건을 만족시키는 음이 아닌 정수 a, b, c, d의 모든 순서쌍 (a, b, c, d)의 개수를 구하시오. [4점]

(가) $a+b+c+d = 7$
(나) a, b, c, d 중에서 적어도 2개는 0이다.

44

다음 조건을 만족시키는 자연수 a, b, c, d, e의 모든
순서쌍 (a, b, c, d, e)의 개수를 구하시오. [4점]

(가) $a \times b \times (c + d + e) = 18$

(나) a, b, c, d, e중에서 적어도 2개는 짝수이다.

출제유형 | 이항정리를 이용하여 다항식의 전개식에서 특정한 항의 계수를 구하는 문제가 출제된다.

출제유형잡기 | n이 자연수일 때, $(a+b)^n$의 전개식의 일반항 $_{n}C_{r}a^{n-r}b^{r}$에서 조건을 만족시키는 r의 값을 구하여 특정한 항의 계수를 구할 수 있도록 한다.

45

$\left(x-\dfrac{1}{x}\right)\left(x-\dfrac{1}{x}\right)^2\left(x-\dfrac{1}{x}\right)^3 \cdots \left(x-\dfrac{1}{x}\right)^n$ 을 전개한 식에서 x^3의 항이 존재하도록 하는 10이하의 자연수 n의 개수를 구하시오. [4점]

$\displaystyle\sum_{k=0}^{6}\frac{{}_6\mathrm{C}_k\times 3^k\times a^6}{5^k\times a^k}=64$을 만족하는 상수 a의 최댓값을 M, 최솟값을 m이라 하자. $M-m$의 값을 구하시오.
[4점]

$\displaystyle\sum_{k=0}^{6}\frac{{}_6\mathrm{C}_k\times 3^k\times a^6}{5^k\times a^k}=64$을 만족하는 상수 a의 최댓값을 M, 최솟값을 m이라 하자. $M-m$의 값을 구하시오.

출제유형 | 이항정리를 이용하여 $(1+x)^n$ 의 전개식에서 얻을 수 있는 이항계수의 성질을 이용하는 문제가 출제된다.

출제유형잡기 |

(1) $_nC_0 + {}_nC_1 + {}_nC_2 + \cdots + {}_nC_n = 2^n$

(2) $_nC_0 - {}_nC_1 + {}_nC_2 - {}_nC_3 + \cdots + (-1)^n {}_nC_n = 0$

(3) $_nC_0 + {}_nC_2 + {}_nC_4 + \cdots + {}_nC_{n-1}$
$= {}_nC_1 + {}_nC_3 + {}_nC_5 + \cdots + {}_nC_n = 2^{n-1}$
(단, n은 홀수)

(4) $_nC_0 + {}_nC_2 + {}_nC_4 + \cdots + {}_nC_n$
$= {}_nC_1 + {}_nC_3 + {}_nC_5 + \cdots + {}_nC_{n-1} = 2^{n-1}$
(단, n은 짝수)

47

수열 $\{a_n\}$이 $a_n = \sum_{k=1}^{n} {}_nC_k$일 때, $\sum_{n=1}^{8} a_n$의 값을 구하시오. [4점]

쉬사준킬 – 확률과통계

$\displaystyle\sum_{k=0}^{15} {}_{25}\mathrm{C}_{20-k} \times {}_{15}\mathrm{C}_{k} = {}_{a}\mathrm{C}_{b}$ 일 때, 두 상수 a, b 에

대하여 $a+b$ 의 값을 구하시오. [4점]

49

남자 5명과 A, B를 포함한 여자 4명이 다음 그림과 같이
9개의 의자가 있는 원형의 탁자에 둘러앉을 때, 여자
4명은 이웃하여 앉게 한다. 이때, A와 B는 서로
이웃하지 않도록 앉는 경우의 수가 $n^2 \times 10$일 때, 자연수
n의 값은? (단, 회전하여 일치하는 것은 같은 것으로
본다.) [4점]

① 6　　② 9　　③ 12　　④ 15　　⑤ 18

50

다음 조건을 만족시키는 네 자연수 a, b, c, d로
이루어진 모든 순서쌍 (a, b, c, d)의 개수를 구하시오.
[4점]

> (가) $a + b + c + d = 8$
> (나) $a \times b \times c \times d$는 4의 배수이다.

51

다음 그림과 같이 한 개의 원을 중심각의 크기가 같은
4개의 부채꼴로 나누고 반지름의 길이가 같은 작은 원
8개를 각 부채꼴의 호의 길이를 삼등분하는 점에
접하도록 만든 12개의 영역으로 구분되는 도형이 있다.
서로 다른 12가지 색을 모두 사용하여 12개의 영역을
색칠하는 경우의 수를 a라 할 때 $\dfrac{a}{10!}$ 의 값을 구하시오.
(단, 각 영역에는 한 가지 색만 칠하고 회전하여 일치하는
것은 같은 것으로 본다.) [4점]

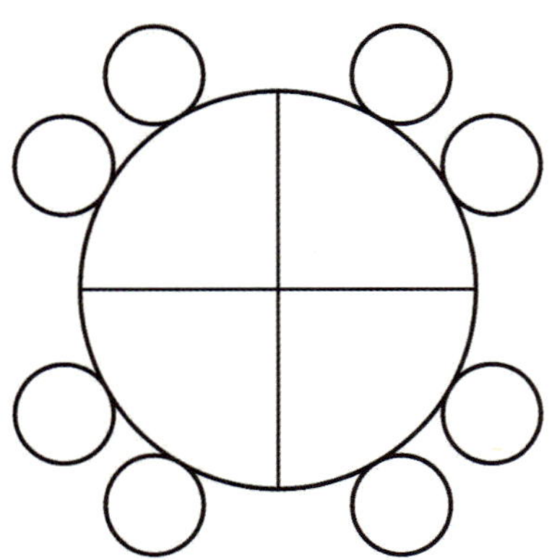

52

집합 $X = \{1,\ 2,\ 3,\ 4,\ 5\}$, $Y = \{1,\ 2,\ 3,\ 4\}$에
대하여 다음 조건을 만족시키는 X에서 Y로의 함수
f 의 개수를 구하시오. [4점]

> (가) 집합 X 의 모든 원소 x에 대하여
> $$f(x) > \frac{x}{2}$$ 이다.
> (나) 함수 f 의 치역의 원소의 개수는 3이고 최솟값은
> 1이다.

53

같은 종류의 사과 6 개와 같은 종류의 귤 6 개가 있다.
A, B, C 세 사람에게 다음 조건을 모두 만족시키도록
12 개의 과일을 모두 나누어 주는 방법의 수를 구하시오.
(단, 사과는 사과끼리, 귤은 귤끼리 서로 구별하지
않는다.) [4점]

> (가) 세 사람 모두 적어도 1 개의 사과를 받는다.
> (나) 적어도 한 사람은 귤을 1 개도 받지 못한다.

54

세 정수 a, b, c에 대하여

$$0 \leq |a| \leq b < |c| \leq 5$$

를 만족시키는 모든 순서쌍 $(a,\ b,\ c)$의 개수를 구하시오.
[4점]

흰 구슬 4개와 검은 구슬 4개가 있다. 이 8개의 구슬 중 4개를 택하여 서로 다른 세 개의 그릇 A, B, C에 나누어 담는 경우의 수를 구하시오. (단, 빈 그릇이 있을 수 있고, 같은 색의 구슬은 서로 구별하지 않는다.) [4점]

그림과 같이 직사각형 ABCD에서 선분 AB를 6등분하는 5개의 점 P_1, P_2, P_3, P_4, P_5와 선분 CD를 6등분하는 5개의 점 Q_1, Q_2, Q_3, Q_4, Q_5가 있다. 각 점 $P_i(i = 1,\ 2,\ 3,\ 4,\ 5)$에 대하여 점 P_i와 5개의 점 Q_1, Q_2, Q_3, Q_4, Q_5 중에서 임의로 선택한 한 점을 선분으로 연결한다. 직사각형 ABCD가 추가된 5개의 선분에 의하여 나누어진 영역의 개수가 7인 경우의 수를 구하시오. [4점]

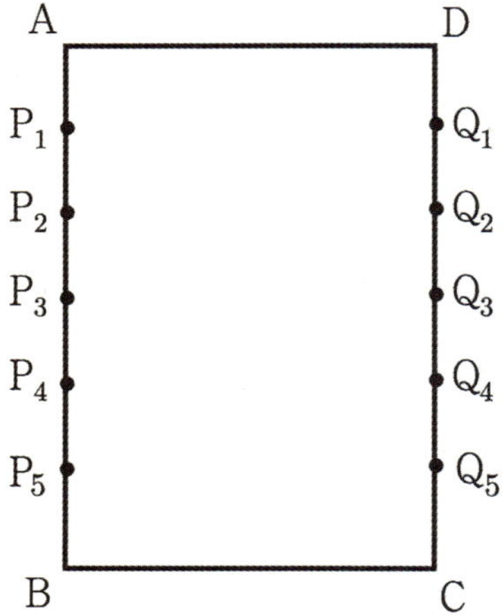

57

다음 조건을 만족시키는 세 자연수 a, b, c의 모든 순서쌍 (a, b, c)의 개수를 구하시오. [4점]

(가) $a < b < c$
(나) $a + b + c \leq 17$

58

집합 $X = \{-4, -3, -2, -1, 1, 2, 3, 4\}$ 에 대하여 다음 조건을 만족시키는 함수 $f : X \to X$ 의 개수는 $a \times 2^b$ 이다. $a + b$의 값을 구하시오. [4점]

(가) 집합 X 의 임의의 두 원소 x_1, x_2 에 대하여
   $x_1 < x_2$ 이면 $|f(x_1)| \leq |f(x_2)|$ 이다.
(나) 함수 $|f(x)|$ 의 최솟값은 1이다.

59

집합 $X = \{1, 2, 3, 4\}$, $Y = \{2, 3, 4, 5\}$에 대하여 다음 조건을 만족시키는 모든 함수 $f : X \to Y$의 개수를 구하시오. [4점]

(가) $f(1) + f(2) + f(3) \geq 3f(4)$
(나) $k = 1,\ 2,\ 3$일 때 $f(k) \neq f(4)$이다.

60

$0 \leq a \leq 4$, $0 \leq b \leq 4$, $0 \leq c \leq 4$, $0 \leq d \leq 4$, $0 \leq e \leq 4$을 만족시키는 정수 $a,\ b,\ c,\ d,\ e$에 대하여 $a + b + c + d + e = 12$을 만족하는 모든 순서쌍 (a, b, c, d, e)의 개수를 구하시오. [4점]

61

다음 조건을 만족시키는 자연수 N의 개수를 구하시오.
[4점]

> (가) $1000 \leq N < 3000$
> (나) N은 짝수이다.
> (다) N의 각 자리 수의 합은 6이하이다.

62

네 개의 자연수 2, 3, 5, 7 중에서 중복을 허락하여 10개를 선택할 때, 선택된 10개의 수의 곱이 90의 배수가 되도록 하는 경우의 수를 구하시오. [4점]

a, a, b, b, b, c, c, c, c를 모두 일렬로 나열하여 만든 9자리의 문자열 중에서 양 끝에 적힌 문자가 서로 같은 문자열의 개수를 구하시오. [4점]

경우의 수

다음 그림과 같이 숫자 1이 적힌 흰 공과 검은 공이 각각 2개, 숫자 2가 적힌 흰 공과 검은 공이 각각 2개씩 들어 있는 주머니가 있다.

왼쪽부터 차례대로 동, 해, 물, 과, 백, 두, 산, 이가 적혀 있는 상자에 주머니 안의 공을 한 칸에 한 개씩 모두 넣을 때, 백, 두, 산 이 적힌 칸에 넣는 세 개의 공에 적힌 수의 합이 4이고 모두 같은 색이 되도록 하는 경우의 수를 구하시오. (단, 모든 공은 크기와 모양이 같다.) [4점]

65

전체집합 $U = \{1, 2, 3, 4, 5\}$의 두 부분집합 A, B에 대하여 $A \cap B = \varnothing$ 을 만족하는 순서쌍 (A, B)의 개수를 구하시오. [4점]

66

모양과 크기가 같은 파란 공 3개, 빨간 공 3개가 있다. 이 중에서 4개의 공을 택하여 모양이 다른 세 개의 통 A, B, C 에 넣는 방법의 수를 구하시오. (단, 같은 색깔의 공은 서로 구별되지 않고, 세 개의 통 A, B, C 는 비어 있을 수도 있다.) [4점]

67

집합 $X = \{1, 2, 3, 4, 5\}$에서 집합 X로의 함수 f
중에서 $f(1) \times f(2) + f(3) \times f(4) = 10$을 만족시키는
함수 f의 개수를 구하시오. [4점]

68

주머니 속에 네 개의 숫자 1, 2, 3, 4이 각각 하나씩
적혀 있는 공 4개가 들어 있다. 이 주머니에서 1개의
공을 꺼내어 공에 적혀 있는 수를 확인한 후 다시 넣는다.
이 과정을 3번 반복할 때, 꺼낸 공에 적혀 있는 수를
차례로 a, b, c라 하자. $\dfrac{bc}{a}$ 가 정수가 되도록 하는 모든
순서쌍 (a, b, c) 의 개수는? [4점]

① 39　　② 41　　③ 43　　④ 45　　⑤ 47

69

빨간색 연필 11개, 주황색 연필 3개, 노란색 연필 1개, 초록색 연필 1개를 4개의 서로 다른 필통 A, B, C, D에 4개씩 넣으려고 한다. 같은 종류의 연필은 서로 구분이 되지 않는다고 할 때, 빨간색 연필이 4개 들어가는 필통과 1개가 들어가는 필통이 각각 1개씩인 경우의 수를 구하시오. [4점]

70

두 종류의 카드 A, B가 8장씩 있다. 이 16장의 카드 중에서 8장의 카드를 택하여 일렬로 나열할 때, A B가 이 순서대로 연속하여 놓인 것이 한 번만 나타나도록 나열하는 경우의 수를 구하면? (단, 같은 종류의 카드는 서로 구별하지 않는다.) [4점]

① 84   ② 88   ③ 92   ④ 96   ⑤ 100

71

다음 그림과 같이 10개의 공이 들어있는 주머니에서 공을 꺼내어 세 명의 학생 A, B, C에게 나누어 주는 경우의 수를 모두 구하면? (공을 받지 못하는 학생은 없고 모든 공은 같은 것으로 취급한다.) [4점]

① 100　　② 105　　③ 110　　④ 115　　⑤ 120

72

집합 $X = \{1, 2, 3, 4, 5, 6\}$에 대하여 함수 $f : X \to X$ 중에서 다음 조건을 만족시키는 함수 f의 개수를 구하시오. [4점]

(가) $\dfrac{f(6)}{f(3)}$ 은 짝수이다.

(나) 집합 X의 임의의 두 원소 x_1, x_2에 대하여
$x_1 < x_2$이면, $f(x_1) \leq f(x_2)$ 이다.

(다) $f(3) \neq f(4)$

73

8개의 문자 a, a, a, a, b, b, c, c를 일렬로 나열할 때,
b와 b는 이웃하거나 이웃하지 않을 때는 b와 b사이에
짝수 개의 문자가 놓이도록 나열하는 경우의 수를
구하시오. [4점]

74

집합 $X = \{1, 2, 3, 4, 5, 6, 7\}$에 대하여 X에서 X로의
함수 f중에서 다음 조건을 만족시키는 함수의 개수를
구하시오. [4점]

(가) $f(4)$의 값은 3의 배수이다.
(나) $x < 4$이면 $f(x) \geq f(4) + 1$이다.
(다) $x > 4$이면 $f(x) \leq \dfrac{1}{3} f(4)$이다.

흰 공 4개와 검은 공 8개를 네 상자 A, B, C, D에 남김없이 나누어 넣을 때, 각 상자에 공이 2개 이상씩 들어가도록 나누어 넣는 경우의 수를 구하시오. (단, 같은 색 공끼리는 서로 구별하지 않는다.) [4점]

$a_1 = 1$, $a_{n+1} - a_n = 2$을 만족하는 수열 $\{a_n\}$에 대하여
$$_9H_0 a_1 + {}_8H_1 a_2 + {}_7H_2 a_3 + {}_6H_3 a_4 + \cdots + {}_2H_7 a_8 + {}_1H_8 a_9$$
의 값은? [4점]

① 1280 ② 1404 ③ 2044
④ 2304 ⑤ 2880

77

1, 2, 3, 4, 5, 6이 각각 적힌 6개의 공을 서로 다른 3개의 상자에 넣으려고 한다. 어느 상자에도 공에 적힌 수의 합이 19이상이 되는 경우가 없도록 공을 넣는 경우의 수를 구하시오. (단, 빈 상자가 있을 수 있다.) [4점]

78

집합 $X = \{1, 2, 3, 4, 5, 6\}$에 대하여 X에서 X로의 함수 f 중에서 다음 조건을 모두 만족시키는 함수의 개수를 구하시오. [4점]

> (가) $f(3)$의 값은 짝수이다.
> (나) $x < 3$이면 $f(x) \geq f(3)$이다.
> (다) $x > 3$이면 $f(x) \leq f(3)$이다.

79

다음 조건을 만족시키는 서로 다른 10이하의 세 자연수 a, b, c의 모든 순서쌍 (a, b, c)의 개수를 구하시오. [4점]

세 변의 길이가 a, b, c인 삼각형이 존재한다.

80

다음 조건을 만족시키는 세 자연수 a, b, c의 모든 순서쌍 (a, b, c)의 개수를 구하시오. [4점]

(가) $a < b < c$
(나) $a + b + c \leq 15$

랑데뷰
N 제

하루 중 90%는 겸손하게 10%는 자신있게...

확률

 수학적 확률

출제유형 | 경우의 수와 순열, 조합을 이용하여 어떤 시행에서 사건 A가 일어날 확률을 구하는 문제가 출제된다.

출제유형잡기 | 표본공간 S의 원소의 개수와 사건 A의 원소의 개수를 구하여 사건 A가 일어날 수학적 확률 $\mathrm{P}(A) = \dfrac{n(A)}{n(S)}$ 를 구한다.

81

집합 $X = \{1, 2, 3, 4, 5\}$에 대하여 함수 f 는 다음 조건을 만족시킨다.

> (가) 정의역과 공역이 모두 집합 X이다.
> (나) $f(1) + f(3) + f(5) = 9$

함수 f중에서 임의로 하나를 택할 때, 택한 함수 f의 치역의 원소의 개수가 2일 확률은 $\dfrac{q}{p}$이다. $p+q$의 값을 구하시오. (단, p와 q는 서로소인 자연수이다.) [4점]

82

주사위 한 개를 한 번 던지는 시행에서 두 사건 A, B가
$\mathrm{P}(A \cap B) = 0$, $\mathrm{P}(A) = \mathrm{P}(B) \neq 0$을 만족시킨다.
이러한 두 사건 A, B의 모든 순서쌍 (A, B)의 개수를
구하시오. [4점]

83

총 6편의 영화를 상영하는 영화관에 A, B, C, D 네
학생이 영화를 보러 갔다. 4명의 학생은 다음 조건을
만족시키며 영화를 관람한다.

> (가) 각 학생은 3편씩 영화를 관람한다.
> (나) 한 편의 영화마다 2명씩 관람한다.

A, B 두 학생이 함께 관람한 영화가 1개 이상일 때,
A, B 두 학생이 함께 관람한 영화의 수가 2일 확률은
$\dfrac{q}{p}$ 이다. $p+q$의 값을 구하시오. (단, p, q는 서로소인
자연수이다.) [4점]

84

방정식 $a+b+c+d=7$을 만족시키는 음이 아닌 정수
a, b, c, d의 모든 순서쌍 $(a,\ b,\ c,\ d)$중에서 임의로 한
개를 선택한다. 선택한 순서쌍 $(a,\ b,\ c,\ d)$가

$(a-3)(c-2)=0$을 만족시키는 확률은 $\dfrac{q}{p}$이다. $p+q$의

값을 구하시오. (단, p와 q는 서로소인 자연수이다.)
[4점]

85

집합 $X=\{1,\ 2,\ 3,\ 4,\ 5,\ 6\}$에 대하여 X에서 X로의
함수 f중에서 임의로 선택한 함수가 다음 조건을
만족시킨다.

> 집합 X의 임의의 두 원소 x_1, x_2에 대하여
> $x_1 < x_2$일 때, $f(x_1) \le f(x_2)$이다.

이 함수의 치역의 원소의 개수가 3이하일 확률이 $\dfrac{q}{p}$이다.

$p+q$의 값을 구하시오. (단, p와 q는 서로소인
자연수이다.) [4점]

한 자리 수의 자연수가 각각 하나씩 적힌 9개의 공이
들어있는 주머니가 있다. 이 주머니에서 임의로 4개의
공을 동시에 꺼내 작은 수가 적힌 공부터 순서대로 나열할
때, 4개의 공에 적힌 수가 등차수열이 될 확률은? [4점]

① $\dfrac{1}{14}$ ② $\dfrac{1}{7}$ ③ $\dfrac{3}{14}$

④ $\dfrac{2}{7}$ ⑤ $\dfrac{5}{14}$

서로 다른 두 대의 놀이기구 A, B에 어른3명,
어린이 5명이 나누어 타려고 한다. 놀이기구 한 대의
최대 탑승 인원은 5명이고, 각각의 놀이기구에는 적어도
1명의 어른이 탑승한다고 한다. 놀이기구 A에 탑승한
어른의 수가 1일 확률은? (단, 앉는 좌석은 구분하지 않고
두 대의 놀이기구에 어른3명과 어린이 5명이 모두
탑승한다.) [4점]

① $\dfrac{1}{4}$ ② $\dfrac{3}{8}$ ③ $\dfrac{1}{2}$

④ $\dfrac{5}{8}$ ⑤ $\dfrac{3}{4}$

88

집합 $A = \{1, 2, 3, 4, 5\}$에 대하여 A에서 A로의 모든 함수 f중에서 임의로 하나를 선택할 때, 이 함수가 다음 조건을 만족시킬 확률은 p이다. $5^6 \times p$의 값을 구하시오. [4점]

> (가) $f(1)$, $f(2)$, $f(3)$이 순서대로 등차수열을 이룬다. (단, $f(1) < f(2) < f(3)$)
>
> (나) $\displaystyle\sum_{k=1}^{5} f(k) \leq 13$

89

A, B, C, D 네 사람이 영화표 4장을 구매하여 1장씩 나누어 가졌다. 네 사람이 영화관에 입장하여 구매한 4장의 영화표에 적힌 네 좌석에 임의로 앉을 때, 네 사람 모두 자신이 가지고 있는 영화표에 적힌 좌석과 다른 좌석에 앉을 확률은? [4점]

① $\dfrac{5}{22}$　　② $\dfrac{3}{11}$　　③ $\dfrac{7}{22}$　　④ $\dfrac{3}{8}$　　⑤ $\dfrac{1}{2}$

유형 2 확률의 덧셈정리(1)

출제유형 | 확률의 덧셈정리를 이용하여 확률을 구하는 문제가 출제된다.

출제유형잡기 | 표본공간 S의 부분집합인 두 사건 A, B에 대하여 사건 A 또는 사건 B가 일어날 확률은

$$\mathrm{P}(A \cup B) = \mathrm{P}(A) + \mathrm{P}(B) - \mathrm{P}(A \cap B)$$

임을 이용하여 확률을 구한다.

상자 A와 상자 B에는 각각 10개씩 공이 들어 있고, 상자에 들어 있지 않은 공 28개가 있다. 주사위 한 개를 사용하여 다음 시행을 7번 반복한다.

> 한 개의 주사위를 한 번 던져 3의 배수의 눈이 나오면 상자 A에서 공 2개를 꺼내어 상자 B에 넣고, 3의 배수의 눈이 나오지 않으면 공 4개를 두 상자 A, B에 각각 2개씩 넣는다.

상자 B에 들어 있는 공의 개수가 7번째 시행 후 처음으로 상자 A에 들어 있는 공의 개수의 3배가 될 확률은 $\dfrac{a}{3^7}$ 이다. 자연수 a의 값을 구하시오. [4점]

91

주머니 속에 크기와 모양이 같은 흰 공 1개와 검은 공 2개가 있다. 이 주머니에서 임의로 1개의 공을 꺼내어 색을 확인한 후 다시 주머니에 넣는 시행을 5번 반복하는데 바로 앞에서 꺼낸 공과 다른 색의 공이 나오면 1점을 받고, 바로 앞에서 꺼낸 공과 같은 색의 공이 나오면 0점을 받는다고 한다. 이 시행을 5번 반복한 후 2점을 받을 확률이 $\dfrac{q}{p}$일 때, $p+q$의 값을 구하시오.

(단, 같은 색의 공은 구별하지 않고, p와 q는 서로소인 자연수이다.) [4점]

92

자연수 0, 1, 2, 3, 4, 5 중 서로 다른 네 개의 수를 임의로 택해 일렬로 나열하여 네 자리의 자연수를 만들 때, 일의 자리 수와 십의 자리 수의 합이 4이거나 십의 자리 수와 백의 자리 수의 합이 5인 자연수가 될 확률은? [4점]

① $\dfrac{3}{10}$ ② $\dfrac{19}{60}$ ③ $\dfrac{23}{75}$ ④ $\dfrac{7}{20}$ ⑤ $\dfrac{11}{30}$

93

주머니에 숫자 1, 3, 5, 7이 하나씩 적혀 있는 흰 공
4개와 숫자 2, 3, 4, 5, 6이 하나씩 적혀 있는 검은 공
5개가 들어 있다. 이 주머니에서 임의로 4개의 공을
동시에 꺼내는 시행을 한다. 이 시행에서 꺼낸 공에 적혀
있는 수가 같은 공이 있을 때, 꺼낸 공 중 검은 공이 2개일
확률은 $\dfrac{q}{p}$ 이다. $p+q$의 값을 구하시오. (단, p와 q는
서로소인 자연수이다.) [4점]

94

숫자 2, 3, 3, 4, 4, 4가 한 면에 하나씩 적힌 주사위
A와 숫자 1, 2, 3, 4, 5, 6이 한 면에 하나씩 적힌
주사위 B가 있다. 주사위 A를 던져 나온 수만큼 주사위
B를 던져서 나오는 눈의 수의 합을 점수로 한다. 이
시행을 한 번 하여 얻은 점수가 9점일 확률은? [4점]

① $\dfrac{5}{72}$　　② $\dfrac{47}{648}$　　③ $\dfrac{49}{216}$

④ $\dfrac{17}{216}$　　⑤ $\dfrac{53}{648}$

유형 3 확률의 덧셈정리(2)

출제유형 | 확률의 덧셈정리를 주어진 조건에 맞게 활용하여 확률을 구하는 문제가 출제된다.

출제유형잡기 | 표본공간 S의 부분집합인 두 사건 A와 B가 서로 배반사건일 때, 사건 A 또는 사건 B가 일어날 확률은

$$\mathrm{P}(A \cup B) = \mathrm{P}(A) + \mathrm{P}(B)$$

임을 이용하여 확률을 구한다.

95

정십각형의 꼭짓점 중에서 임의로 서로 다른 두 점을 고르고, 고른 두 점을 지나는 직선을 l이라 하자. 직선 l이 지나지 않는 정십각형의 꼭짓점 중에서 임의로 서로 다른 두 점을 선택하고, 선택한 두 점을 지나는 직선을 m이라 하자. 직선 l과 직선 m이 서로 만날 확률은 $\dfrac{q}{p}$ 이다. $p+q$의 값을 구하시오. (단, p와 q는 서로소인 자연수이다.) [4점]

96

6개의 문자 A, B, C, D, E, F를 임의로 일렬로
나열할 때, 다음 조건을 만족시키도록 문자가 나열될
확률은? [4점]

> (가) 문자 A는 문자 B의 왼쪽에 놓여 있다.
> (나) 문자 C는 문자 B의 오른쪽에 놓여 있다.
> (다) 문자 D는 문자 A의 오른쪽에 놓여 있다.

① $\dfrac{1}{4}$　　② $\dfrac{1}{5}$　　③ $\dfrac{1}{6}$　　④ $\dfrac{1}{7}$　　⑤ $\dfrac{1}{8}$

97

주머니 속에 흰 공 3개, 빨간 공 4개, 파란 공 3개가 들어
있다. 이 주머니에서 임의로 3개의 공을 꺼낼 때, 꺼낸
공의 색의 종류가 2개일 확률은? [4점]

① $\dfrac{2}{5}$　　② $\dfrac{7}{10}$　　③ $\dfrac{13}{20}$　　④ $\dfrac{3}{4}$　　⑤ $\dfrac{17}{20}$

빨간색 공 3개, 주황색 공 4개, 노란색 공 3개가 들어 있는 주머니에서 1개의 공을 임의로 꺼낼 때, 꺼낸 공이 빨간색이면 3점, 주황색이면 2점, 노란색이면 4점의 점수를 얻는다. 주머니에서 2개의 공을 동시에 꺼낼 때, 나온 두 공의 색으로 얻은 점수의 합이 6일 확률은? [4점]

① $\dfrac{1}{5}$　② $\dfrac{4}{15}$　③ $\dfrac{1}{3}$　④ $\dfrac{2}{5}$　⑤ $\dfrac{7}{15}$

1, 2, 3, 4, 5의 5개의 숫자가 적혀 있는 카드와 A, B, C, D의 4개의 문자가 적혀 있는 카드가 있다. 이 9개의 카드를 모두 사용하여 임의로 일렬로 나열할 때, 다음 조건을 만족시킬 확률은? [4점]

> (가) 숫자 5의 양쪽 옆에 문자를 나열한다.
> (나) 문자 A의 양쪽 옆에 숫자를 나열한다.

① $\dfrac{1}{14}$　② $\dfrac{1}{7}$　③ $\dfrac{3}{14}$　④ $\dfrac{2}{7}$　⑤ $\dfrac{5}{14}$

100

두 집합 $A = \{1, 2, 3, 4\}$, $B = \{5, 6, 7, 8, 9\}$에 대하여 A에서 B로의 모든 함수 f 중에서 임의로 하나를 선택할 때, 이 함수가 다음 조건을 만족시킬 확률은 $\dfrac{q}{p}$이다. $p+q$의 값을 구하시오. (단, p와 q는 서로소인 자연수이다.) [4점]

> (가) $f(1) \times f(2) \leq 36$
> (나) 함수 f의 치역의 원소의 개수는 3이다.

101

한 개의 동전을 8번 던질 때, 다음 조건을 만족시킬 확률은? [4점]

> (가) 앞면이 2번 이상, 뒷면이 2번 이상 나온다.
> (나) 앞면과 뒷면이 각각 연속해서 나오는 경우가 있다.

① $\dfrac{37}{64}$ ② $\dfrac{39}{64}$ ③ $\dfrac{37}{67}$ ④ $\dfrac{39}{67}$ ⑤ $\dfrac{41}{67}$

출제유형 | 여사건을 이용하여 확률을 구하는 문제가 출제된다.

출제유형잡기 | 사건 A가 일어나는 경우의 수보다 사건 A의 여사건 A^C이 일어나는 경우의 수를 구하는 것이 간편할 때 여사건의 확률을 이용하여 계산한다.

102

5개의 숫자 1, 2, 3, 4, 5를 한 번씩만 사용하여 다섯 자리 자연수를 임의로 만들 때, 처음 수와 역으로 배열한 수를 더하여 얻은 수의 각 자리의 숫자 중 적어도 하나가 홀수일 확률은 p이다. $60p$의 값을 구하시오. [4점]

103

한 자리의 수의 자연수가 하나씩 적혀 있는 9개의 공을
원의 둘레에 일정한 간격으로 나열할 때, 이웃한 두 공에
적혀 있는 두 수의 합의 최댓값이 16일 확률은?
(단, 회전하여 일치하는 것은 같은 것으로 본다.) [4점]

① $\dfrac{1}{42}$ ② $\dfrac{1}{21}$ ③ $\dfrac{1}{14}$

④ $\dfrac{1}{7}$ ⑤ $\dfrac{3}{14}$

104

7개의 문자 a, a, a, b, c, c, c을 모두 일렬로 나열하여
만든 모든 문자열에서 임의로 택한 한 문자열의 왼쪽에서
4번째(정중앙)의 자리의 문자가 a일 때, 왼쪽에서
3번째와 5번째의 문자 중 적어도 하나는 c일 확률은?
[4점]

① $\dfrac{1}{3}$ ② $\dfrac{2}{3}$ ③ $\dfrac{3}{5}$ ④ $\dfrac{4}{5}$ ⑤ $\dfrac{5}{6}$

3개의 주사위를 동시에 던져 나온 눈의 수들의 곱이 10의 배수일 확률은? [4점]

① $\dfrac{8}{27}$ ② $\dfrac{1}{3}$ ③ $\dfrac{125}{216}$

④ $\dfrac{2}{3}$ ⑤ $\dfrac{19}{27}$

<table><tr><td>

유형 5 조건부확률의 계산

출제유형 | 조건부확률을 이용하여 확률을 구하는 간단한 계산문제가 출제된다.

출제유형잡기 | 확률의 덧셈정리, 여사건의 확률, 조건부확률을 이용하여 간단한 계산 문제를 해결할 수 있도록 한다.

$$\mathrm{P}(A \cup B) = \mathrm{P}(A) + \mathrm{P}(B) - \mathrm{P}(A \cap B)$$

$$\mathrm{P}(A^{C}) = 1 - \mathrm{P}(A)$$

$$\mathrm{P}(B \mid A) = \frac{\mathrm{P}(A \cap B)}{\mathrm{P}(A)} \ (\text{단, } P(A) > 0)$$

</td><td>

106

두 사건 A, B에 대하여 $\mathrm{P}(A) : \mathrm{P}(B) = 2 : 3$와 $\mathrm{P}(A \cup B) = \dfrac{4}{3}\mathrm{P}(B)$가 성립할 때, $\mathrm{P}(B \mid A)$의 값은? (단, $\mathrm{P}(A) \neq 0$) [4점]

① $\dfrac{1}{4}$ ② $\dfrac{1}{3}$ ③ $\dfrac{1}{2}$ ④ $\dfrac{2}{3}$ ⑤ $\dfrac{3}{4}$

</td></tr></table>

출제유형 | 주어진 상황이 표로 정리하여 주어졌을 때, 이 표를 이용하여 조건부확률을 구하는 문제가 출제된다.

출제유형잡기 | 두 사건 A, B에 대하여 사건 A가 일어났을 때의 사건 B의 조건부확률은

$$P(B|A) = \frac{P(A \cap B)}{P(A)} \ (\text{단, } P(A) > 0)$$

임을 이용하여 문제를 해결할 수 있도록 한다.

107

어느 학교의 전체 학생 320명을 대상으로 수학여행 참여 여부를 조사한 결과 남학생의 60%와 여학생의 50%가 수학여행에 참여하였다고 한다. 이 학교의 수학여행에 참여한 학생 중 임의로 1명을 선택할 때 이 학생이 남학생일 확률을 p_1, 이 학교의 수학여행에 참여한 학생 중 임의로 1명을 선택할 때 이 학생이 여학생일 확률을 p_2라 하자. $p_1 = 2p_2$일 때, 이 학교의 남학생의 수를 구하시오. [4점]

108

다음 표와 같이 두 상자 A, B 에는 흰 구슬과 검은
구슬이 섞여서 각각 100 개씩 들어 있다.

(단위: 개)

	상자 A	상자 B
흰 구슬	$100 - 2a$	$3a$
검은 구슬	$2a$	$100 - 3a$
합계	100	100

두 상자 A, B 에서 각각 1 개씩 임의로 꺼낸 구슬이 서로
같은 색일 때, 그 색이 검은색일 확률은 $\dfrac{7}{19}$ 이다. a 의
값은? [4점]

① 8 ② 10 ③ 12 ④ 14 ⑤ 16

출제유형 | 주어진 상황에서 조건부확률을 구하는 문제가 출제된다.

출제유형잡기 | '사건 A가 일어났을 때, 사건 B가 일어날 확률'은 조건부확률을 구하는 문제로

$$\mathrm{P}(B|A) = \frac{\mathrm{P}(A \cap B)}{\mathrm{P}(A)} \ (\text{단, } \mathrm{P}(A) > 0)$$

임을 이용하여 문제를 해결할 수 있도록 한다.

109

3 명의 학생 A, B, C 가 각자 1, 2, 3, 4 의 숫자가 하나씩 적혀 있는 4 장의 카드를 가지고 있다. 3 명의 학생이 각자 자신이 가지고 있는 4 장의 카드에서 임의로 한 장의 카드를 뽑았더니 적어도 한 명이 숫자 1 이 적혀 있는 카드를 뽑았을 때, 나머지 2 명 중 적어도 한 명이 숫자 2 가 적혀 있는 카드를 뽑았을 확률은 $\dfrac{q}{p}$ 이다.

$p + q$의 값을 구하시오. (단, p와 q는 서로소인 자연수이다.) [4점]

110

숫자 1, 2, 3이 하나씩 적혀 있는 3장의 카드가 들어
있는 주머니 A 와 숫자 1, 2, 3, 4, 5가 하나씩 적혀
있는 5장의 카드가 들어 있는 주머니 B 가 있다. 주머니
A 에서 임의로 1장의 카드를 꺼내어 카드에 적혀 있는
수만큼의 카드를 주머니 B 에서 임의로 동시에 꺼내는
시행을 하고, 다음 규칙에 따라 이 시행을 멈춘다.
(단, 꺼낸 카드는 주머니에 다시 넣지 않는다.)

> (가) 주머니 B 에서 꺼낸 카드 중 주머니 A 에서 꺼낸
> 카드와 같은 수가 적힌 카드가 있으면 시행을
> 멈춘다.
> (나) 주머니 B 에서 꺼낸 카드 중 주머니 A 에서 꺼낸
> 카드와 같은 수가 적힌 카드가 없으면 주머니
> B 에서 임의로 1장의 카드를 더 꺼내고 시행을
> 멈춘다.

주머니 B 에 1 이 적혀 있는 카드가 남아 있을 때, 주머니
A 에서 1 이 적혀 있는 카드를 꺼냈을 확률은 $\dfrac{q}{p}$ 이다.
$p+q$의 값을 구하시오. (단, p와 q는 서로소인
자연수이다.) [4점]

111

상자 A 에는 노란 공 3개와 빨간 공 5개가 들어 있고,
상자 B 에는 노란 공 4개와 빨간 공 4개가 들어 있다.
상자 A 에서 임의로 2개의 공을 동시에 꺼내어 상자 B 에
넣은 다음 다시 상자 B 에서 임의로 2개의 공을 동시에
꺼내기로 한다. B 에서 꺼낸 2개의 공이 모두 노란 공일
때, A 에서 B 로 옮겨진 2개의 공이 모두 노란 공이었을
확률은 $\dfrac{q}{p}$ 이다. $p+q$의 값을 구하시오. (단, p와 q는
서로소인 자연수이다.) [4점]

112

어느 고등학교 3학년 전체 학생들을 대상으로 월요일과
화요일에 A 대학 또는 B 대학 탐방 활동을 진행하였다.
월요일에 A 대학을 탐방한 학생수가 B 대학을 탐방한
학생수의 3배였고, 화요일에 A 대학을 탐방한 학생 수와
B 대학을 탐방한 학생 수가 서로 같았다. 또한 전체 학생
수의 60%가 월요일과 화요일에 서로 다른 대학을
탐방하였다. 월요일에 A 대학을 탐방한 학생 중 임의로 한
명을 택할 때, 이 학생이 화요일에도 A 대학을 탐방하였을
확률은 p이다. $30p$의 값을 구하시오.(단, 월요일과
화요일에 대학 탐방을 진행한 전체 학생 수는 서로 같고,
모든 학생은 하루에 A 대학 또는 B 대학 중 오직 한
대학만을 선택하여 탐방한다.) [4점]

113

구별되지 않는 3개의 주머니에 모양과 크기가 같은 공이
각각 3개씩 들어 있고, 각 주머니에 있는 공에는 1, 2,
3의 숫자가 한 개씩 적혀 있다. 각 주머니에서 임의로
공을 하나씩 꺼낼 때, 꺼낸 공에 적힌 세 숫자가 모두
다르면 상품을 받기로 하였다. 갑이 먼저 각 주머니에서
임의로 공을 한 개씩 꺼낸 다음 을이 각 주머니에서
임의로 공을 한 개씩 꺼낸다. 갑이 상품을 받지 못했을 때,
을이 상품을 받았을 확률은 $\dfrac{q}{p}$이다. $p+q$의 값을
구하시오. (단, 갑이 꺼낸 공은 다시 넣지 않고, p와 q는
서로소인 자연수이다.) [4점]

A주머니에는 흰 공 4개, 검은 공 2개가 들어 있고, B주머니에는 검은 공 3개, 빨간 공 3개가 들어 있다. 한 개의 동전을 던져서 앞면이 나오면 A주머니를, 뒷면이 나오면 B주머니를 선택하여 임의로 한 개의 공을 꺼낸 뒤, 다시 한 개의 동전을 던져서 같은 방법으로 주머니에서 임의로 한 개의 공을 꺼낸다. 두 번째에 꺼낸 공이 빨간 공이었을 때, 첫 번째 꺼낸 공이 검은 공이었을 확률은 $\dfrac{q}{p}$이다. $p+q$의 값을 구하시오. (단, 모든 공은 모양과 크기가 같고, 꺼낸 공은 다시 넣지 않는다. p, q는 서로소인 자연수이다.) [4점]

주머니 A에는 1, 2, 3, 4, 5의 숫자가 각각 하나씩 적힌 5장의 카드가 들어 있고, 주머니 B에는 6, 7, 8, 9의 숫자가 각각 하나씩 적힌 4장의 카드가 들어 있다. 주머니 A에서 임의로 2장의 카드를 동시에 꺼내어 주머니 B에 넣은 후, 주머니 B에서 임의로 2장의 카드를 동시에 꺼낸다. 주머니 B에서 꺼낸 2장의 카드에 적힌 수가 모두 소수일 때, 주머니 A에서 꺼낸 2장의 카드에 적힌 수 중 하나만 소수이었을 확률은 $\dfrac{q}{p}$이다. $p+q$의 값을 구하시오. (단, p와 q는 서로소인 자연수이다.) [4점]

여신도가 전체 신도의 70%인 어느 종교 단체의 전체 신도들에게 포교대상 지역을 A, B 지역 중에서 하나만 반드시 선택하도록 하였더니 여신도 중 80%가 A지역을 선택하였고, 남신도 중 60%가 B지역을 선택하였다고 한다. 이 종교단체 전체 신도 중에서 임의로 뽑은 한 신도가 A지역을 선택한 신도일 때, 이 신도가 남자일 확률은? [4점]

① $\dfrac{1}{17}$ ② $\dfrac{3}{17}$ ③ $\dfrac{3}{13}$ ④ $\dfrac{5}{16}$ ⑤ $\dfrac{7}{16}$

흰 공 4개, 검은 공 4개가 들어 있는 주머니가 있다. 이 주머니에서 임의로 4개의 공을 동시에 꺼낼 때, 꺼낸 흰 공과 검은 공의 개수를 각각 m, n이라 하자. 이 시행에서 $m+2 \geq 2n$일 때, 꺼낸 흰 공의 개수가 3일 확률은 $\dfrac{q}{p}$이다. $p+q$의 값을 구하시오.

(단, p와 q는 서로소인 자연수이다.) [4점]

출제유형 | 확률의 곱셈정리를 이용하여 확률을 구하는 문제가 출제된다.

출제유형잡기 | 두 사건 A, B에 대하여

(1) $\mathrm{P}(A \cap B) = \mathrm{P}(A)\mathrm{P}(B \mid A) = \mathrm{P}(B)\mathrm{P}(A \mid B)$

(2) $\mathrm{P}(A) = \mathrm{P}(A \cap B) + \mathrm{P}(A \cap B^{C})$

임을 이용하여 확률을 구한다.

118

주머니 A와 주머니 B에 각각 8개의 공이 들어 있다. 주사위 1개를 사용하여 다음 시행을 한다.

> 주사위를 한 번 던져 3의 배수의 눈이 나오면 주머니 A에서 공 1개를 꺼내어 주머니 B에 넣고, 그 외의 경우는 주머니 B에서 공 1개를 꺼내어 주머니 A에 넣는다.

위의 시행을 6번 반복할 때, 상자 B에 들어 있는 공의 개수가 6번째 시행 후 처음으로 6이 될 확률을 p라고 할 때, $3^6 p$의 값을 구하시오. [4점]

119

화랑이가 동전을 2번 던졌을 때, 앞면이 2번 나오면 주사위를 2번 던져서 주사위에 나온 눈의 합의 2배를 얻고, 앞면이 2번이 나오지 않으면 주사위를 3번 던져서 주사위에 나온 눈의 합을 얻는 시행을 한다. 화랑이가 동전을 2번 던진 후 그 결과에 따라 주사위를 던질 때, 화랑이가 얻은 점수의 합이 10일 확률은 $\dfrac{q}{p}$이다. $p+q$의 값을 구하시오. (단, p와 q는 서로소인 자연수이다.) [4점]

120

두 사람 A, B가 순서대로 과녁에 화살을 쏠 때, A가 쏜 화살이 명중할 경우 B가 쏜 화살도 명중할 확률은 0.5이고 A가 쏜 화살이 명중하지 못했을 경우 B가 쏜 화살이 명중할 확률은 0.7이라고 한다. A가 먼저 화살을 쏘아 명중할 확률이 0.6일 때, B가 화살을 쏘아 과녁에 명중시킬 확률은? [4점]

① 0.46　　② 0.58　　③ 0.66
④ 0.78　　⑤ 0.84

출제유형 | 두 사건이 독립일 때 확률을 구하는 문제가 출제된다.

출제유형잡기 | 두 사건 A, B가 독립일 때,

(1) $\mathrm{P}(A \mid B) = \mathrm{P}(A)$, $\mathrm{P}(B \mid A) = \mathrm{P}(B)$

(2) $\mathrm{P}(A \cap B) = \mathrm{P}(A)\mathrm{P}(B)$
  (단, $\mathrm{P}(A) > 0$, $\mathrm{P}(B) > 0$)
  임을 이용하여 확률을 구한다.

121

1부터 5까지의 자연수가 하나씩 적혀 있는 5장의 카드에서 임의로 2장의 카드를 동시에 선택한다. 선택한 2장의 카드에 적혀 있는 두 수의 합이 6인 사건을 A, 2이상 20이하의 자연수 m에 대하여 선택한 2장의 카드에 적혀 있는 두 수의 곱이 m이하인 사건을 B라 하자. 두 사건 A, B가 서로 독립이 되도록 하는 모든 m의 값의 합을 구하시오. [4점]

122

어느 고등학교 3학년 학생 200명을 대상으로 소풍 장소에 대한 선호도를 조사한 결과가 다음 표와 같다.

구분	축구장	공원	야구장
여학생	24	a	30
남학생	36	b	30
합계	60	80	60

이 고등학교 3학년 학생 200명 중 임의로 한 명을 택할 때, 이 학생이 여학생일 사건과 공원을 선호하는 학생일 사건이 서로 독립이기 위한 a의 값을 구하시오. (단, 각 학생은 위의 세 장소 중 선호하는 하나를 반드시 선택한다.) [4점]

123

1부터 12까지의 자연수가 하나씩 적혀 있는 정십이면체 모양의 주사위를 던질 때, 12의 약수가 나오는 사건을 A라 하자. 이 시행에서 나오는 사건 B 가 다음 조건을 만족시킬 때, 사건 B의 개수는? [4점]

> (가) 두 사건 A와 B는 서로 독립이다.
> (나) $n(A \cup B) = 8$

① 121　　② 144　　③ 169　　④ 198　　⑤ 225

유형 10 독립시행의 확률

출제유형 | 독립시행의 확률을 구하는 문제가 출제된다.

출제유형잡기 | 한 번의 시행에서 사건 A가 일어날 확률이 p일 때, 이 시행을 n회 반복하는 독립시행에서 사건 A가 r회 일어날 확률은

$$_n\mathrm{C}_r p^r q^{n-r}$$

(단, $q = 1-p$, $r = 0,\ 1,\ 2,\ \cdots,\ n$)
임을 이용하여 문제를 해결한다.

수직선의 원점에 두 점 P, Q가 있다. 한 개의 주사위를 한 번 던져 나온 눈의 수가 3의 배수이면 점 P를 양의 방향으로 1만큼, 3의 배수가 아니면 점 Q를 양의 방향으로 1만큼 이동시키는 시행을 한다. 이 시행을 n번 반복 한 후 두 점 P, Q의 좌표를 각각 p_n, q_n이라 하자. $p_5 < q_5$일 때, 4이하의 모든 자연수 n에 대하여 $p_n \geq q_n$일 확률은 $\dfrac{q}{p}$이다. $p+q$의 값을 구하시오. (단, p와 q는 서로소인 자연수이다.) [4점]

125

한 개의 주사위를 사용하여 다음 시행을 한다.

주사위를 한 번 던져 나온 눈의 수가 3의 약수이면 A는 3점, B는 1점을 얻고 3의 약수가 아니면 A는 1점, B는 4점을 얻는다.

이 시행을 4번 반복할 때, 얻은 점수의 합이 8점 이상인 사람이 A뿐일 확률은 $\dfrac{q}{p}$이다. $p+q$의 값을 구하시오. (단, p와 q는 서로소인 자연수이다.) [4점]

126

좌표평면 위의 원점 O를 출발하여 다음과 같은 규칙으로 움직이는 점 P가 있다.

(가) 주사위를 1개 던져서 눈의 수가 3의 배수가 나오면 x축의 방향으로 1만큼 이동한다.
(나) 주사위를 1개 던져서 눈의 수가 3의 배수가 아니면 y축의 방향으로 1만큼 이동한다.
(다) 점 P의 위치가 원 $x^2+y^2=9$의 외부이면 시행을 멈춘다.

점 P가 x좌표가 y좌표보다 큰 값으로 멈출 확률은 $\dfrac{q}{p}$이다. $p+q$의 값을 구하시오. (단, p와 q는 서로소인 자연수이다.) [4점]

127

다음 그림과 같이 한 변의 길이가 1인 정육면체
ABCDEF의 꼭짓점 A에서 출발하여 변을 따라 양쪽
방향으로 움직이는 점 P가 있다. 점 P는 동전 한 개를
던져서 앞면이 나오면 시계 반대 방향으로 2만큼, 뒷면이
나오면 시계 방향으로 1만큼 움직인다. 동전 1개를 6번
던질 때, 점 P가 꼭짓점 D에 도착할 확률은 $\dfrac{q}{p}$이다.
$p+q$의 값을 구하시오. (단, p와 q는 서로소인
자연수이다.) [4점]

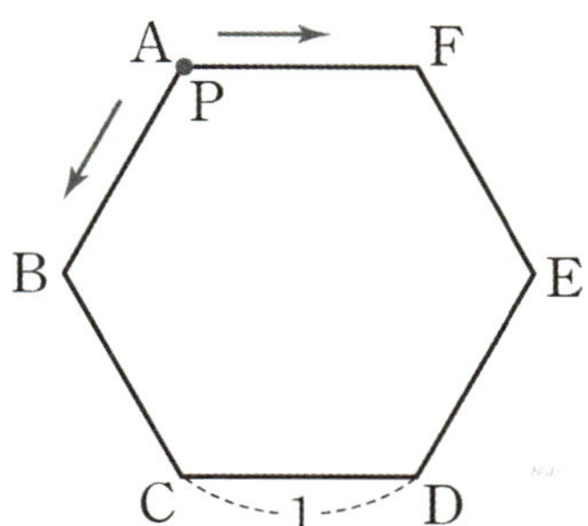

128

어떤 야구 경기에서 야구 선수 A는 2회, 야구 선수 B는
3회 타석에 들어선다. A, B가 안타를 칠 확률이 각각
$\dfrac{2}{3}$, $\dfrac{1}{2}$일 때, 이 경기에서 야구 선수 A가 B보다 안타를
더 많이 칠 확률은 $\dfrac{q}{p}$이다. $p+q$의 값을 구하시오.
(단, A, B 두 선수의 안타를 치는 경우는 서로 독립이고
p, q는 서로소인 자연수이다.) [4점]

129

수직선의 원점에 점 P가 있다. 한 개의 주사위를 한 번 던져서 6의 약수가 나오면 점 P를 2만큼, 6의 약수가 아닌 수가 나오면 점 P를 -1만큼 이동시키는 시행을 한다. 이 시행을 7번 반복할 때, n번의 시행 후 점 P의 좌표를 x_n이라 하자. $x_3 = 0$이고 $x_7 < 0$일 확률은? (단, $n = 1, 2, \cdots, 7$) [4점]

① $\dfrac{1}{81}$ ② $\dfrac{2}{81}$ ③ $\dfrac{1}{243}$ ④ $\dfrac{2}{243}$ ⑤ $\dfrac{1}{729}$

130

3개의 동전을 다음과 같은 규칙에 따라 던진다고 하자.

> (가) 3개를 동시에 던졌을 때 앞면이 나온 동전은 다음 시행에서 제외한다.
> (나) (가)에서 남은 동전만 다시 던져 앞면이 나온 동전을 제외한다.
> (다) 동전이 남지 않을 때까지 이와 같은 시행을 계속한다.

시행의 결과 두 번 던진 후 동전이 남지 않았다고 할 때, 첫 번째 시행에서 앞면이 2개가 나왔을 확률은 $\dfrac{q}{p}$이다. $p+q$의 값을 구하시오. (단, p와 q는 서로소인 자연수이다.) [4점]

131

주사위를 3번 던질 때 세 눈의 수의 곱이 k일 확률이 $\dfrac{1}{72}$이 되는 20이하의 자연수 k의 값의 합을 구하시오. [4점]

132

많은 주전 선수가 부상인 축구팀 A는 경기가 진행될 수록 이길 확률이 낮아진다. n회째 경기에서 축구팅 A가 상대팀에 상관없이 이길 확률이 $\dfrac{1}{n+1}$이라 할 때, 3번 경기를 해서 2번 이기면 우승하는 시합에서 A팀이 우승할 확률이 $\dfrac{q}{p}$이다. $p+q$의 값을 구하시오. (단, p와 q는 서로소인 자연수이다.) [4점]

133

1부터 9까지의 자연수가 각각 하나씩 적힌 9개의 공이 들어 있는 주머니가 있다. 이 주머니에서 임의로 4개의 공을 동시에 꺼낼 때, 꺼낸 공에 적혀 있는 수

a, b, c, d가 다음 조건을 만족시킬 확률은 $\dfrac{q}{p}$이다.

$p+q$의 값을 구하시오. (단, p와 q는 서로소인 자연수이다.) [4점]

(가) $a+b+c+d$는 짝수이다.
(나) $a \times b \times c \times d$는 15의 배수이다.

134

상자 A에는 흰 공 1개와 검은 공 2개가 들어 있고, 상자 B에는 흰 공 2개와 검은 공 1개가 들어 있다. 두 상자 A, B에서 임의로 각각 한 개의 공을 꺼내어 색을 확인한 다음 두 공을 다른 상자에 서로 바꾸어 넣는 시행을 한다. 이 시행을 2번 반복한 결과 처음과 같이 상자 A에는 흰 공 1개와 검은 공 2개, 상자 B에는 흰 공 2개와 검은 공 1개가 들어 있었을 때, 첫 번째 시행에서 두 상자

A, B에서 같은 색의 공을 꺼냈을 확률은 $\dfrac{q}{p}$이다.

$p+q$의 값을 구하시오. (단, p와 q는 서로소인 자연수이다.) [4점]

135

숫자 1, 2, 3, 4, 5가 각각 하나씩 적혀 있는 흰 공
5개와 숫자 4, 5, 6이 각각 하나씩 적혀 있는 검은 공
3개가 들어 있는 주머니가 있다. 이 주머니에서 임의로
4개의 공을 동시에 꺼내는 시행에서 나온 4개의 공에
적힌 숫자가 모두 다를 때, 검은 공이 2개 나올 확률은
$\dfrac{q}{p}$이다. $p+q$의 값을 구하시오. (단, p와 q는 서로소인
자연수이다.) [4점]

136

흰 공 6개, 파란 공 4개가 들어 있는 주머니에서 3개의
공을 꺼낼 때, 흰 공과 파란 공이 각각 적어도 1개 이상
나올 확률은 $\dfrac{q}{p}$이다. $p+q$의 값을 구하시오. (단, p와
q는 서로소인 자연수이다.) [4점]

쉬사준킬 – 확률과통계　

137

좌표평면 위에 두 점 $A(6, 0)$, $B(-6, 0)$가 있다. 한 개의 주사위를 두 번 던질 때, 나오는 눈의 수를 차례로 m, n이라 하자. 점 $C\left(m\cos\dfrac{n\pi}{4},\ m\sin\dfrac{n\pi}{4}\right)$

에 대하여 세 점 A, B, C를 연결한 도형이 삼각형이 될 때, 삼각형 ABC의 넓이가 18보다 작을 확률은? [4점]

① $\dfrac{4}{9}$ ② $\dfrac{8}{15}$ ③ $\dfrac{11}{18}$ ④ $\dfrac{2}{3}$ ⑤ $\dfrac{13}{18}$

138

한 개의 주사위를 던지는 시행에서 나올 수 있는 모든 결과의 집합을 $S=\{1,\ 2,\ 3,\ 4,\ 5,\ 6\}$이라 할 때, 두 사건 A, B가 다음 조건을 만족시킨다.

(가) 두 사건 A, B는 서로 독립이다.
(나) $\mathrm{P}(A)=\dfrac{2}{3}$, $\mathrm{P}(A\cap B)=\dfrac{1}{3}$

두 사건 A, B의 순서쌍 $(A,\ B)$의 개수를 구하시오. [4점]

139

5개의 숫자 1, 2, 3, 4, 5를 임의로 일렬로 늘어놓았을 때, 두 번째에 2가 놓여 있지 않고, 네 번째에 4가 놓여 있지 않을 확률은 $\dfrac{q}{p}$이다. $p+q$의 값을 구하시오. (단, p, q는 서로소인 자연수이다.) [4점]

140

주머니 속에 모양과 크기가 같은 흰 바둑돌과 검은 바둑돌이 각각 하나씩 들어 있다. 임의로 한 개의 구슬을 꺼내서 색을 확인하고 다시 넣는 시행을 6번 반복한다. 꺼내어진 흰 바둑돌의 개수와 검은 바둑돌의 개수가 서로 다를 확률은 $\dfrac{q}{p}$이다. $p+q$의 값을 구하시오. (단, p, q는 서로소인 자연수이다.) [4점]

141

크기가 다른 두 개의 주사위를 각각 던져서 나온 두 눈의
수의 합이 소수이었다. 이때 두 눈의 수가 모두 소수일
확률은? [4점]

① $\dfrac{4}{15}$　② $\dfrac{3}{10}$　③ $\dfrac{1}{3}$　④ $\dfrac{11}{30}$　⑤ $\dfrac{2}{5}$

142

다음과 같이 검은색 공과 흰색 공을 합하여 20개의 공이
각각 들어 있는 주머니가 20개 있다.

> 첫 번째 주머니에는 검은색 공이 1개, 흰색 공이
> 19개 들어 있고, 두 번째 주머니에는 검은색 공이
> 2개, 흰색 공이 18개 들어 있다. n 번째 주머니에는
> 검은색 공이 n개, 흰색 공이 $(20-n)$개 들어 있다.
> (단, $n=1,\ 2,\ 3,\ \cdots,\ 20$)

이 20개의 주머니에서 임의로 한 개의 주머니를 택하여
한 개의 공을 꺼냈더니 검은색 공이 나왔을 때, 이 검은색
공이 여섯 번째 주머니에서 나왔을 확률은 $\dfrac{q}{p}$ 이다.

$p+q$의 값을 구하시오. (단, 각 주머니를 택할 확률은
모두 같고 $p,\ q$는 서로소인 자연수이다.) [4점]

주머니 A에는 1, 2, 3, 4, 5의 숫자가 하나씩 적혀 있는 5개의 구슬이 들어 있고, 주머니 B에는 10, 11, 12, 13, 14의 숫자가 하나씩 적혀 있는 5개의 구슬이 들어 있다. 주머니 A에서 임의로 1개의 구슬을 꺼내어 주머니 B에 넣은 후, 주머니 B에서 임의로 1개의 구슬을 꺼낸다. 주머니 B에서 꺼낸 구슬에 적혀 있는 숫자가 짝수이었을 때, 주머니 A에서 꺼낸 구슬에 적힌 숫자도 짝수일 확률은? [4점]

① $\dfrac{5}{17}$　　　② $\dfrac{6}{17}$　　　③ $\dfrac{7}{17}$

④ $\dfrac{8}{17}$　　　⑤ $\dfrac{9}{17}$

주머니 안에 큰 공 6개와 작은 공 3개가 들어 있다. 큰 공은 검은 공이 3개, 흰 공이 3개이고, 작은 공은 검은 공 2개, 흰 공이 1개이다. 이 중에서 임의로 3개의 공을 꺼낼 때, 적어도 1개의 검은 공과 적어도 1개의 작은 공이 들어 있을 확률은? (단, 각각의 공을 꺼낼 확률은 같다.) [4점]

① $\dfrac{55}{84}$　　② $\dfrac{19}{28}$　　③ $\dfrac{59}{84}$　　④ $\dfrac{61}{84}$　　⑤ $\dfrac{21}{28}$

145

1부터 9까지의 자연수 중에서 임의로 서로 다른 4개의
수를 뽑아 작은 수부터 차례로 a, b, c, d라 하자.
a, b, c, d의 곱 $abcd$가 10의 배수가 아닐 확률은?
[4점]

① $\dfrac{23}{63}$ ② $\dfrac{3}{7}$ ③ $\dfrac{29}{63}$ ④ $\dfrac{35}{63}$ ⑤ $\dfrac{37}{63}$

146

5개의 정수 0, 1, 2, 3, 4 중에서 서로 다른 세 수를
택하여 만든 세 자리의 자연수 중에서 임의로 선택한 수가
짝수이었을 때, 이 자연수의 일의 자리의 수가 0일
확률은? [4점]

① $\dfrac{1}{10}$ ② $\dfrac{1}{5}$ ③ $\dfrac{3}{10}$

④ $\dfrac{2}{5}$ ⑤ $\dfrac{1}{2}$

147

A, B, C, D 네 사람이 좌석 번호가 5번~8번인 4장의
영화표를 구입하여 5번에서 8번까지 4개의 좌석에
임의로 앉은 후, 영화표를 1장씩 임의로 나누어 가졌다.
앉은 좌석 번호와 영화표에 적힌 좌석 번호가 같은 사람이
오직 두 사람일 확률이 $\dfrac{q}{p}$일 때, $p+q$의 값을 구하시오.
(단, p와 q는 서로소인 자연수이다.) [4점]

148

좌표평면에서 한 점 P 를 한 개의 주사위를 던져 홀수가
나오면 x 축의 방향으로 1 만큼, 짝수가 나오면 y 축의
방향으로 1 만큼 평행이동 시키기로 한다. 한 개의
주사위를 6 번 던질 때, 점 P 가 원점을 출발하여 점
$(1,\ 1)$을 지나 점 $(3,\ 3)$으로 이동할 확률은 $\dfrac{q}{p}$이다.
$p+q$의 값을 구하시오. (단, p, q는 서로소인
자연수이다.) [4점]

149

1부터 20까지의 자연수가 하나씩 적혀 있는 20개의 공이
주머니에 들어 있다. 이 주머니에서 임의로 한 개의 공을
꺼낼 때, 꺼낸 공에 적혀 있는 수에 따라 A와 B가 다음과
같은 규칙으로 점수를 얻는 게임을 한다.

> (가) 5의 배수가 적힌 공이 나오면 A는 4점을 얻고
> B는 0점을 얻는다.
> (나) 5의 배수가 적힌 공이 나오지 않으면 A는
> 0점을 얻고 B는 1점을 얻는다.

한 번 꺼낸 공은 주머니에 다시 넣지 않고 주머니에서
공을 임의로 하나씩 꺼낼 때, 16점을 먼저 얻는 사람이
이기는 게임을 한다. B가 이 게임에서 이길 확률은
$\dfrac{q}{p}$ 이다. $p+q$의 값을 구하시오. (단, p와 q는 서로소인
자연수이다.) [4점]

150

좌표평면 위에 세 점 $A(3, 6)$, $B(7, 6)$, $C(7, 2)$를
꼭짓점으로 하는 삼각형 ABC가 있다. 1부터 8까지
자연수가 하나씩 적혀 있는 8개의 공이 들어 있는
주머니에서 공을 임의로 한 개씩 두 번 꺼낼 때, 나오는
공에 적힌 수를 차례로 a, b라 하자. 점 $D(a, b)$와
삼각형 ABC의 세 변 위의 임의의 점 사이의 거리의
최솟값을 l이라 할 때, l이 정수가 될 확률은 $\dfrac{q}{p}$이다.
$p+q$의 값을 구하시오. (단, 한 번 꺼낸 공은 주머니에
다시 넣지 않고, p와 q는 서로소인 자연수이다.) [4점]

151

서로 다른 4개의 주사위를 동시에 던져서 나오는 눈의 수의 최댓값과 최솟값을 각각 M, m이라 하자. $M \times m \geq 16$일 확률은? [4점]

① $\dfrac{173}{6^4}$
② $\dfrac{181}{6^4}$
③ $\dfrac{191}{6^4}$

④ $\dfrac{211}{6^4}$
⑤ $\dfrac{241}{6^4}$

152

흰 공 3개, 검은 공 3개가 들어 있는 주머니에서 A, B, C, D 네 사람이 차례로 임의로 한 개씩 공을 꺼낸다. A, B, C 중 적어도 한 명이 흰 공을 꺼내지 못했을 때, A, B, C, D 네 사람이 검은 공을 3개 꺼낼 확률이 $\dfrac{q}{p}$일 때, $p+q$의 값을 구하시오. (단, 꺼낸 공은 다시 넣지 않고 p, q는 서로소인 자연수이다.) [4점]

153

주머니에 1부터 9까지의 자연수가 하나씩 적힌 공이 9개 들어 있다. 이 주머니에서 한 개의 공을 임의로 꺼내어 공에 적힌 수를 확인하고 다시 넣는 시행을 3회 반복할 때, 꺼낸 공에 적힌 수를 순서대로 a, b, c라 하자. $(a-b)^2 + (b-c)^2 + (c-a)^2 = 2$일 확률은? [4점]

① $\dfrac{16}{729}$ ② $\dfrac{32}{729}$ ③ $\dfrac{16}{243}$

④ $\dfrac{64}{729}$ ⑤ $\dfrac{80}{729}$

154

1부터 n까지 수가 적혀 있는 공 n개가 각각 들어 있는 두 개의 주머니 A, B에서 공 한 개씩을 임의로 고른다. 주머니 A에서 고른 공에 적혀 있는 수를 a, 주머니 B에서 고른 공에 적혀 있는 수를 b라 하자. $a^2 + b^2$이 3의 배수일 때, $a = b$일 확률이 $\dfrac{1}{11}$이 되도록 하는 모든 자연수 n의 값의 합을 구하시오. [4점]

흰 공 3개와 검은 공 3개가 들어 있는 주머니가 있다. 이 주머니에서 임의로 1개의 공을 꺼내어 공의 색을 확인한 후, 다음과 같은 시행을 한다.

> (가) 꺼낸 공이 흰 공이면 꺼낸 공을 주머니에 다시 넣은 후 주머니에서 임의로 2개의 공을 꺼낸다.
> (나) 꺼낸 공이 검은 공이면 꺼낸 공을 주머니에 다시 넣지 않고 주머니에서 임의로 2개의 공을 동시에 꺼낸다.

이 시행을 마친 후 주머니에 남아 있는 검은 공의 개수가 1이하일 확률은? [4점]

① $\dfrac{7}{20}$ ② $\dfrac{2}{5}$ ③ $\dfrac{9}{20}$

④ $\dfrac{1}{2}$ ⑤ $\dfrac{11}{20}$

검은 공 2개, 흰 공 3개가 들어있는 주머니와 주사위가 있다. 주머니에서 임의로 한 개의 공을 꺼내어 꺼낸 공이 검은 공이면 주사위를 2번 던져서 나오는 두 눈의 수의 합을 점수로 하고, 꺼낸 공이 흰 공이면 주사위를 3번 던져서 나오는 세 눈의 수의 합을 점수로 한다. 이 시행을 한 번 하여 얻은 점수가 9점일 확률은? [4점]

① $\dfrac{37}{360}$ ② $\dfrac{1}{30}$ ③ $\dfrac{13}{120}$

④ $\dfrac{1}{9}$ ⑤ $\dfrac{41}{360}$

157

검은 공 4개, 흰 공 5개가 들어있는 주머니가 있다. 이 주머니에서 사랑이가 먼저 임의로 2개의 공을 동시에 꺼내고 나머지 7개의 공 중에서 화랑이가 임의로 2개의 공을 동시에 꺼낼 때, 사랑이와 화랑이가 꺼낸 흰 공의 개수가 같을 확률은? [4점]

① $\dfrac{1}{3}$ ② $\dfrac{43}{126}$ ③ $\dfrac{22}{63}$

④ $\dfrac{45}{126}$ ⑤ $\dfrac{23}{63}$

158

여학생 80명과 남학생 120명을 대상으로 프로야구 개막 경기와 프로축구 개막 경기의 관람 여부를 조사하였다. 그 결과 모든 학생은 두 개막 경기 중 적어도 한 경기를 관람하였고, 프로야구 개막 경기를 관람한 학생 100명 중 여학생이 a명이었으며, 프로축구 개막 경기를 관람한 학생 110명 중 여학생이 b명이었다. 200명의 학생 중에서 임의로 선택한 한 학생이 두 개막 경기를 모두 관람하였을 때, 이 학생이 여학생일 확률이 $\dfrac{2}{5}$이었다. $a+b$의 값은? (단, 두 경기는 다른 날에 개막하였다.) [4점]

① 82   ② 83   ③ 84   ④ 85   ⑤ 86

159

N, O, N, O, J, A, P, A, N의 문자가 하나씩 적혀
있는 9장의 카드가 있다. 이 카드를 모두 한 번씩
사용하여 일렬로 나열할 때, 문자 N이 적힌 어떤 카드도
서로 이웃하지 않을 확률은? [4점]

① $\dfrac{1}{4}$　　② $\dfrac{1}{3}$　　③ $\dfrac{5}{12}$　　④ $\dfrac{1}{2}$　　⑤ $\dfrac{7}{12}$

160

다음 그림은 일곱 개의 숫자 1, 2, 3, 4, 5, 6, 7이
하나씩 적혀 있는 일곱 장의 카드를 모두 한 번씩
사용하여 일렬로 나열 할 때, 이웃한 두 장의 카드 중
오른쪽 카드에 적힌 수가 왼쪽 카드에 적힌 수보다 큰
경우가 한 번만 나타난 예이다.

$$\boxed{6}\ \boxed{5}\ \boxed{4}\ \boxed{7}\ \boxed{3}\ \boxed{2}\ \boxed{1}$$

이 일곱 장의 카드를 모두 한 번씩 사용하여 임의로
일렬로 나열할 때, 이웃한 두 장의 카드 중 오른쪽 카드에
적힌 수가 왼쪽 카드에 적힌 수보다 큰 경우가 한 번만
나타날 확률은 $\dfrac{q}{p}$이다. $p+q$의 값을 구하시오. (단, p와
q는 서로소인 자연수이다.) [4점]

161

전체 학생 수가 900명인 어느 재수 종합학원을 대상으로
학원을 다닌 개월 수와 아침을 먹는지에 대하여
조사하였더니 6개월 이상 학원을 다닌 학생은
600명이었고, 아침을 먹는 학생 수는 300명이었다.
학원을 다닌 개월 수가 6개월 이상인 사건과 아침을 먹는
사건은 서로 독립이다. 이 학원의 학생 중에서 임의로
선택한 한 학생이 아침을 먹지 않는 학생일 때, 그 학생의

학원을 다닌 개월 수가 6개월 이상일 확률은 $\dfrac{q}{p}$ 이다.

$p+q$의 값을 구하시오. (단, p, q는 서로소인
자연수이다.) [4점]

162

두 집합 $X = \{1, 2, 3, 4\}$, $Y = \{a, b, c, d, e, f\}$에
대하여 X에서 Y로의 함수 중 하나를 선택할 때 치역의

원소의 개수가 3이상인 함수를 선택할 확률은 $\dfrac{q}{p}$ 이다.

$p+q$의 값을 구하시오. (단, p, q는 서로소인
자연수이다.) [4점]

163

서로 다른 두 개의 주사위 A, B를 동시에 던지는 시행에서 나오는 눈의 수를 각각 a, b라 할 때, x에 대한 이차방정식 $x^2 - ax + 2b = 0$이 실근을 가질 확률은 $\dfrac{q}{p}$이다. $p+q$의 값을 구하시오. (단, p, q는 서로소인 자연수이다.) [4점]

164

10 이하의 자연수의 집합에서 중복을 허용하여 임의로 두 자연수 x, y를 뽑을 때, $\log_3 x + \log_3 y$가 정수가 될 확률은? [4점]

① $\dfrac{1}{100}$ ② $\dfrac{1}{50}$ ③ $\dfrac{1}{25}$ ④ $\dfrac{7}{100}$ ⑤ $\dfrac{9}{100}$

165

세 정수 0, 2, 4 중에서 중복을 허락하여 다섯 개의 수를
택해 다음 조건을 만족하는 자연수를 만든다.

> (가) 5의 배수가 아닌 다섯 자리의 자연수가 되도록
>   배열한다.
> (나) 2끼리는 서로 이웃하지 않도록 배열한다.

조건을 만족하는 자연수 중 하나를 뽑을 때, 뽑힌 수의
일의 자리 숫자가 2일 확률은? [4점]

① $\dfrac{9}{22}$　　② $\dfrac{14}{33}$　　③ $\dfrac{29}{66}$　　④ $\dfrac{5}{11}$　　⑤ $\dfrac{31}{66}$

166

각 면에 1, 2, 2, 3, 3, 4의 눈이 적힌 주사위를 한 번
던질 때 나오는 눈의 수 만큼의 흰 공을 검은 공이 3개
들어있는 주머니에 넣는다고 하자. 그 후 주머니에서
임의로 1개의 공을 꺼내는 시행을 꺼낸 공을 다시 넣지
않고 반복할 때, 흰 공을 모두 꺼내면 시행을 멈춘다.

4번째 시행을 한 후 시행을 멈출 확률은 $\dfrac{q}{p}$이다. $p+q$의
값을 구하시오. (단, p, q는 서로소인 자연수이다.) [4점]

랑데뷰
N   제

하루 중 90%는 겸손하게 10%는 자신있게...

통계

3

출제유형 | 이산확률변수의 뜻을 알고 확률을 구하거나 확률분포의 성질을 이해하여 해결하는 문제가 출제된다.

출제유형잡기 | 이산확률변수 X의 확률분포가 $\mathrm{P}(X=x_i)=p_i\,(i=1,2,3,\cdots,n)$이면 다음이 성립한다.

(1) $0 \le p_i \le 1$

(2) $p_1+p_2+p_3+\cdots+p_n=1$

167

다섯 개의 숫자 1, 1, 2, 2, 2와 두 개의 문자 a, a 모두를 임의로 일렬로 나열할 때, 문자 a사이에 들어 있는 숫자의 개수를 확률변수 X라 하자.

$\mathrm{P}(X=2)-\mathrm{P}(X=5)=\dfrac{q}{p}$일 때, $p+q$의 값을 구하시오. (단, p와 q는 서로소인 자연수이다.) [4점]

168

연속확률변수 X가 갖는 값의 범위는 $0 \leq X \leq 4$이고,
확률 $\mathrm{P}(X \geq 1)$과 확률 $\mathrm{P}(X \geq 2)$의 값이 이차방정식
$8x^2 - 6x + 1 = 0$의 두 근일 때, 확률 $\mathrm{P}(1 \leq X < 2)$의
값은? [4점]

① $\dfrac{1}{12}$　　② $\dfrac{1}{6}$　　③ $\dfrac{1}{4}$　　④ $\dfrac{1}{3}$　　⑤ $\dfrac{1}{2}$

169

집합 $A = \{ (x, y) \mid 0 \leq x \leq 4,\, 0 \leq y \leq 4,\, x,$
y는 정수 $\}$의 원소 중에서 임의로 한 원소를 선택하여
좌표평면 위에 나타낸 점을 P 라 하자. 원점 O 에 대하여
$n - 1 \leq \overline{\mathrm{OP}} < n$을 만족시키는 자연수 n을 확률변수
X라 할 때, $\mathrm{E}(X)$의 값은? [4점]

① $\dfrac{19}{5}$　　② $\dfrac{96}{25}$　　③ $\dfrac{97}{25}$　　④ $\dfrac{98}{25}$　　⑤ $\dfrac{99}{25}$

출제유형 | 이산확률변수의 확률분포를 나타내는 표에서 미지수의 값을 구하고, 이산확률변수의 평균, 분산, 표준편차를 구하는 문제가 출제된다.

출제유형잡기 | 이산확률변수 X의 확률분포가
$\mathrm{P}(X=x_i)=p_i\,(i=1, 2, 3, \cdots, n)$일 때

(1) 기댓값(평균) :
$$\mathrm{E}(X)=x_1p_1+x_2p_2+x_3p_3+\cdots+x_np_n$$

(2) 분산 : $\mathrm{V}(X)=\mathrm{E}((X-m)^2)=\mathrm{E}(X^2)-\{\mathrm{E}(X)\}^2$
　　(단, $m=\mathrm{E}(X)$)

(3) 표준편차 : $\sigma(X)=\sqrt{\mathrm{V}(X)}$

170

두 개의 주사위를 동시에 던져서 나온 두 눈의 수를 곱한 값을 K라 할 때, $\dfrac{K}{2^n}$ 의 값이 자연수가 되도록 하는 정수 n의 최댓값을 확률변수 X라 하자. $\mathrm{E}(X)$의 값은 $\dfrac{p}{q}$ 이다. $p+q$의 값을 구하시오. (단, p와 q는 서로소인 자연수이다.) [4점]

171

두 집합 $A = \{1, 2, 3, 4, 5, 6, 7\}$, $B = \{1, 2, 3, 4\}$에 대하여 함수 $f : A \rightarrow B$는 다음과 같다.

$$f(x) = (x\text{의 약수의 개수})$$

집합 A의 모든 원소 중에서 임의로 1개를 선택한다. 선택된 원소 x에 대하여 $f(x)$의 값을 확률변수 X라 할 때, $\mathrm{V}(X) + \{\mathrm{E}(X)\}^2$의 값을 구하시오. [4점]

172

20 이하의 모든 자연수의 값을 갖는 확률변수 X의 확률질량함수가

$$\mathrm{P}(X = x) = \begin{cases} a & (x\text{가 홀수일 때}) \\ 2a & (x\text{가 짝수일 때}) \end{cases}$$

이다. 이때 $\mathrm{E}(X) = \dfrac{q}{p}$일 때, $p + q$의 값을 구하시오. (단, a는 상수이고, p, q는 서로소인 자연수이다.) [4점]

173

확률변수 X의 확률분포가 다음과 같다.

X	0	1	2	3	계
P(X)	p^3	$6p^2q$	$12pq^2$	$8q^3$	1

$E(X)=\dfrac{3}{2}$일 때, $V(X)$의 값은? (단, $0 \leq p \leq \dfrac{1}{2}$)
[4점]

① $\dfrac{1}{4}$　② $\dfrac{1}{2}$　③ $\dfrac{3}{4}$　④ 1　⑤ $\dfrac{5}{4}$

174

이산확률변수 X가 갖는 값은 1, 2, 3, 4이고
이산확률변수 Y가 갖는 값은 2, 5, 10, 17이다. 상수
a에 대하여

$$P(Y=i^2+1)=a \times P(X=i)+a$$

이고 $E(X)=2$, $V(X)=1$일 때, $E(Y)$의 값을
구하시오. [4점]

유형 3 이산확률변수 $aX+b$의 평균, 분산, 표준편차

출제유형 | 이산확률변수 $aX+b$의 평균, 분산, 표준편차를 구하는 문제가 출제된다.

출제유형잡기 | 이산확률변수 X에 대하여 $aX+b(a,b$는 상수이고, $a\neq0)$의 평균, 분산, 표준편차는 다음과 같다.

(1) $\mathrm{E}(aX+b)=a\mathrm{E}(X)+b$

(2) $\mathrm{V}(aX+b)=a^2\mathrm{V}(X)$

(3) $\sigma(aX+b)=|a|\sigma(X)$

175

주사위를 던질 때마다 나온 눈에 따라 주사위의 눈이 3의 배수면 3점을 3의 배수가 아니면 1점을 받는다. 학생 K가 주사위를 4번 던져서 나온 눈의 수에 따라 학생 K가 받은 점수의 합을 확률변수 X라 할 때, $\mathrm{E}(3X)$의 값을 구하시오. [4점]

하나의 동전을 4번 던질 때 n $(n=1,\ 2,\ 3,\ 4)$ 번째에 나온 면이 앞면이면 $x_n=1$, 뒷면이면 $x_n=-1$ 이라 하자. 확률변수 X를

$$X = x_1 + x_2 + x_3 + x_4$$

라 할 때, $E(X)$의 값은? [4점]

① -2 ② -1 ③ 0 ④ 1 ⑤ 2

출제유형 | 이항분포를 따르는 확률변수의 평균, 분산, 표준편차를 구하는 문제가 출제된다.

출제유형잡기 | 확률변수 X가 이항분포 $\mathrm{B}(n, p)$를 따를 때, X의 평균, 분산, 표준편차는 다음과 같다.

(1) $\mathrm{E}(X) = np$

(2) $\mathrm{V}(X) = npq$ (단, $q = 1 - p$)

(3) $\sigma(X) = \sqrt{npq}$ (단, $q = 1 - p$)

177

이산확률변수 X가 갖는 값은 0, 1, 2, 3이고

$$\mathrm{P}(X = r) = {}_3\mathrm{C}_r \times \frac{2^r}{27} \ (r = 0, 1, 2, 3)$$

이 성립된다. $\mathrm{E}(9X^2)$의 값을 구하시오. [4점]

한 개의 주사위를 던지는 시행을 n번 반복할 때 짝수가 나오는 횟수를 확률변수 X라 하자. 확률변수 X의 평균이 5일 때 분산을 σ^2라 하면 $\mathrm{P}\left(X \leq \sigma^2\right) = \dfrac{q}{p}$이다. $p+q$의 값을 구하시오. (단, p와 q는 서로소인 자연수이다.) [4점]

한 개의 주사위를 세 번 던져서 나오는 눈의 수를 차례로 x, y, z라 하고 $(x-y)(y-z)(z-x)$의 값을 구하는 시행을 405번 반복할 때, $(x-y)(y-z)(z-x)=0$인 횟수를 확률변수 X라 하자. 이때, $\sigma(-2X+3)$의 값을 구하시오. [4점]

180

한 개의 주사위를 두 번 던져서 나오는 눈의 수를 차례로
a, b라 할 때, 방정식 $ax^2 + bx + 1 = 0$이 유리수의
근을 갖는 사건을 A라 하자. 한 개의 주사위를 두 번
던지는 144회의 독립시행에서 사건 A가 일어나는 횟수를
확률변수 X라 할 때, X의 분산 $\mathrm{V}(X) = \dfrac{q}{p}$이다.
$p + q$의 값을 구하시오. (단, p와 q는 서로소인
자연수이다.) [4점]

181

평균이 6이고, 분산이 2인 이항분포를 따르는 확률변수
X에 대하여 $\dfrac{\mathrm{P}\,(X=4)}{\mathrm{P}\,(X=3)}$의 값을 구하시오. [4점]

182

1부터 10까지의 자연수가 하나씩 적힌 10개의 공이 들어 있는 주머니에서 임의로 4개의 공을 동시에 꺼내는 시행을 420번 반복한다. 4개의 공에 적혀 있는 수의 최댓값과 최솟값의 곱이 16이 되는 횟수를 X라 할 때, $\mathrm{E}(X)$의 값을 구하시오. [4점]

183

이산확률변수 X의 확률질량함수가

$$\mathrm{P}(X=x) = {}_9\mathrm{C}_x \left(\frac{1}{3}\right)^x \left(\frac{2}{3}\right)^{9-x} \quad (x = 0,\ 1,\ 2,\ \cdots,\ 9)$$

일 때, $\mathrm{V}(2X-1)$의 값을 구하시오. [4점]

184

이산확률변수 X는 이항분포 $\text{B}\!\left(100,\ \dfrac{1}{5}\right)$을 따른다. 함수

$$f(x) = \sum_{k=0}^{100} (x - ak)^2 \, \text{P}\,(X = k)$$

는 $x = b$일 때 최솟값 144를 가진다. 이때, 두 상수 a, b의 합 $a + b$의 값을 구하시오. (단, $a > 0$) [4점]

출제유형 | 연속확률변수의 뜻을 알고 확률밀도함수의 성질을 이용하여 미지수를 구하거나 확률을 구하는 문제가 출제된다.

출제유형잡기 | 연속확률변수 X가 $\alpha \leq X \leq \beta$에서 모든 실수값을 가질 때, X의 확률밀도함수 $f(x)$는 다음과 같은 성질을 갖는다.

(1) $f(x) \geq 0$ (단, $\alpha \leq x \leq \beta$)

(2) 함수 $y = f(x)$의 그래프와 x축 및 두 직선 $x = \alpha$, $x = \beta$로 둘러싸인 부분의 넓이는 1이다.

(3) 연속확률변수 X가 $a \leq X \leq b$일 확률은 함수 $y = f(x)$의 그래프와 x축 및 두 직선 $x = a$, $x = b$로 둘러싸인 부분의 넓이와 같다.
(단, $\alpha \leq a \leq b \leq \beta$)

185

두 연속확률변수 X와 Y가 갖는 값의 범위는 $0 \leq X \leq 4$, $0 \leq Y \leq 4$이고, X와 Y의 확률밀도함수는 각각 $f(x)$, $g(x)$이다. 확률변수 X의 확률밀도함수 $f(x)$의 그래프는 그림과 같다.

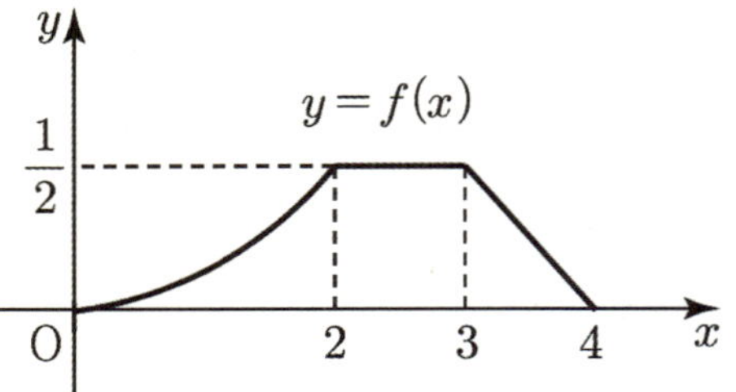

$0 \leq x \leq 4$인 모든 x에 대하여

$$f(x) + g(x) = ax \ (a\text{는 상수})$$

를 만족시킬 때, $\mathrm{P}(8a \leq Y \leq 14a) = \dfrac{q}{p}$이다. $p + q$의 값을 구하시오. (단, p와 q는 서로소인 자연수이다.)
[4점]

186

양수 n에 대하여 연속확률변수 X가 갖는 값의 범위가
$0 \le X \le 2n$이고, X의 확률밀도함수의 그래프는 다음
그림과 같다. $\dfrac{n}{2} < k < n$일 때, $\mathrm{P}(k \le X \le 2k)$가
최대가 되도록 하는 k의 값을 $f(n)$이라 할 때, $f'(1)$의
값은? [4점]

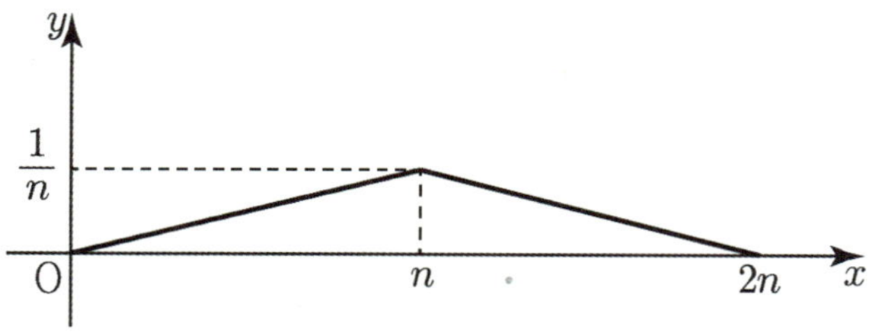

① $\dfrac{2}{3}$　　② $\dfrac{3}{4}$　　③ $\dfrac{4}{5}$　　④ $\dfrac{5}{6}$　　⑤ 1

출제유형 | 정규분포의 특징을 이해하고, 정규분포와 표준정규분포 사이의 관계를 이용하여 확률을 구하는 문제가 출제된다.

출제유형잡기 | 확률변수 X가 정규분포 $N(m, \sigma^2)$을 따를 때, 확률변수 $Z = \dfrac{X-m}{\sigma}$ 은 표준정규분포 $N(0, 1)$을 따른다.

187

확률변수 X는 정규분포 $N(10, 2^2)$, 확률변수 Y는 정규분포 $N(10, \sigma^2)$을 따르고, 확률변수 X, Y 의 확률밀도 함수는 각각 $f(x)$와 $g(x)$이다. 함수 $h(x)$가 다음 조건을 만족시킨다.

z	$P(0 \le Z \le z)$
0.25	0.0987
0.5	0.1915
1.0	0.3413
1.5	0.4332
2.0	0.4772

표준정규분포표

$$h(x) = \int_{10}^{x} \{f(t) - g(t)\}\, dt \text{ 가 } x \ge 10\text{에서}$$
$$x = 13\text{일 때, 최솟값을 } -0.044\text{을 가진다.}$$

이때, $P(10.75 \le Y \le 13)$의 값을 오른쪽 표준정규분포표를 이용하여 구한 것은? [4점]

① 0.1359 ② 0.1498 ③ 0.2417
④ 0.2857 ⑤ 0.5328

출제유형 | 정규분포와 표준정규분포의 관계를 이용하여 실생활과 관련된 확률을 구하는 문제가 출제된다.

출제유형잡기 | 정규분포를 따르는 확률변수 X의 평균이 m이고 표준편차가 σ일 때, $Z = \dfrac{X-m}{\sigma}$으로 표준화하여 표준정규분포의 확률로 바꾸어 문제를 해결한다.

188

두 개의 군 부대에서 신장을 기준으로 의장대원을 선발하려고 한다. A 부대의 신장은 평균이 $170cm$, 표준편차가 $10cm$인 정규분포를 따르고 B 부대의 신장은 평균이 $168cm$, 표준편차가 $20cm$인 정규분포를 따른다. 이때, A 부대는 $180cm$이상 B 부대는 acm이상을 각각 의장대 인원으로 선발하였을 때, 의장대 인원 중 한 명을 선발하였을 때, 그 인원이 B 부대 출신일 확률은 $\dfrac{31}{47}$이다. B 부대의 의장대 선발 기준이 되는 a의 값을 구하시오. (단, Z가 표준정규분포를 따르는 확률변수일 때, $\mathrm{P}(0 \leq Z \leq 0.5) = 0.19$, $\mathrm{P}(0 \leq Z \leq 1) = 0.34$로 계산한다.) [4점]

189

정규분포 $N(10, 3^2)$을 따르는 확률변수 X가 있다. 실수 a에 대하여 함수 $f(a)$를

$$f(a) = P(a \le X \le a+3)$$

으로 정의하자. 함수 $f(a)$가 $a = p$에서 최댓값 q를 가질 때, $p+q$의 값을 위의 표준정규분포표를 이용하여 구한 것은? [4점]

z	$P(0 \le Z \le z)$
0.3	0.1183
0.4	0.1557
0.5	0.1915
0.6	0.2263
0.7	0.2583

① 8.8830   ② 9.1826   ③ 9.3664

④ 9.6826   ⑤ 9.8664

190

어느 초등학교 4학년 학생들의 몸무게는 평균이 m, 표준편차가 σ인 정규분포를 따른다고 한다. 이 초등학교 4학년 학생 중에서 몸무게가 $52\,\mathrm{kg}$ 이상인 학생의 비율이 18%이고, $42\,\mathrm{kg}$ 초과이고 $52\,\mathrm{kg}$ 미만인 학생의 비율이 64%일 때, $m+9\sigma$의 값을 구하시오. (단, Z가 표준정규분포를 따르는 확률변수일 때,

$$P(0 \le Z \le 0.9) = 0.32$$로 계산한다.) [4점]

191

대구광역시는 설날을 맞아 제기차기 대회를 개최하였다. 대구광역시가 준비한 사은품의 개수가 n개인데 제기차기에 참여한 참가자수는 1000명 이었다. 참가자들의 제기차기의 개수는 평균이 48개,

표준편차 4개인 정규분포를 따른다. 제기차기의 개수가 56개인 참가자가 사은품을 받았을 때, 오른쪽 표준정규분포표를 이용하여 n의 최솟값을 구하시오. [4점]

표준정규분포표

z	$\mathrm{P}(0 \leq Z \leq z)$
1.2	0.3849
1.4	0.4192
1.5	0.4332
2.0	0.4772
2.5	0.4938

출제유형 | 이항분포에서의 확률을 이항분포와 정규분포의 관계를 이용하여 구하는 문제가 출제된다.

출제유형잡기 | 확률변수 X가 이항분포 $\mathrm{B}(n, p)$를 따르고, n이 충분히 클 때, 확률변수 X는 근사적으로 정규분포 $\mathrm{N}(np, npq)$를 따르는 것을 이용하여 확률을 구할 수 있다. (단, $q = 1 - p$)

192

확률변수 X가 이항분포 $\mathrm{B}\!\left(450, \dfrac{1}{3}\right)$을 따를 때, $2\mathrm{P}(X \geq 155) = \mathrm{P}(X \geq a)$를 만족시키는 상수 a의 값을 오른쪽 표준정규분포표를 이용하여 구하시오. [4점]

z	$\mathrm{P}(0 \leq Z \leq z)$
0.3	0.118
0.4	0.155
0.5	0.191
0.6	0.226
0.7	0.258

193

두 개의 주사위를 동시에 던지는 시행을 243번 반복할 때, 두 개의 주사위에서 모두 5의 약수가 나온 횟수를 확률변수 X라 하자. 보기에서 옳은 것만을 있는 대로 고른 것은? [4점]

| 보기 |

ㄱ. $V(X) = 24$

ㄴ. $P(X \leq 24) = P(X \geq 30)$

ㄷ. $P(X \leq 20) < P(X \geq k)$을 만족하는 자연수 k의 최댓값은 33이다.

---

① ㄱ   ② ㄴ   ③ ㄱ, ㄴ

④ ㄴ, ㄷ   ⑤ ㄱ, ㄴ, ㄷ

출제유형 | 모집단의 확률분포와 표본평균의 확률분포
사이의 관계를 이해하고 표본평균의 확률을 구하는 문제,
표본평균의 평균, 분산, 표준편차를 구하는 문제가
출제된다.

출제유형잡기 | 모평균이 m, 모표준편차가 σ인
모집단에서 크기가 n인 표본을 임의추출할 때, 표본평균
$\overline{X}$에 대하여

$$\mathrm{E}(\overline{X})=m,\ \mathrm{V}(\overline{X})=\frac{\sigma^2}{n},\ \sigma(\overline{X})=\frac{\sigma}{\sqrt{n}}$$

194

모집단의 확률변수 X의 확률분포를 표로 나타내면
다음과 같다.

X	-1	0	1	합계
$\mathrm{P}(X=x)$	$\dfrac{1}{3}$	$\dfrac{1}{2}a$	$6a^2+\dfrac{1}{2}a-\dfrac{1}{3}$	1

이 모집단에서 크기가 2인 표본을 임의추출하여 구한
표본평균을 $\overline{X}$라 할 때, $\mathrm{P}\left(\overline{X}\le\dfrac{1}{2}\right)=\dfrac{q}{p}$이다. $p+q$의
값을 구하시오. (단, p와 q는 서로소인 자연수이다.)
[4점]

195

어느 모집단의 확률변수 X의 확률분포가 다음 표와 같다.

X	0	1	2	3	합계
$\mathrm{P}(X=x)$	a	b	a	b	1

이 모집단에서 크기가 2인 표본을 임의추출하여 구한 표본평균을 $\overline{X}$라 하자. $\mathrm{P}\left(\overline{X}=\dfrac{3}{2}\right)=2\mathrm{P}\left(\overline{X}=3\right)$일 때, $\mathrm{E}\left(\overline{X}\right)$의 값은? (단, $ab \neq 0$) [4점]

① $\dfrac{2}{3}$ ② 1   ③ $\dfrac{4}{3}$ ④ $\dfrac{5}{3}$ ⑤ 2

출제유형 | 모집단이 정규분포를 따를 때, 표본평균의 분포를 이용하여 확률을 구하는 문제가 출제된다.

출제유형잡기 | 정규분포 $N(m,\ \sigma^2)$을 따르는 모집단에서 크기가 n인 표본을 임의추출할 때, 표본평균 $\overline{X}$는 정규분포 $N\left(m,\ \dfrac{\sigma^2}{n}\right)$을 따른다.

196

어느 초콜릿 공장에서 만드는 초콜릿 한 개의 무게는 평균이 30g이고 표준편차가 4g인 정규분포를 따른다고 한다. 이 초콜릿 공장에서는 초콜릿을 4개씩 한 상자에 담아서 판매하는데, 4개의 초콜릿을 담은 상자의 무게가 109.76g 이하이면 불량품인 상자로 판정된다고 한다. 이 초콜릿 공장에서 출하한 초콜릿 상자 900개 중에서 불량인 상자가 72개 이하일 확률은 p이다. $100p$의 값을 구하시오. (단, 상자의 무게는 무시하고, $P(0 \le Z \le 1.28) = 0.40$, $P(0 \le Z \le 2) = 0.48$로 계산한다.) [4점]

197

어느 양계장에서 생산하는 계란 1개의 무게는 평균이 55.45g이고 표준편차가 2.5g인 정규분포를 따른다고 한다. 이 양계장에서 생산하는 계란을 임의로 25개씩 선택하여 담은

z	$\mathrm{P}\,(0 \le Z \le z)$
0.3	0.1179
0.9	0.3159
1.5	0.4332
2.1	0.4821

상자를 만들 때, 만든 상자 중에서 임의추출한 3개의 상자 중 각 상자에 든 계란 25개의 무게의 평균이 55.3g 이상 56.5g 이하인 상자가 1개 이하일 확률을 P 라 할 때, 1000P 의 값을 구하시오. [4점]

198

어느 공장에서 생산되는 제품 한 개의 무게는 평균이 $100g$, 표준편차가 $8g$인 정규분포를 따른다고 한다. 이 제품을 임의로 16개씩 포장하여 한 세트로 판매할 때, 한 세트의

z	$\mathrm{P}\,(0 \le Z \le z)$
1.0	0.341
1.5	0.433
2.0	0.477
2.5	0.494

무게가 $1664g$ 이상이거나 $1536g$ 이하인 것을 불량품으로 판정한다. 1000개의 포장세트 중 불량품으로 판정되는 세트의 개수를 확률변수 X라 할 때, $\mathrm{E}\,(X)$의 값을 구하시오. (단, 포장지의 무게는 무시하고, 오른쪽 표준정규분포표를 이용한다.) [4점]

199

어느 빵집에서 만든 단팥빵 1개의 무게 X는 평균이 100 g, 표준편차가 9 g인 정규분포를 따른다고 한다. 이 빵집에서 만든 단팥빵 중에서 임의추출한 81개의 무게의 표본평균을 $\overline{X}$라 할 때,

z	$P(0 \leq Z \leq z)$
0.5	0.1915
1.0	0.3413
1.5	0.4332
2.0	0.4772

$P(X \geq 9a - 413) + P(\overline{X} \leq 157 - a) = 0.0456$을 만족시키는 상수 a의 값을 오른쪽 표준정규분포표를 이용하여 구한 것은? [4점]

① 55　　② 56　　③ 57　　④ 58　　⑤ 59

200

어느 공장에서 생산하는 노트북 컴퓨터 1대의 무게는 평균이 1000 g, 표준편차가 30 g인 정규분포를 따른다고 한다. 이 공장에서 생산하는 노트북 컴퓨터 중에서 임의추출한 9대의 무게의 합이 9090 g 이하일 확률을 오른쪽 표준정규분포표를 이용하여 구한 것은? [4점]

표준정규분포표

z	$P(0 \leq Z \leq z)$
0.5	0.1915
1.0	0.3413
1.5	0.4332
2.0	0.4772
2.5	0.4938

① 0.3085　　② 0.6247　　③ 0.8413

④ 0.9332　　⑤ 0.9772

201

모집단의 확률변수 X가 정규분포 $N(m, 4^2)$을 따른다.
이 모집단에서 크기가 25인 표본을 임의추출하여 구한
표본평균을 $\overline{X}$라 하자.

$$P\left(\overline{X} \geq 19\right) = P\left(\overline{X} \leq 21\right) = 0.8944$$

$$P\left(X \leq 15\right) + P\left(\overline{X} \leq 22\right) = 1.0994$$

일 때, $P(10 \leq X \leq 25)$의 값은? [4점]

① 0.7888　　② 0.8882　　③ 0.8944
④ 0.9452　　⑤ 0.9876

출제유형 | 정규분포를 따르는 모집단에서 임의추출한 표본의 표본평균을 이용하여 모평균의 신뢰구간을 구하는 문제가 출제된다.

출제유형잡기 | 정규분포 $N(m, \sigma^2)$을 따르는 모집단에서 임의추출한 크기가 n인 표본의 표본평균 $\overline{X}$의 값을 $\overline{x}$라 하면 모평균 m에 대한 신뢰구간은 다음과 같다.

(1) 신뢰도 95%일 때,

$$\overline{x} - 1.96\frac{\sigma}{\sqrt{n}} \le m \le \overline{x} + 1.96\frac{\sigma}{\sqrt{n}}$$

(2) 신뢰도 99%일 때,

$$\overline{x} - 2.58\frac{\sigma}{\sqrt{n}} \le m \le \overline{x} + 2.58\frac{\sigma}{\sqrt{n}}$$

202

모평균이 m, 모표준편차가 σ인 정규분포를 따르는 모집단에서 크기가 100인 표본을 임의추출하여 구한 표본평균이 0.72일 때, 모평균 m에 대한 신뢰도 95%의 신뢰구간은 $a \le m \le b$이다. 동일한 모집단에서 크기가 36인 표본을 다시 임의추출하여 구한 표본평균이 k일 때, 모평균 m에 대한 신뢰도 99%의 신뢰구간은 $c \le m \le d$이다. $2b - 3a = d - c$를 만족시킬 때, σ의 값은? (단, k는 상수이고 Z가 표준정규분포를 따르는 확률변수일 때, $P(0 \le Z \le 1.96) = 0.475$, $P(0 \le Z \le 2.58) = 0.495$로 계산한다.) [4점]

① 5　　　② 6　　　③ 7　　　④ 8　　　⑤ 9

203

어느 학교 학생 전체의 몸무게는 평균이 $m\,\mathrm{kg}$이고, 표준편차가 $1.5\,\mathrm{kg}$인 정규분포를 따른다고 한다. 이 학교 학생 중에서 임의로 25명을 뽑아서 몸무게의 합을 구했더니 $1200\,\mathrm{kg}$이었다. 이 학교 학생 전체의 몸무게의 평균 m을 신뢰도 99%로 추정한 신뢰구간은? (단, $\mathrm{P}\,(0 \le Z \le 2.58) = 0.495$) [4점]

① $47.226 \le m \le 48.774$
② $47.308 \le m \le 48.492$
③ $47.404 \le m \le 48.596$
④ $47.598 \le m \le 48.702$
⑤ $47.116 \le m \le 48.884$

204

어느 회사에서 생산하는 음료수의 무게는 표준편차가 $22\,\mathrm{g}$인 정규분포를 따른다고 한다. 이 음료수의 무게의 평균을 신뢰도 95%로 추정하기 위하여 n개를 임의로 추출하여 조사하려고 한다. 신뢰구간의 길이가 8이하가 되기 위한 n의 최솟값을 구하시오. (단, $\mathrm{P}\,(0 \le Z \le 2) = 0.475$) [4점]

어느 학교 학생의 한 달 동안의 독서 시간은 평균이
m시간, 표준편차가 0.5시간인 정규분포를 따른다고
한다. 이 학교의 학생 중에서 n명을 임의추출하여 구한 한
달 동안의 독서 시간의 평균이 1.9시간이었다. 이 결과를
이용하여, 이 학교 학생의 한 달 동안의 독서 시간의 평균
m에 대한 신뢰도 95%의 신뢰구간을 구하면
$a \leq m \leq 2.04$이다. $100a+n$의 값을 구하시오. (단,
Z가 표준정규분포를 따르는 확률변수일 때,
$\mathrm{P}\,(0 \leq Z \leq 1.96) = 0.475$로 계산한다.) [4점]

206

어느 농장에서 수확하는 단감의 무게는 $N(260, 50^2)$인 정규분포를 따르고 단감의 당도는 $N(12, 2^2)$인 정규분포를 따른다고 한다. 이 농장의 단감 중 무게가 218이상이고, 당도가 10.32 이상 15.28 이하인 단감은 상품으로 출하하고 나머지는 가정에서 가족끼리 나눠 먹는다고 한다. 이 농장에서 수확한 단감 중에서 임의로 100개를 뽑았을 때 상품으로 출하될 수 있는 단감의 기댓값을 구하시오. (단, 단감의 무게와 당도는 서로 독립이다.) [4점]

〈표준정규분포표〉

z	$P(0 \le Z \le z)$
0.84	0.30
1.28	0.40
1.48	0.43
1.64	0.45

207

상자에 크기와 모양이 같은 검은 공 1개와 흰 공 2개가 들어 있는 상태에서 같은 크기와 모양의 공 2개를 상자에 추가로 넣었다. 추가된 공은 검은 공 또는 흰 공이고, 이 중 흰 공의 개수는 이항분포 $B\left(2, \dfrac{1}{3}\right)$을 따른다. 이 상자에서 공 한 개를 꺼냈을 때, 검은 공이 나오면 동전을 3번 던지고, 흰 공이 나오면 동전을 2번 던질 때, 이 시행에서 동전의 앞면이 2번 나올 확률은 $\dfrac{n}{3 \times 5 \times 8}$ 이다. 상수 n의 값을 구하시오. [4점]

208

확률변수 X의 확률분포가

$$\mathrm{P}\,(X=r)={}_{20}\mathrm{C}_r\,p^r\,q^{100-r}$$

$(0 < p < 1,\ p+q=1,\ r=0,\ 1,\ 2,\ 3,\ \cdots,\ 20)$
일 때, $\mathrm{V}\,(X)$의 최댓값을 구하시오. [4점]

209

주사위 1개를 던져서 나온 눈의 수가 a이면 좌표평면 위에 $y=\dfrac{2}{a}x^2$의 그래프를 그리는 시행을 한다. 이 시행을 200번 반복할 때, $y=\dfrac{2}{a}x^2$의 그래프와 원 $x^2+(y-1)^2=1$이 한 점에서만 만나도록 그려지는 횟수를 확률변수 X라 하자. $\mathrm{E}\,(X)$의 값을 구하시오. [4점]

210

숫자 1, 2, 3, 4가 무작위로 반복되어 일렬로 나열되어 있다. 이때 4개의 숫자는 같은 확률로 나타난다. 여기서 5개의 숫자로 구성된 하나의 조각을 총 n개 뽑아서 다시 일렬로 배열하였다. 총 n개의 조각에서 하나의 조각 안에 같은 숫자가 3개이상 나타나는 조각의 수를 확률변수 X라 할 때, $\mathrm{E}(X) \geq 106$을 만족하는 n의 최솟값을 구하시오. [4점]

$$\boxed{23141}\ \ \boxed{13441}\ \ \boxed{43143}\ \ \cdots\ \ \boxed{22321}$$

211

어떤 상자에 $1,\ 2,\ 3,\ \cdots,\ n$의 번호가 적힌 카드가 각각 $n,\ n-1,\ n-2,\ \cdots,\ 2,\ 1$장씩 들어 있다. 이 상자에서 임의의 카드를 1장 꺼내는 시행에서 나온 번호의 평균이 100일 때, n의 값을 구하시오. [4점]

212

어느 모집단의 확률변수 X의 확률질량함수가

$$P(X=r) = {}_n C_r \left(\frac{3}{4}\right)^r \left(\frac{1}{4}\right)^{n-r} \quad (r=0,1,2,\cdots,n)$$

일 때, 이 모집단에서 크기가 3인 표본을 임의 추출하여 구한 표본평균을 $\overline{X}$라 하자. $E(\overline{X}) + V(\overline{X}) = 26$일 때, 자연수 n의 값은? [4점]

① 28   ② 32   ③ 36   ④ 40   ⑤ 44

213

확률변수 X가 평균이 m, 표준편차가 σ인 정규분포를 따를 때, 실수 전체의 집합에서 정의된 함수 $f(t)$는

$$f(t) = P(t \leq X \leq t+2)$$

이다. 함수 $f(t)$는 $t=10$에서 최댓값 k를 갖고, $f(m) = 0.4772$이다. 오른쪽 표준정규분포표를 이용하여 k의 값을 구한 것은? [4점]

표준정규분포표

z	$P(0 \leq Z \leq z)$
1.0	0.3413
1.2	0.3849
1.5	0.4332
2.0	0.4772
2.5	0.4938

① 0.4938   ② 0.5   ③ 0.6826

④ 0.7262   ⑤ 0.7698

열 두 개의 면 중 k개의 면에는 검정색이 각각 칠해져 있고, 나머지 면에는 흰색이 각각 칠해져 있는 정십이면체 모양의 물체가 있다. 이 물체를 n번 던져서 지면에 닿는 면이 검정색이 되는 횟수를 X라 하자. 확률변수 X가 다음의 조건을 만족시킬 때, k와 n의 곱 nk의 값을 구하시오. (단, 각각의 면에는 한 가지 색만 칠해져 있다.) [4점]

(가) $3\mathrm{E}(X)=4\mathrm{V}(X)$

(나) $\mathrm{P}(X=1)=24\mathrm{P}(X=0)$

연속확률변수 X가 갖는 값의 범위가 $-1 \leq X \leq 2$이고 X의 확률밀도함수 $f(x)$가

$$f(x)=a\left(1+\frac{1}{4}x-\frac{3}{4}\,|\,x\,|\right)\ \ (-1 \leq x \leq 2)$$

이다. $\mathrm{P}(c \leq X \leq c+1)\ (-1 \leq c \leq 0)$의 최댓값은 $\dfrac{q}{p}$이다. $p+q$의 값을 구하시오. (단, a는 상수, p, q는 서로소인 자연수이다.) [4점]

216

불우이웃을 돕기 위해 시청에서 기획한 수박판매행사에 사용된 수박의 무게는 표준편차 $1\,\mathrm{kg}$인 정규분포를 따른다고 한다. 이 수박들 중에서 144개의 수박을 임의추출하여 무게를 조사해보니 평균 $10\,\mathrm{kg}$이었다. 이 행사에 사용된 수박의 무게의 모평균 $m(\mathrm{kg})$을 신뢰도 $99\,\%$로 추정할 때의 신뢰구간은 $a \le m \le b$ 이다. $b - a$의 값을 c라 할 때, $100c$의 값을 구하시오. (단, $\mathrm{P}(|Z| \le 2.58) = 0.99$) [4점]

217

A 고등학교 학생 전체의 1인당 1일 수면시간은 평균이 m분, 표준편차가 σ분인 정규분포를 따르고, B 고등학교 학생 전체의 1인당 1일 수면시간은 평균이 $(m-1)$분, 표준편차가 3σ분인 정규분포를 따른다고 한다. A 고등학교에서 임의추출한 학생 36명의 1인당 1일 수면시간의 평균이 302분 이상일 확률과 B 고등학교에서 임의추출한 학생 36명의 1인당 1일 수면시간의 평균이 302분 이상일 확률을 아래의 표준정규분포표를 이용하여 구한 값이 각각 0.0228, 0.1587이다. $m + \sigma$의 값을 구하시오. [4점]

표준정규분포표

z	$\mathrm{P}(0 \le Z \le z)$
1.0	0.3413
1.5	0.4332
2.0	0.4772
2.5	0.4938
3.0	0.4987

218

확률변수 X가 평균 m, 표준편차 σ인 정규분포를 따를 때, $\mathrm{P}(X \leq a) = 0.0808$이다. 확률변수 Y가 평균이 $4m+8$, 표준편차 2σ인 정규분포를 따를 때, $\mathrm{P}(Y \leq 4a+24) = 0.9641$이다. 오른쪽 표준정규분포를 이용하여 σ의 값을 구하면? (단, a는 상수이다.) [4점]

z	$\mathrm{P}(0 \leq Z \leq z)$
1.2	0.3849
1.4	0.4192
1.6	0.4452
1.8	0.4641

① $\dfrac{25}{23}$ ② $\dfrac{30}{23}$ ③ $\dfrac{35}{23}$

④ $\dfrac{40}{23}$ ⑤ $\dfrac{45}{23}$

219

정규분포를 따르는 모집단에서 임의추출한 크기 100인 표본 $x_1,\ x_2,\ x_3,\ \cdots,\ x_{100}$이 다음 조건을 만족시킨다.

(가) $\displaystyle\sum_{n=1}^{100} x_n = 900$

(나) $\displaystyle\sum_{n=1}^{100} (x_n - 9)^2 = 396$

이 표본을 이용하여 모평균 m에 대한 신뢰도 95%의 신뢰구간의 길이를 l이라 할 때 $1000l$을 구하시오. (단, Z가 표준정규분포를 따르는 확률변수일 때, $\mathrm{P}(0 \leq Z \leq 1.96) = 0.4750$으로 계산한다.) [4점]

220

확률변수 X가 정규분포
$N\left(m, \dfrac{16}{(4m+1)^2}\right)$를
따른다고 한다.
$P(X \leq 10) = 0.9938$일 때,
오른쪽 표준정규분포표를
이용하여 $4m$의 값을
구하시오.
(단, $m > 0$) [4점]

표준정규분포표

z	$P(0 \leq Z \leq z)$
1.0	0.3413
1.5	0.4332
2.0	0.4772
2.5	0.4938
3.0	0.4987

221

매주 실시되는 수학영역 랑데뷰 모의고사는 전체 평균이 m, 표준편차가 σ인 정규분포를 따른다고 한다. 이 모의고사를 치른 수험생 중 임의추출한 n명의 점수의 표본평균을 $\overline{X}$라 할 때, $|\overline{X} - m| \leq 0.049\sigma$일 확률이 0.8584 이상이 되도록 하는 n의 최솟값을 오른쪽 표준정규분포를 이용하여 구한 것은? [4점]

z	$P(0 \leq Z \leq z)$
0.49	0.1879
0.98	0.3365
1.47	0.4292
1.96	0.4750

① 900 ② 1600 ③ 2500
④ 3600 ⑤ 4900

확률변수 X는 이항분포 $\mathrm{B}(20,\, p)$를 따르고

$$\sum_{r=0}^{20} \mathrm{P}(X \geq r) = 17$$이다. $\mathrm{V}(5X)$을 구하시오. [4점]

대구광역시 수험생들의 하루 수학 공부시간은 평균이 m시간, 표준편차가 σ시간인 정규분포를 따른다고 한다. 대구시 수험생 중에서 n명을 임의추출하여 얻은 하루 수학 공부시간의 평균 m에 대한 신뢰도 99%의 신뢰구간이 $0.6608 \leq m \leq 0.9389$일 때, 대구광역시의 수험생 중에서 $81n$명을 임의추출하여 얻은 하루 수학 공부 시간의 평균 m에 대한 신뢰도 99%의 신뢰구간은 $\alpha \leq m \leq \beta$이다. $10000(\beta - \alpha)$의 값을 구하시오. (단, Z가 표준정규분포를 따르는 확률변수일 때, $\mathrm{P}(|Z| \leq 2.58) = 0.99$로 계산한다.) [4점]

224

어느 지역 재수학원 학생들의 하루 수학 공부시간은
평균이 m, 표준편차가 3인 정규분포를 따른다고 한다.
이 지역 재수학원 학생들 중 36명을 임의추출하여 구한
하루 수학 공부시간의 표본평균의 값이 $\overline{x_1}$일 때, 모평균
m에 대한 신뢰도 95%의 신뢰구간은
$a \leq m \leq 60.98$이다. 이 재수학원의 학생 중 n명을 다시
임의추출하여 구한 하루 수학 공부시간의 표본평균의
값이 $\overline{x_2}$일 때, 모평균 m에 대한 신뢰도 95%의
신뢰구간은 $49.51 \leq m \leq b$이다. $\overline{x_2} = \dfrac{5}{6}\overline{x_1}$일 때,
$n - (a + b)$의 값은? (단, 수학 공부시간의 단위는 분이고,
Z가 표준정규분포를 따르는 확률변수일 때,
$\mathrm{P}\left(|Z| \leq 1.96\right) = 0.95$로 계산한다.) [4점]

① 34.49 ② 36.69 ③ 37.49
④ 38.69 ⑤ 39.49

225

어느 샤프 제조회사에서
생산되는 샤프심의 길이는
표준편차가 $1\,\mathrm{mm}$인
정규분포를 따른다고 한다.
이 회사에서 생산된 샤프심
중에서 임의추출한 81개의
무게를 조사하여 모평균 m을
신뢰도 92%로 추정하면
신뢰구간의 길이가 l이고, 모평균 m을 신뢰도 k%로
추정하면 신뢰구간의 길이가 $\dfrac{l}{2}$이다. 표준정규분포표를
이용하여 실수 k의 값을 구하시오. [4점]

〈표준정규분포표〉

z	$\mathrm{P}(0 \leq Z \leq z)$
0.7	0.26
0.8	0.29
0.9	0.32
1.4	0.42
1.8	0.46

226

어느 날 A 공원에 입장한 사람들이 공원에서 머무른 시간을 조사하였더니 평균이 3.2시간이고, 표준편차가 1.5시간인 정규분포를 따르는 것으로 나타났다. 같은 날 A 공원에 다녀온 사람을 임의로 한 명 택하였을 때, 그 사람이 공원에서 5시간 이상 머물렀을 확률은?
(단, $P(0 < Z \le 1.2) = 0.3849$,
$P(0 < Z \le 1.3) = 0.4032$, $P(0 < Z \le 1.4) = 0.4192$)
[4점]

① 0.0668   ② 0.0808   ③ 0.0986

④ 0.1151   ⑤ 0.1476

227

숫자 1, 2, 3, 4가 적혀 있는 정사면체가 있다. 이 정사면체를 계속 던져 바닥에 닿은 면에 적힌 수를 계속 더해갈 때, 그 합이 4 이상이면 던지는 것을 멈추고, 멈출 때까지 정사면체를 던진 횟수를 확률변수 X 라고 하자.

이때 $E\left(\dfrac{64}{25}X\right)$ 의 값을 구하시오. [4점]

228

어느 학원에서 매주 치르는 수학 모의고사의 어느 한 주의 평균이 60점 표준편차가 5점인 정규분포를 따른다고 한다. 이 모의고사를 치른 학생 수가 1000명일 때, 이 학생들 중 20명이 성적우수 장학금을 받는다고 한다. 장학금을 받는 최소 점수를 오른쪽 정규분포표를 이용하여 구하시오. [4점]

z	$\mathrm{P}(0 \leq Z \leq z)$
1.0	0.34
1.5	0.43
2.0	0.48
2.5	0.49

229

어느 회사에서 생산하는 노트북의 충전 후 사용가능 시간은 정규분포를 따른다고 한다. 이 회사에서 생산된 노트북 중에서 81개를 임의추출하여 충전시간을 조사했더니 표준편차가 6이었다. 모평균 m를 신뢰도 $\alpha\%$로 추정한 신뢰구간이 $\beta \leq m \leq \beta+2$일 때, 표준정규분포표를 이용하여 α의 값을 구하시오. (단, β는 상수이다.) [4점]

z	$\mathrm{P}(0 \leq Z \leq z)$
1.0	0.34
1.5	0.43
2.0	0.48
2.5	0.49

230

정규분포를 $N(20, 6^2)$을 따르는 모집단에 크기가 9인 표본을 임의 추출하여 구한 표본평균을 $\overline{X}$, 정규분포 $N(12, \sigma^2)$을 따르는 모집단에서 크기가 36인

z	$P(0 \leq Z \leq z)$
0.5	0.19
0.75	0.27
1.0	0.34
1.5	0.43

표본을 임의추출하여 구한 표본평균을 $\overline{Y}$라 하자. $P(\overline{X} \geq 17) + P(\overline{Y} \geq 13) = 1$일 때, $P(\overline{Y} \geq a) = 0.77$이다. $4a$의 값을 구하시오. [4점]

랑데뷰 N제.
확률과 통계 쉬사준킬 해설
수능 수학 4점 문항 대비를 위한 필독서
smart is sexy
Orbi.kr
orbibooks

랑데뷰
N 제

랑데뷰
N 제

하루 중 90%는 겸손하게 10%는 자신있게...

빠른 정답

유형 1 원순열

1	18	2	12	3	④	4	18	5	22
6	12								

유형 2 중복순열

7	405	8	432	9	③

유형 3 같은 것이 있는 순열

10	190	11	303	12	274	13	34	14	⑤
15	⑤	16	256						

유형 4 같은 것이 있는 순열(최단거리)

17	8	18	81

유형 5 중복조합

19	46	20	307	21	100	22	350	23	60
24	46	25	198	26	495	27	48	28	③
29	280	30	252	31	49	32	⑤	33	④
34	360								

유형 6 중복조합 – 정수해

35	46	36	392	37	39	38	361	39	364
40	36	41	⑤	42	281	43	40	44	66

유형 7 이항정리

45	5	46	4

유형 8 이항정리의 활용

47	502	48	60

단원평가

49	③	50	25	51	33	52	20	53	180
54	110	55	126	56	224	57	83	58	26
59	57	60	320	61	56	62	84	63	350
64	180	65	243	66	96	67	130	68	③
69	84	70	①	71	⑤	72	67	73	240
74	72	75	945	76	④	77	714	78	992
79	300	80	53						

유형 1 수학적 확률

81	511	82	140	83	91	84	51	85	743
86	①	87	③	88	155	89	④		

유형 2 확률의 덧셈정리(1)

90	184	91	37	92	③	93	64	94	④

유형 3 확률의 덧셈정리(2)

95	118	96	⑤	97	③	98	③	99	①
100	709	101	①						

유형 4 여사건의 확률

102	52	103	⑤	104	④	105	②

유형 5 조건부확률의 계산

106	③

유형 6 표를 이용한 조건부확률의 계산

107	200	108	②

유형 7 조건부확률의 활용

109	55	110	41	111	20	112	13	113	17
114	22	115	7	116	②	117	69		

유형 8 확률의 곱셈정리

118	80	119	323	120	②

유형 9 독립일 조건과 독립인 사건의 확률

121	33	122	36	123	⑤

유형 10 독립시행의 확률

124	13	125	10	126	98	127	3	128	23
129	②	130	31						

단원평가

131	19	132	31	133	74	134	57	135	56
136	9	137	②	138	180	139	33	140	27
141	①	142	36	143	④	144	④	145	⑤
146	④	147	5	148	19	149	6	150	85
151	③	152	23	153	③	154	102	155	③
156	⑤	157	⑤	158	④	159	③	160	43
161	5	162	11	163	23	164	⑤	165	②
166	67								

통계

| 유형 1 | 이산확률변수의 확률분포 |

167	8	168	③	169	⑤

| 유형 2 | 이산확률변수의 평균, 분산, 표준편차 |

170	7	171	6	172	35	173	③	174	8

| 유형 3 | 이산확률변수 $aX+b$의 평균, 분산, 표준편차 |

175	20	176	③

| 유형 4 | 이항분포 |

177	42	178	135	179	20	180	212	181	3
182	20	183	8	184	63				

| 유형 5 | 연속확률변수와 확률밀도함수 |

185	43	186	③

| 유형 6 | 정규분포와 표준정규분포 |

187	④

| 유형 7 | 정규분포의 활용 |

188	178	189	①	190	97	191	23

| 유형 8 | 이항분포와 정규분포의 관계 |

192	147	193	⑤

| 유형 9 | 모평균과 표본평균 |

194	7	195	④

| 유형 10 | 표본평균의 활용 |

196	2	197	352	198	46	199	⑤	200	③
201	②								

| 유형 11 | 모평균의 추정 |

202	②	203	①	204	121	205	225

단원평가

206	60	207	37	208	5	209	100	210	256
211	298	212	②	213	③	214	216	215	14
216	43	217	306	218	④	219	784	220	39
221	①	222	80	223	309	224	①	225	64
226	④	227	5	228	70	229	86	230	46

랑데뷰
N 제

하루 중 90%는 겸손하게 10%는 자신있게...

상세 해설

유형 1 원순열

01 정답 18

10개의 영역에 서로 다른 10가지 색을 모두 사용하여 칠하는
경우의 수는 10!
회전하였을 때 같은 것이 5가지씩 있으므로 경우의 수 a는
$a = \dfrac{10!}{5}$ 이다.

따라서 $\dfrac{a}{8!} = \dfrac{10!}{5 \times 8!} = \dfrac{10 \times 9}{5} = 18$

[다른 풀이]–이소영T

10가지 색 중 5개를 선택하여 부채꼴 5곳에 먼저
색칠하고(원순열), 난 후 정삼각형 5곳에 나머지 색으로 칠하면
된다(직순열).

$$_{10}C_5 \times 4! \times 5! = \frac{10 \cdot 9 \cdot 8 \cdot 7 \cdot 6}{5!} \times 4! \times 5!$$
$$= 10 \cdot 9 \cdot 8 \cdot 7 \cdot 6 \cdot 4!$$
$$\frac{a}{8!} = \frac{10 \cdot 9 \cdot 8 \cdot 7 \cdot 6 \cdot 4!}{8!} = \frac{10 \cdot 9}{5} = 18$$

따라서 구하는 값은 18이다.

02 정답 12

8은 2, 3, 4와 이웃해야 하므로 한 가운데 원에 들어가는 수는
2 또는 3 또는 4인 경우이다.
한 가운데 원에 2가 들어가는 경우 8의 양 옆에 3과 4가 와야
$(3, 8, 4)$ 또는 $(4, 8, 3)$으로 배열하고 남은 수 5, 6, 7에서
6과 7은 이웃하지 않아야 하므로
$(6, 5, 7)$ 또는 $(7, 5, 6)$으로 배열하면 된다.
$2! \times 2! = 4$가지
한가운데 원에 3과 4가 오는 경우의 수도 위와 동일하다.
$4 \times 3 = 12$

[다른 풀이]–이소영T

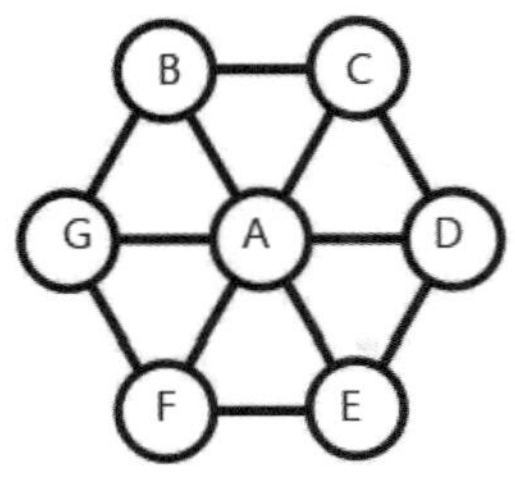

A부터 G까지 각 자리의 이름을 임의로 정하여 직순열로
생각해보자. 2부터 8까지의 수를 배열할 때, 이웃한 두 수의
합이 12 이하가 되어야 하므로 제일 큰 수인 8을 먼저

고려해보면 8은 2, 3, 4와 이웃가능하다. 따라서 8과 이웃
가능한 수의 개수는 최대 3개이므로 A 원에 올 수 없고,
$B \sim G$에 위치할 수 있다. 8을 배치하는 경우의 수는 6가지이다.
8이 만약 B에 위치한다면 2, 3, 4는 G, A, C에 배열시킨다.
→ 3! = 6가지
그러면 남은 D, E, F에 5, 6, 7이 배열 되어야 하는데 6, 7은
이웃할 수 없으므로
$(D, E, F) = (6, 5, 7)$ 또는 $(7, 5, 6)$가 가능하다. → 2가지
2부터 8까지 직순열로 생각하고 배열하는 가짓수는
$6 \times 6 \times 2 = 72$인데, A부터 G는 임의로 지정한 것일 뿐,
회전하여 같아지는 경우를 고려하면 $\dfrac{72}{6} = 12$가지이다.

03 정답 ④

A와 B가 이웃하고 B와 C가 이웃하는 전체의 경우에서 C와
D가 이웃하는 경우를 제외한다.
(i) A와 B가 이웃하고 B와 C가 이웃하는 경우
A와 B의 위치가 결정되면 C의 위치는 자동 결정이므로
$(6-1)! \times 2 = 240$
(ii) A와 B가 이웃하고 B와 C가 이웃하면서 동시에 C가 D와
이웃하는 경우
A와 B의 위치가 결정되면 C와 D의 위치는 자동 결정이므로
$2 \times (5-1)! = 48$
(i)과 (ii)에 의하여
$\therefore 240 - 48 = 192$ (가지)

[다른 풀이]–오세준T

조건 (가), (나)에서 A, B, C의 자리를 정하는 방법은
2가지(ABC 또는 CBA)
조건 (다)에 의해 D는 C의 옆자리를 제외한 나머지 자리에 앉을
수 있으므로 4가지
나머지 4명이 앉는 경우는 $4! = 24$(가지)
따라서 $2 \times 4 \times 4! = 192$(가지)

04 정답 18

(i) 가운데 알파벳을 넣는 경우의 수는 9
(ii) 나머지 8곳에 알파벳를 넣은 경우의 수는 원순열로 생각하면
$(8-1)! = 7!$
그런데 한 원순열에 대하여 모서리에 있는 알파벳를 한 칸만큼
이동하면 다른 경우가 되므로 2가지의 경우가 생긴다.

A	B	C
H	I	D
G	F	E

H	A	B
G	I	C
F	E	D

따라서 (i), (ii)에 의해 구하는 경우의 수는
$9 \times 2 \times 7! = 18 \times 7!$ (가지) 이다.
따라서 $k = 18$

[다른 풀이]
전체의 영역을 가운데 사각형을 중심으로 똑같이 4등분한다.
9가지 경우를 나열하고 4가지의 영역이 회전하면 같은
경우이므로 4로 나누어준다.
$\dfrac{9!}{4} = 18 \times 7!$

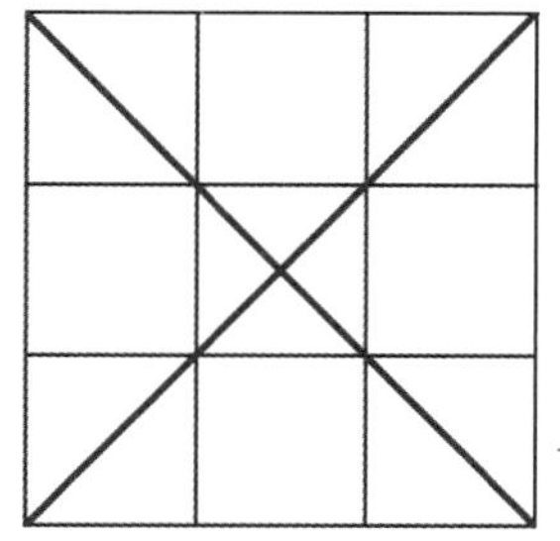 또는 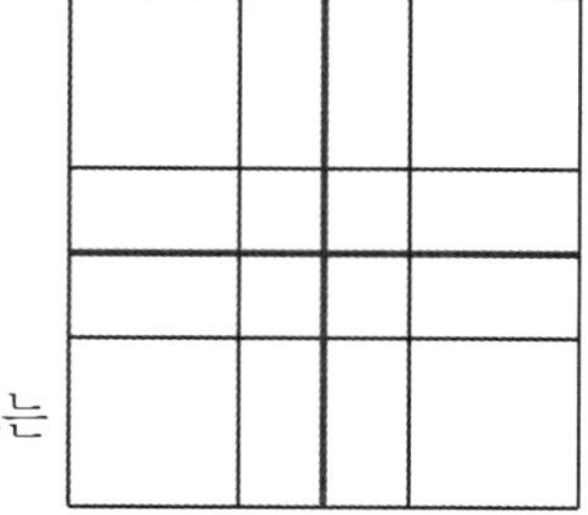

05 정답 22

두 정오각형의 중심에 해당하는 의자에 앉을 한 명을 선택한다.
$_{11}C_1 = 11$
안쪽 정오각형에 앉을 사람을 선택한 후 둘레에 앉는다. 이 경우
원순열에 해당한다.
$$_{10}C_5 \times (5-1)! = \frac{10 \times 9 \times 8 \times 7 \times 6}{5}$$
바깥쪽 정오각형에 앉을 사람을 선택한 후 둘레에 앉힌다. 이
경우는 원순열이 아니다.
$_5C_5 \times 5! = 5!$
따라서
$$11 \times \frac{10 \times 9 \times 8 \times 7 \times 6}{5} \times 5! = 22 \times 9!$$

[다른 풀이]
정오각형 모양의 회의장이 원순열을 이루므로
$\dfrac{11!}{5} = 22 \times 9!$이다.

06 정답 12

서로 다른 8개의 색을 나열하는 경우의 수는 8!
회전하여 겹치는 경우가 4가지
따라서 $\dfrac{8!}{4}$
$p = 8$, $q = 4$일 때, $p + q = 12$로 최솟값이다.

[다른 풀이]–이소영T
8가지 색 중 4개를 선택하여 중심각이 30°인 부채꼴 네 곳이나

중심각이 60°인 부채꼴 네 곳에 먼저 색칠하고(원순열),
중심각이 같은 나머지 네 곳을 남은 4가지의 색으로
칠한다(직순열).

$$_8C_4 \times 3! \times 4! = \frac{8 \cdot 7 \cdot 6 \cdot 5}{4!} \times 3! \times 4!$$

$$= \frac{3!}{4!} \cdot 8 \cdot 7 \cdot 6 \cdot 5 \cdot 4! = \frac{8!}{4}$$

이므로 $p = 8$, $q = 4$이므로 12이다.

07 정답 405

(i) $1 + 2 + 3 = 6$일 때,
즉, $f(1)$, $f(2)$, $f(3)$이 1, 2, 3 중 하나로 대응 되는 경우
나머지 집합 X의 원소 4, 5, 6은 Y의 원소 1, 2, 3 중 하나로
대응하면 된다.
따라서
$3! \times {}_3\Pi_3 = 6 \times 27 = 162$

(ii) $1 + 1 + 4 = 6$일 때,
즉, $f(1)$, $f(2)$, $f(3)$중 두 개가 1로 대응되고 나머지 하나가
4로 대응되는 경우
(나) 조건을 만족하기 위해서는 집합 Y의 원소 2, 3, 5중
하나가 치역에 포함되어야 한다.
그 원소를 a라 하면
나머지 집합 X의 원소 4, 5, 6은 Y의 원소 1, 4, a로 대응되면
된다. 그런데 집합 X의 원소 4, 5, 6가 Y의 원소 1, 4에만
대응되는 함수는 제외해야 한다.
따라서
$_3C_1 \times {}_3C_1 \times \left(3^3 - 2^3\right)$
$= 3 \times 3 \times (27 - 8) = 9 \times 19 = 171$

(iii) $2 + 2 + 2 = 6$일 때,
즉, $f(1)$, $f(2)$, $f(3)$이 모두 2로 대응되는 경우
(나) 조건을 만족하기 위해서는 집합 Y의 원소 1, 3, 4, 5중 두
개가 치역에 포함되어야 한다.
그 원소를 a, b라 하면
나머지 집합 X의 원소 4, 5, 6은 Y의 원소 2, a, b로 대응되면
된다. 그런데 집합 X의 원소 4, 5, 6가 Y의 원소 2, a에만
또는 2, b에만 대응되는 함수는 제외해야 한다.
따라서
$_4C_2 \times \left\{3^3 - 2 \times \left(2^3 - 1\right) - 1\right\}$
$= 6 \times (27 - 14 - 1) = 6 \times 12 = 72$

(i), (ii), (iii)에서
$162 + 171 + 72 = 405$

08 정답 432

$A \cap B = \{3, 4, 5\}$

즉, 3, 4, 5는 각각 세 집합 $X-Y$, $X \cap Y$, $Y-X$
중 오직 하나에만 속해야 하므로 경우의 수는

$$_3\Pi_3 = 3^3 = 27$$

1, 2는 두 집합 X, $A-X$중 오직 하나에만 속해야 하고,
6, 7은 두 집합 Y, $B-Y$중 오직 하나에만 속해야 하므로
경우의 수는

$$_2\Pi_2 \times {}_2\Pi_2 = 2^2 \times 2^2 = 16$$

따라서 두 집합 X, Y의 순서쌍 (X, Y)의 개수는

$$27 \times 16 = 432$$

09 정답 ③

규칙에 맞게 이동하려면 왼쪽 방향으로는 이동할 수 없으므로
오른쪽 방향을 선택하는 경우로 생각할 수 있다. 다음 그림과
같이 첫 오른쪽 방향 5개중 하나를 선택하고 다음 칸에서도
마찬가지이므로 선택하면 되므로 전체 경우의 수는

$$5 \times 5 \times 5 \times 5 = 625$$

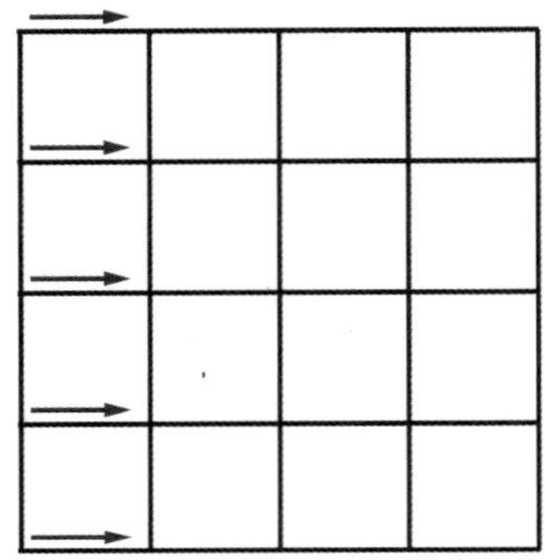

그런데 5층의 오른쪽 방향은 적어도 한 번 지나야 하므로
4층까지만 이동하는 경우의 수인

$4 \times 4 \times 4 \times 4 = 256$을 제외해야 한다.

따라서 $5^4 - 4^4 = 369$

 같은 것이 있는 순열

10 정답 190

검은 공을 1개 꺼내는 시행을 A, 흰 공을 1개 꺼내는 시행을
B, 흰 공을 2개 꺼내는 시행을 C라 하자.

(i) 흰 공을 한 번에 두 개씩 꺼내는 경우가 없을 때, A 4개, B

4개를 일렬로 배열하는 방법의 수와 같으므로 $\dfrac{8!}{4! \times 4!} = 70$

(ii) 흰 공을 한 번에 두 개씩 꺼내는 경우가 한 번 있을 때, A
4개, B 2개, C 1개를 일렬로 배열하는 방법의 수와 같으므로

$$\frac{7!}{4! \times 2!} = 105$$

(iii) 흰 공을 한 번에 두 개씩 꺼내는 경우가 두 번 있을 때, A
4개, C 2개를 일렬로 배열하는 방법의 수와 같으므로

$$\frac{6!}{4! \times 2!} = 15$$

(i), (ii), (iii)에서 구하는 방법의 수는

$$70 + 105 + 15 = 190$$

11 정답 303

C로 시작하는 문자열의 개수는 $\dfrac{5!}{2!} = 60$ (개)

H로 시작하는 문자열의 개수는 $\dfrac{5!}{2!} = 60$ (개)

L로 시작하는 문자열의 개수는 $\dfrac{5!}{2!} = 60$ (개)

O로 시작하는 문자열의 개수는 $5! = 120$ (개)

한편, SCHOOL 은 S로 시작하는 문자열 중에서 3번째
문자열이다.

$\therefore a = 60 + 60 + 60 + 120 + 3 = 303$

12 정답 274

같은 것이 있는 순열을 이용한 방법

(i) 한 단 또는 두 단만 오르는 경우

올라가는 경우의 수 1단을 x회, 2단을 y회 이용하여 10단의
계단을 모두 올라갔다면 방정식 $x + 2y = 10$을 만족시키는 음이
아닌 정수 x, y의 순서쌍
(x, y)는

$(10, 0)$, $(8, 1)$, $(6, 2)$, $(4, 3)$, $(2, 4)$, $(0, 5)$

이고 각각의 경우에 계단을 오르는 경우의 수는

$$\frac{10!}{10!} + \frac{9!}{8!} + \frac{8!}{6!2!} + \frac{7!}{4!3!} + \frac{6!}{2!4!} + \frac{5!}{5!}$$

$$= 1 + 9 + 28 + 35 + 15 + 1 = 89$$

⇨ 89

(ii) 한 단 또는 세 단만 오르는 경우 ⇨

올라가는 경우의 수 1단을 x회, 3단을 y회 이용하여 10단의
계단을 모두 올라갔다면 방정식 $x + 3y = 10$을 만족시키는 음이
아닌 정수 x, y의 순서쌍
(x, y)는

$(10, 0)$, $(7, 1)$, $(4, 2)$, $(1, 3)$

이고 각각의 경우에 계단을 오르는 경우의 수는

$$\frac{10!}{10!} + \frac{8!}{7!} + \frac{6!}{4!2!} + \frac{4!}{1!3!} = 1 + 8 + 15 + 4 = 28$$

여기서 (i)과 한 단만으로 오르는 경우가 중복

$$28 - 1 = 27$$

(iii) 두 단 과 세 단을 모두 사용하여 오르는 경우

올라가는 경우의 수 2단을 x회, 3단을 y회 이용하여 10단의
계단을 모두 올라갔다면 방정식

$2x + 3y = 10$을 만족시키는 자연수 x, y의 순서쌍 (x, y)는

$(2, 2)$

이고 계단을 오르는 경우의 수는

$$\frac{4!}{2!2!} = 6$$

(iv) 한 단, 두 단, 세 단을 모두 사용하여 오르는 경우

⇨ 우선 $1+2+3=6$에서 남은 계단의 개수는 4개이므로

$1, 2, 3, 1, 1, 1, 1 \Rightarrow \dfrac{7!}{5!} = 42$

$1, 2, 3, 1, 1, 2 \Rightarrow \dfrac{6!}{3!\,2!} = 60$

$1, 2, 3, 1, 3 \Rightarrow \dfrac{5!}{2!\,2!} = 30$

$1, 2, 3, 2, 2 \Rightarrow \dfrac{5!}{3!} = 20$

(i)~(iv)에서

$89+27+6+42+60+30+20 = 274$

[다른 풀이]– 점화식 이용

n개의 계단을 주어진 규칙에 맞게 오르는 방법의 수를 $f(n)$이라 하자.

$f(1)=1$, $f(2)=2$, $f(3)=4$이고

$f(n)=f(n-1)+f(n-2)+f(n-3)$ $(n \geq 4)$에서

$f(4)=4+2+1=7$

$f(5)=7+4+2=13$

$f(6)=13+7+4=24$

$f(7)=24+13+7=44$

$f(8)=44+24+13=81$

$f(9)=81+44+24=149$

$f(10)=149+81+44=274$

따라서 274이다.

13 정답 34

아이스 박스 A에서 아이스크림을 1개 집는 횟수를 a, 2개 집는 횟수를 b라 하면

$a+2b=8$

$\therefore \ (a, b) = (8, 0), (6, 1), (4, 2), (2, 3), (0, 4)$

(i) $(8, 0)$인 경우 : 1(가지)

(ii) $(6, 1)$인 경우 : $\dfrac{7!}{6!} = 7$(가지)

(iii) $(4, 2)$인 경우 : $\dfrac{6!}{4!\,2!} = 15$(가지)

(iv) $(2, 3)$인 경우 : $\dfrac{5!}{2!\,3!} = 10$(가지)

(v) $(0, 4)$인 경우 : 1(가지)

(i) ~ (v)에서 구하는 방법의 수는

$1+7+15+10+1=34$(가지)

14 정답 ⑤

일곱 개의 낱말을 나열하는 경우의 수는

$$\frac{7!}{2!2!2!} = 630$$

‘소주’와 ‘주소’를 포함하지 않기 위해서는 다음 그림과 같이 3개의 낱말 ‘만’, ‘병’, ‘만’을 나열 한 후 양 끝이나 각 낱말 사이 4군데(V)중 다음 4가지의 낱말이나 문자열이 들어가야 한다.

V 만 V 병 V 만 V

① 소, 소, 주, 주 ⇨ $_4\mathrm{C}_2 = 6$

② ‘소소’, 주, 주 ⇨ $_4\mathrm{C}_1 \times {}_3\mathrm{C}_2 = 12$

③ ‘주주’, 소, 소 ⇨ $_4\mathrm{C}_1 \times {}_3\mathrm{C}_2 = 12$

④ ‘소소’, ‘주주’ ⇨ $_4\mathrm{C}_1 \times {}_3\mathrm{C}_2 = 12$

이때 ‘만’, ‘병’, ‘만’을 나열하는 경우의 수는 $\dfrac{3!}{2!} = 3$이므로

구하는 경우의 수는

$630 - 3 \times (6+12+12+12)$

$= 630 - 126 = 504$

15 정답 ⑤

넓이가 1인 정사각형의 개수를 a

넓이가 2인 직사각형의 개수를 b

넓이가 3인 직사각형의 개수를 c라 하면

$a+2b+3c=13$이다. $(a \geq 0, b \geq 0, c \geq 1)$

(i) $c=1$일 때, $a+2b=10$

만족하는 순서쌍 (a, b, c)는

$(0, 5, 1), (2, 4, 1), (4, 3, 1), (6, 2, 1), (8, 1, 1), (10, 0, 1)$

이고 각각의 경우의 수는

$\dfrac{6!}{5!} + \dfrac{7!}{2!4!} + \dfrac{8!}{4!3!} + \dfrac{9!}{6!2!} + \dfrac{10!}{8!} + \dfrac{11!}{10!}$

$= 6+105+280+252+90+11$

$= 744$

(ii) $c=2$일 때, $a+2b=7$

만족하는 순서쌍 (a, b, c)는

$(1, 3, 2), (3, 2, 2), (5, 1, 2), (7, 0, 2)$

이고 각각의 경우의 수는

$\dfrac{6!}{3!2!} + \dfrac{7!}{3!2!2!} + \dfrac{8!}{5!2!} + \dfrac{9!}{7!2!}$

$= 60+210+168+36$

$= 474$

(iii) $c=3$일 때, $a+2b=4$

만족하는 순서쌍 (a, b, c)는

$(0, 2, 3), (2, 1, 3), (4, 0, 3)$

이고 각각의 경우의 수는

$\dfrac{5!}{3!2!} + \dfrac{6!}{2!1!3!} + \dfrac{7!}{4!3!}$

$= 10+60+35$

$= 105$

(iv)

$c=4$일 때, $a+2b=1$

만족하는 순서쌍 (a, b, c)는

$(1, 0, 4)$뿐이고 각각의 경우의 수는

$$\frac{5!}{4!}=5$$

(i)~(iv)에서 $744+474+105+5=1328$

16 정답 256

안경 몇 개를 직접 꺼내 보자.

안경테의 종류와 관계없이 벽에 가까운 순으로 꺼내므로 문을
여는 방향만 고려된다.

A진열장에서 먼저 하나를 꺼내는 경우는 2가지

B진열장에서 다음 안경테를 꺼낸다고 하면 다시 2가지

$$\vdots \quad \vdots$$

따라서

진열장을 나열하는 경우는 A, A, A, A, B, B, B, B, B를
나열하는 경우에서 문을 여는 방향을 고려한 경우의 수와 같다.

(마지막 하나 남았을 때는 한가지로 한다고 조건이

제시되었으므로 A의 마지막, B의 마지막에는 문 여는 방향을
고려하지 않는다.)

그러므로

$$n=\frac{9!}{4!5!}\times 2^7=9\times 14\times 128$$

$$\frac{n}{63}=2\times 128=256$$

같은 것이 있는 순열(최단거리)

17 정답 8

다음 그림과 같이 PQ를 지나지 않고 최단거리로 가는 경우의 수
$a=13$

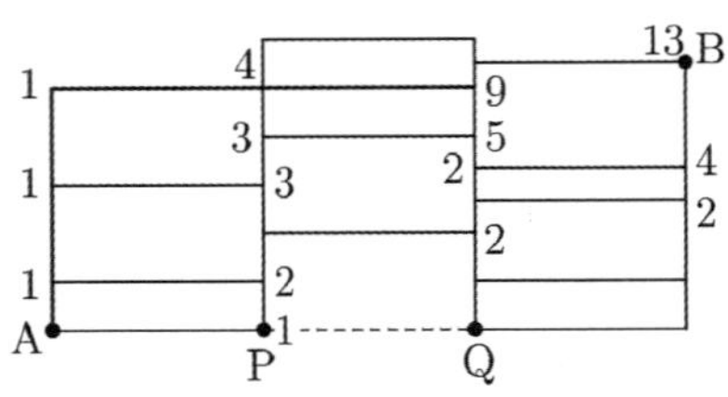

다음 그림과 같이 PQ를 지나면서 최단거리로 가는 경우의 수
$b=5$

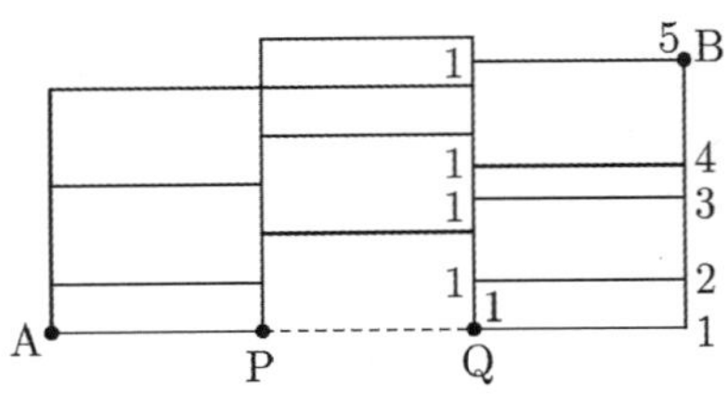

따라서 $a-b=8$이다.

[다른 풀이]

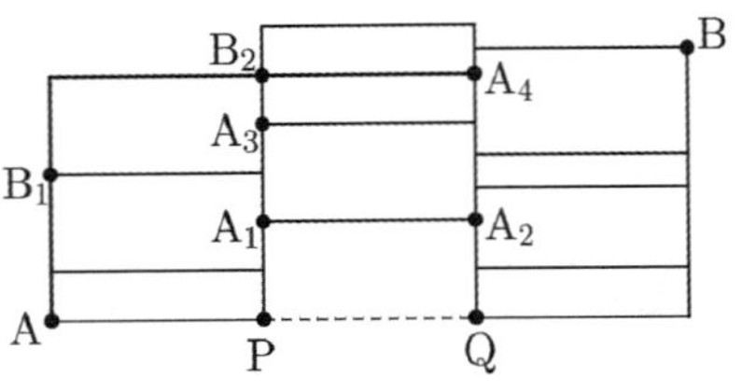

(i) PQ지나지 않고 최단거리

$A \to A_1 \to A_2 \to B$
$\quad 2 \times 1 \times 3 = 6$

$A \to A_1 \to A_3 \to A_4 \to B$
$\quad 2 \times 1 \times 2 \times 1 = 4$

$A \to B_1 \to B_2 \to B$
$\quad 1 \times 2 \times 1 = 2$

$A \to B_1 \to A_3 \to A_4 \to B$
$\quad 1 \times 1 \times 1 \times 1 = 1$

$6 + 4 + 2 + 1 = 13$

$\therefore a = 13$

(ii) PQ지나면서 최단거리

$A \to P \to Q \to B$
$\quad 1 \times 1 \times \frac{5!}{4!} = 5$

$\therefore b = 5$

18 정답 81

0승 0패를 좌표평면의 원점 $(0, 0)$으로 보고 1승을 할 때 마다
y축의 방향으로 1만큼 이동하고 1패를 할 때마다 x축의
방향으로 1만큼 이동한다고 생각하자.

예를 들어 $(2, 0)$은 0승 2패를, $(0, 2)$는 2승 0패를 한
상태이다.

그럼 $(0, 0)$에서 $(4, 7)$까지 이동할 때, $(0, 3)$, $(1, 4)$, $(2, 5)$,
$(3, 6)$을 지나지 않고 이동하는 최단거리의 문제로 생각할 수
있다.

다음 그림과 같다.

<table>
<tr><td></td><td></td><td></td><td>×</td></tr>
<tr><td></td><td></td><td></td><td>90</td></tr>
<tr><td></td><td></td><td>×</td><td></td></tr>
<tr><td></td><td></td><td>28</td><td>90</td></tr>
<tr><td></td><td>×</td><td></td><td></td></tr>
<tr><td></td><td>9</td><td>28</td><td>62</td></tr>
<tr><td>×</td><td></td><td></td><td></td></tr>
<tr><td>3</td><td>9</td><td>19</td><td>34</td></tr>
<tr><td>1</td><td></td><td></td><td></td></tr>
<tr><td>3</td><td>6</td><td>10</td><td>15</td></tr>
<tr><td>1</td><td></td><td></td><td></td></tr>
<tr><td>2</td><td>3</td><td>4</td><td>5</td></tr>
<tr><td>1</td><td>1</td><td>1</td><td>1</td></tr>
</table>

따라서

A팀이 0승 0패에서 7승 4패로 우승을 하는 경우의 수는 90이다.

그 중 어느 한 팀의 승리의 횟수가 패배의 횟수보다 3만큼 크면 이 팀이 우승이라 하고 더 이상 게임을 하지 않으므로 $(3, 0)$, $(4, 1)$을 지나서 가는 경우의 수 9는 제외해야 한다. $\cdots$ ㉠

따라서 $90 - 9 = 81$

[랑데뷰팁]–이소영T

㉠ 설명

① $(3, 0)$을 지나는 경우 : $\dfrac{6!}{5!} = 6$

② $(4, 1)$을 지나는 경우 : $\dfrac{5!}{4!} = 5$

③ $(3, 0)$, $(4, 1)$를 모두 지나는 경우 : 2

①＋②－③＝9

유형 5　중복조합

19　정답 46

다섯 명의 학생 A, B, C, D, E가 받는 사탕의 개수를 각각 a, b, c, d, e라 하면 $a + b + c + d + e = 10$

이때, 조건 (가)에 의하여 다섯 명의 학생이 각각 적어도 1개의 사탕을 받으므로 a, b, c, d, e는 자연수이다.

이때,

$a = a' + 1$, $b = b' + 1$, $c = c' + 1$, $d = d' + 1$, $e = e' + 1$라 하면

$a' + b' + c' + d' + e' = 5$ (a', b', c', d', e'은 음이 아닌 정수)

조건 (나)에 의하여 $a' > b'$ 이어야 한다. $a' > b'$ 인 경우의 수는 $a' < b'$ 인 경우의 수와 같으므로 $a' > b'$ 인 경우의 수는 전체 경우의 수에서 $a' = b'$ 인 경우를 제외한 값의 $\dfrac{1}{2}$ 배이다.

전체 경우의 수 ${}_5\mathrm{H}_5 = {}_9\mathrm{C}_4 = 126$

$a' = b' = 0$인 경우의 수 ${}_3\mathrm{H}_5 = {}_7\mathrm{C}_2 = 21$

$a' = b' = 1$인 경우의 수 ${}_3\mathrm{H}_3 = {}_5\mathrm{C}_2 = 10$

$a' = b' = 2$인 경우의 수 ${}_3\mathrm{H}_1 = {}_3\mathrm{C}_1 = 3$

따라서 $\dfrac{1}{2} \times \{126 - (21 + 10 + 3)\} = 46$

[다른 풀이]

이때, $a = a' + 1$, $b = b' + 1$, $c = c' + 1$, $d = d' + 1$, $e = e' + 1$라 하면

$a' + b' + c' + d' + e' = 5$ (a', b', c', d', e'은 음이 아닌 정수)

조건 (나)에 의하여 $a' > b'$ 이어야 하므로

(i) $b' = 0$ 일 때

$a' = 1$인 경우 $c' + d' + e' = 4$ 이므로 경우의 수는 ${}_3\mathrm{H}_4 = {}_6\mathrm{C}_2 = 15$

$a' = 2$인 경우 $c' + d' + e' = 3$ 이므로 경우의 수는 ${}_3\mathrm{H}_3 = {}_5\mathrm{C}_2 = 10$

$a' = 3$인 경우 $c' + d' + e' = 2$ 이므로 경우의 수는 ${}_3\mathrm{H}_2 = {}_4\mathrm{C}_2 = 6$

$a' = 4$인 경우 $c' + d' + e' = 1$ 이므로 경우의 수는 ${}_3\mathrm{H}_1 = {}_3\mathrm{C}_1 = 3$

$a' = 5$인 경우 $c' + d' + e' = 0$ 이므로 경우의 수는 1

(ii) $b' = 1$ 일 때

$a' = 2$인 경우 $c' + d' + e' = 2$ 이므로 경우의 수는 ${}_3\mathrm{H}_2 = {}_4\mathrm{C}_2 = 6$

$a' = 3$인 경우 $c' + d' + e' = 1$ 이므로 경우의 수는 ${}_3\mathrm{H}_1 = {}_3\mathrm{C}_1 = 3$

$a' = 4$인 경우 $c' + d' + e' = 0$ 이므로 경우의 수는 1

(iii) $b' = 2$ 일 때

$a' = 3$인 경우 $c' + d' + e' = 0$ 이므로 경우의 수는 1

(i), (ii), (iii)에 의하여 구하는 모든 경우의 수는 $35 + 10 + 1 = 46$

20　정답 307

투표하는 사람이 총 25 명이고 각자가 서로 다른 3 명을 기입하게 되므로 득표수의 총합은 75 표가 되어야 한다. 이때 두 후보 A, B의 득표수는 각각 19, 20이므로 남은 득표수는 36이고 남은 세 후보 C, D, E의 득표수가 각각 x, y, z이므로 $x + y + z = 36$ 이다.

$4 \leq x \leq 25$, $4 \leq y \leq 25$, $4 \leq z \leq 25$ 이므로 구하는 경우의 수는

${}_3\mathrm{H}_{24} - 3 \times ({}_2\mathrm{H}_2 + {}_2\mathrm{H}_1 + {}_2\mathrm{H}_0) = 307$

21 정답 100

$\displaystyle\sum_{k=1}^{4} x_k = X$, $\displaystyle\sum_{k=5}^{8} x_k = Y$라 하면 X, Y가 음이 아닌 정수이므로

$3X+2Y=9$에서 $(X,\ Y)=(1,\ 3),\ (3,\ 0)$

(i) $(X,\ Y)=(1,\ 3)$을 만족하는 순서쌍
$(x_1, x_2, x_3, \cdots, x_8)$을 정하는 방법의 수는

$_4\mathrm{H}_1 \times\ _4\mathrm{H}_3 =\ _4\mathrm{C}_1 \times\ _6\mathrm{C}_3 = 80$

(ii) $(X,\ Y)=(3,\ 0)$을 만족하는 순서쌍
$(x_1, x_2, x_3, \cdots, x_8)$을 정하는 방법의 수는

$_4\mathrm{H}_3 \times\ _4\mathrm{H}_0 =\ _6\mathrm{C}_3 = 20$

(i), (ii)에서 구하는 순서쌍의 개수는 $80+20=100$

22 정답 350

16개의 공을 일렬로 나열할 때
0이상 15이하의 정수 16개를 다음 그림과 같이 원 안에 넣는
경우를 생각하자.

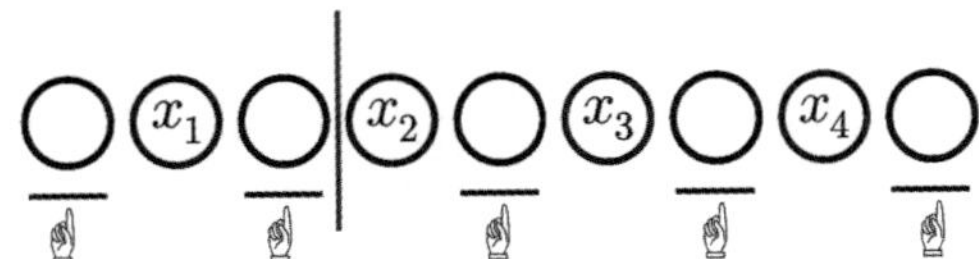

파란색 원에 들어가는 공에 순서대로 x_1, x_2, x_3, x_4를 써 넣고
파란색 공 사이의 원에 각각 1개씩의 공을 넣으면 16개의 공 중
남은 공이 9개 남는다.
남은 9개의 공을 ☞ 표시된 5곳에 넣고 왼쪽부터 0부터 15까지
써 넣으면 문제에서 요구하는 상황이 된다. 그런데,
$x_2 \geq 6$이므로 빨간색 사선을 기준으로 왼쪽 두 개의 ☞에 4개
이상의 공이 들어가야 한다.
따라서 전체 경우의 수에서 왼쪽 두 곳에 0, 1, 2, 3개가
들어가는 경우를 제외하면 되겠다. (3개가 들어가게 되면
x_2보다 작은 수가 $0,1,2,3,4$ 가 되고 $x_2=5$가 된다.)

$_5\mathrm{H}_9 - \left(_2\mathrm{H}_0 \times\ _3\mathrm{H}_9 +\ _2\mathrm{H}_1 \times\ _3\mathrm{H}_8 +\ _2\mathrm{H}_2 \times\ _3\mathrm{H}_7 +\ _2\mathrm{H}_3 \times\ _3\mathrm{H}_6\right)$

$=\ _{13}\mathrm{C}_9 - \left(1\times\ _{11}\mathrm{C}_2 + 2\times\ _{10}\mathrm{C}_2 + 3\times\ _9\mathrm{C}_2 + 4\times\ _8\mathrm{C}_2\right)$

$=\ _{13}\mathrm{C}_4 - (55+90+108+112)$

$= 715 - 365 = 350$

[랑데뷰팁]
여사건으로 구하지 않고 바로 계산하면
$_2\mathrm{H}_4 \times\ _3\mathrm{H}_5 + \cdots +\ _2\mathrm{H}_9 \times\ _3\mathrm{H}_0$
즉,

$\displaystyle\sum_{n=4}^{9} \left(_2\mathrm{H}_n \times\ _3\mathrm{H}_{9-n}\right) = \frac{1}{2}\sum_{n=4}^{9}(n+1)(11-n)(10-n)$

$= 350$ (계산기 이용함)

[다른 풀이]–이소영T

$_2\mathrm{H}_4 \times\ _3\mathrm{H}_5 + \cdots +\ _2\mathrm{H}_9 \times\ _3\mathrm{H}_0$

$=\ _5\mathrm{C}_4 \times\ _7\mathrm{C}_5 +\ _6\mathrm{C}_5 \times\ _6\mathrm{C}_4 + \cdots +\ _{10}\mathrm{C}_9 \times\ _2\mathrm{C}_0$

$= 5\times\ _7\mathrm{C}_5 + 6\times\ _6\mathrm{C}_4 + \cdots + 10\times\ _2\mathrm{C}_0$

$= 5\times 12 + 6\times 15 + 7\times 10 + 8\times 6 + 7\times 3 + 10\times 1$

$= 105 + 90 + 70 + 48 + 21 + 10 = 350$

[다른 풀이]2

(가)에서 $n=1$이면 $x_1 \leq x_2-2$
$n=2$이면 $x_2 \leq x_3-2$
$n=3$이면 $x_3 \leq x_4-2$
$x_4 \leq 15$이므로
$x_4=15$이면 $x_3 \leq 13$이므로 (x_4, x_3, x_2, x_1)의 순으로

$(15, 13, 11, 0\rightarrow9)$
$(15, 13, 10, 0\rightarrow8)$
$(15, 13, 9, 0\rightarrow7)$
$(15, 13, 8, 0\rightarrow6)$
$(15, 13, 7, 0\rightarrow5)$
$(15, 13, 6, 0\rightarrow4)$
$\Rightarrow 5+6+7+8+9+10 \Rightarrow a$
$(15, 12, 10, 0\rightarrow8)$
$(15, 12, 9, 0\rightarrow7)$
$(15, 12, 8, 0\rightarrow6)$
$(15, 12, 7, 0\rightarrow5)$
$(15, 12, 6, 0\rightarrow4)$
$\Rightarrow 5+6+7+8+9 \Rightarrow b$
$(15, 11, 9, 0\rightarrow7)$
$(15, 11, 8, 0\rightarrow6)$
$(15, 11, 7, 0\rightarrow5)$
$(15, 11, 6, 0\rightarrow4)$
$\Rightarrow 5+6+7+8 \Rightarrow c$
$(15, 10, 8, 0\rightarrow6)$
$(15, 10, 7, 0\rightarrow5)$
$(15, 10, 6, 0\rightarrow4)$
$\Rightarrow 5+6+7 \Rightarrow d$
$(15, 9, 7, 0\rightarrow5)$
$(15, 9, 6, 0\rightarrow4)$
$\Rightarrow 5+6 \Rightarrow e$
$(15, 8, 6, 0\rightarrow4)$
$\Rightarrow 5 \Rightarrow f$
$x_4=15$일 때는 $a+b+c+d+e+f$
$x_4=14$일 때는 $b+c+d+e+f$
$x_4=13$일 때는 $c+d+e+f$
$x_4=12$일 때는 $d+e+f$
$x_4=11$일 때는 $e+f$
$x_4=10$일 때는 f
이고 $a=45$, $b=35$, $c=26$, $d=18$, $e=11$, $f=5$이다.

모든 순서쌍 $(x_1,\ x_2,\ x_3,\ x_4)$의 개수는

$a+2b+3c+4d+5e+6f$이므로

따라서 $45+70+78+72+55+30=350$

23 정답 60

$3,\ 6,\ 9$ 중에서 중복을 허락하여 3개를 택하는 경우의 수는

$_3H_3={}_5C_2=10$

$1,\ 2,\ 4,\ 5,\ 7,\ 8$ 중에서 중복을 허락하여 2개를 택할 때, 1은

적어도 1개를 택해야 하므로 1이 선택되지 않는 경우를

제외하면 된다.

$_6H_2-{}_5H_2={}_7C_2-{}_6C_2=21-15=6$

따라서, 구하는 경우의 수는 $10\times6=60$이다.

[랑데뷰팁]

선택하는 순서를 생각하지 않는 경우는

3이 선택된 경우의 수 x

6이 선택된 경우의 수 y

9가 선택된 경우의 수 z라 할 때,

$x+y+z=3$으로

$_3\Pi_3$이 아니라 $_3H_3$으로 생각해야 한다.

---

24 정답 46

(i) 일의 자리 수가 1인 경우

1111뿐이므로 1가지

(ii) 일의 자리 수가 3인 경우

천의 자리, 백의 자리, 십의 자리에 올 수 있는 수는 $1,\ 2,\ 3$이고

그 중 중복을 허용해서 3개를 선택하는 경우의 수와 같다.

따라서 $_3H_3={}_5C_2=10$

(ii) 일의 자리 수가 5인 경우

천의 자리, 백의 자리, 십의 자리에 올 수 있는 수는 $1,\ 2,\ 3,\ 4,$

5이고 그 중 중복을 허용해서 3개를 선택하는 경우의 수와 같다.

따라서 $_5H_3={}_7C_3=35$

(i)~(iii)에서 $1+10+35=46$이다.

25 정답 198

갑, 을, 병, 정 4명 중 우유를 한 개도 받지 못하는 2명을 택하는

경우의 수는 $_4C_2=6$

나머지 2명이 1개 이상씩 우유를 받는 경우의 수는 6개의 초코

우유와 4개의 바나나 우유를 2명에게 나누어 주는 경우의

수에서 이 10개의 우유를 2명 중 1명에게 모두 나누어 주는

경우의 수 2를 뺀 것이다. 즉,

$_2H_6\times{}_2H_4-2={}_7C_6\times{}_5C_4-2=35-2=33$

따라서 구하는 경우의 수는 $6\times33=198$

[다른 풀이]–이소영T

6개의 초코우유와 4개의 바나나 우유를 4명 중 2명에게 1개

이상씩 나누어 줘야 한다.

먼저, 갑, 을, 병, 정 중 우유를 받을 두 명을 먼저 선택하는

경우의 수 : $_4C_2=6$

i) 선택받은 두 명에게 초코우유를 1개 이상씩 나눠주는

경우(초코우유를 $(0,6)$ 또는 $(6,0)$ 나눠주는 경우 제외)에는

바나나 우유는 개수를 고려하지 않고 나눠주면 된다.

$:({}_2H_6-2)\times{}_2H_4=({}_7C_6-2)\times{}_5C_4=25$

ii) 선택받은 두 명에게 초코우유를 $(0,6)$ 또는 $(6,0)$ 나눠

주는 경우에는 0개 받은 학생에게는 바나나 우유를 적어도 한 개

줘야 한다.

$:2\times{}_2H_3=2\times{}_4C_3=8$

따라서 $6\times(25+8)=198$가지이다.

26 정답 495

$n=1$일 때, $f(2)-f(1)\geq2$ 이고 $f(2)\geq f(1)+2$

$n=2$일 때, $f(3)-f(2)\geq2$ 이고 $f(3)-2\geq f(2)$

$n=3$일 때, $f(4)-f(3)\geq2$ 이고 $f(4)-2\geq f(3)$이다.

위의 부등식에서

$f(1)+2\leq f(2)\leq f(3)-2\leq f(4)-4$임을 알 수 있다.

또한 함숫값의 최솟값은 6이고 최댓값은 20이므로

$8\leq f(1)+2\leq f(2)\leq f(3)-2\leq f(4)-4\leq16$이다.

위의 부등식에서

$f(1)+2=a,f(2)=b,f(3)-2=c,f(4)-4=d$라 두면

조건을 만족하는 함수의 개수는 8과 16사이 부등식을 만족하는

정수의 순서쌍 (a,b,c,d)의 개수에 대응된다.

부등식을 만족하는 정수의 순서쌍은 8에서 16까지 정수를

중복을 허락하여 네 개를 선택하는 경우의 수이다.

따라서 함수 f의 개수는 $_9H_4=495$

[다른 풀이]

그림으로 나타내면 다음과 같은 상황이다.

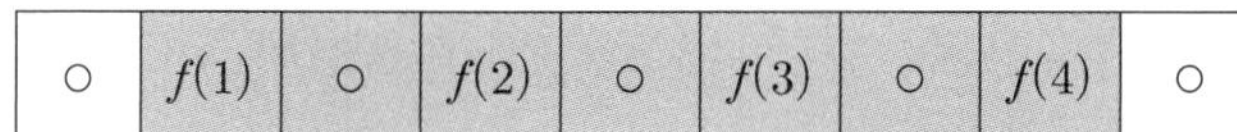

○	$f(1)$	○	$f(2)$	○	$f(3)$	○	$f(4)$	○

공역의 원소 15개를 같은 공이라고 생각하고 15개의 공 중

색칠된 7개의 칸에는 우선 하나씩 배정하고 남은 8개의 공을

○의 위치가 있는 5곳에 배정한 후 왼쪽부터 크기순으로 공에서

번호를 6부터 20까지 적으면 문제의 조건을 만족하게 된다.

따라서

$_5H_8={}_{12}C_8={}_{12}C_4=495$

27 정답 48

[풀이 – 이소영T]

A에서 B로 가는 최단 경로의 경우의 수는 $\rightarrow$ 7번, $\uparrow$ 5번을

배열하는 가짓수와 같다(같은 것을 포함하는 순열). 이때

방향전환을 3번만 해야 하므로 $\rightarrow\uparrow\rightarrow\uparrow$ 또는 $\uparrow\rightarrow\uparrow\rightarrow$이

포함되어 있고, 더 이상의 부호 변화는 생기면 안 된다. 따라서 남아 있는 → 5번, ↑ 3번을 부호 변화가 생기지 않도록 배열해야 한다.

ⅰ) ↑ ∨ → ∧ ↑ ∨ → ∧

∨ 표시가 되어 있는 부분에는 남아 있는 ↑ 세 개를 배치해야 한다.

앞에서부터 ∨ 표시의 위치를 ㉠, ㉡이라 할 때,

$㉠ + ㉡ = 3 \rightarrow {}_2H_3 = {}_4C_3 = 4$

∧ 표시가 되어 있는 부분에는 남아 있는 → 다섯 개를 배치해야 한다.

앞에서부터 ㉢, ㉣이라 할 때, $㉢ + ㉣ = 5 \rightarrow {}_2H_5 = {}_6C_5 = 6$

따라서 남아 있는 → 5번, ↑ 3번을 배치하는 방법 수는

$4 \times 6 = 24$가지이다.

ⅱ) → ↑ → ↑ 도 ⅰ)과 동일한 방법으로 생각하면 24가지이다.

ⅰ) + ⅱ) = 48가지

[다른 풀이]

A에서 B까지 최단 거리로 갈 때

→ 은 7번

↑ 은 5번

나타난다.

방향 전환이 3번만 일어나려면

→→→↑↑↑→→→↑↑

와 같이 나타나야 한다.

→의 앞부분의 개수를 x_1, 뒷부분의 개수를 x_2라 하면

$x_1 + x_2 = 7$

마찬가지로 ↑의 앞부분의 전 개수를 y_1, 뒷부분의 개수를 y_2라 하면

$y_1 + y_2 = 5$

$x_1, x_2, y_1, y_2 \geq 1$이므로

$2 \times ({}_2H_5 \times {}_2H_3)$

$2 \times 6 \times 4 = 48$

[다른 풀이]

→↑→↑ 의 모양을 유지한 채 남은 5개의 →은 자리 잡은 →의 2자리에 겹치도록 넣어주고

남은 3개의 ↑도 마찬가지로 자리 잡은 ↑의 2자리에 겹치도록 넣어주면 된다.

그러므로 ${}_2H_5 \times {}_2H_3 = {}_6C_5 \times {}_4C_3 = 24$

↑→↑→ 의 모양도 마찬가지이다.

따라서 $24 + 24 = 48$

28 정답 ③

파란색 볼펜 2개를 같은 영역에 넣는 경우와 다른 영역에 넣는 경우로 나누어 생각하면

(1) 같은 영역에 넣는 경우는 ${}_3C_1$가지이다.

예를 들어 파란색 2개를 A에 넣고, 검은색 볼펜을 넣는 경우는

A, B, C 영역에 검은색이 각각 a, b, c개를 넣었다면 $a+b+c = n$ ($a \geq 0, b \geq 1, c \geq 1$)이다.

또한, $b-1 = b'$, $c-1 = c'$이라 놓으면

$a+b'+c' = n-2$ (a, b', c'는 음 아닌 정수)이므로

파란색을 넣는 경우의 수는 ${}_3H_{n-2}$이다.

$$\therefore {}_3C_1 \times {}_3H_{n-2} = 3 \times {}_nC_{n-2} = \frac{3n(n-1)}{2}$$

(2) 다른 영역에 넣는 경우는 ${}_3C_2$가지이다.

예를 들어 파란색을 A, B에 넣고, 검은색 볼펜을 넣는 경우는

A, B, C 영역에 검은색이 각각 a, b, c개를 넣었다면 $a+b+c = n$ ($a \geq 0, b \geq 0, c \geq 1$)이므로

$c = c'+1$이라 하면

$$\therefore {}_3C_2 \times {}_3H_{n-1} = 3 \times {}_{n+1}C_{n-1} = \frac{3n(n+1)}{2}$$

(1), (2)에서

$$f(n) = \frac{3n(n-1)}{2} + \frac{3n(n+1)}{2} = 3n^2$$

$$\therefore f(n) = 3n^2$$

$$\therefore \sum_{n=1}^{10} f(n) = \sum_{n=1}^{10} 3n^2 = 3 \times \frac{10 \times 11 \times 21}{6} = 1155$$

29 정답 280

$\log a + \log b + \log c = 6(\log \sqrt{2} + \log 3)$에서

$\log abc = 6\log(\sqrt{2} \times 3)$

$= \log(\sqrt{2} \times 3)^6$

$= \log(2^3 \times 3^6)$

이므로

$abc = 2^3 \times 3^6$

이때 $a = 2^p \times 3^l$, $b = 2^q \times 3^m$, $c = 2^r \times 3^n$

(p, q, r, l, m, n은 음이 아닌 정수)라 하면

$abc = 2^{p+q+r} \times 3^{l+m+n} = 2^3 \times 3^6$

$\therefore p+q+r = 3$, $l+m+n = 6$

$p+q+r = 3$을 만족시키는 음이 아닌 정수 p, q, r의 순서쌍 (p, q, r)의 개수는

${}_3H_3 = {}_5C_3 = {}_5C_2 = 10$

$l+m+n = 6$를 만족시키는 음이 아닌 정수 l, m, n의 순서쌍 (l, m, n)의 개수는

${}_3H_6 = {}_8C_6 = {}_8C_2 = 28$

따라서 구하는 순서쌍 (a, b, c)의 개수는

$10 \times 28 = 280$

30 정답 252

중복조합으로 풀어도 된다.

조합으로 풀어보자.

$1 \leq x_1 < x_2 \leq x_3 \leq x_4 < x_5 \leq 8$의 경우의 수는

$1 \leq x_1 < x_2 < x_3 < x_4 < x_5 \leq 8 \Rightarrow {}_8C_5 = {}_8C_3 = 56$

$$1 \leq x_1 < x_2 = x_3 < x_4 < x_5 \leq 8 \Rightarrow {}_8C_4 = 70$$
$$1 \leq x_1 < x_2 < x_3 = x_4 < x_5 \leq 8 \Rightarrow {}_8C_4 = 70$$
$$1 \leq x_1 < x_2 = x_3 = x_4 < x_5 \leq 8 \Rightarrow {}_8C_3 = 56$$

의 경우로 생각할 수 있다.

따라서 $56 + 70 + 70 + 56 = 252$

[랑데뷰팁]–랑데뷰세미나(197) 참고

$${}_{8+2}C_5 = \frac{10 \times 9 \times 8 \times 7 \times 6}{5 \times 4 \times 3 \times 2 \times 1} = 252$$

[다른 풀이]–이소영T

$1 \leq x_1 < x_2 \leq x_3 \leq x_4 < x_5 \leq 8$인 경우의 수를 구해야
한다.

$x_2 = x_1 + \alpha \,(\alpha \geq 1)$, $x_3 = x_2 + \beta \,(\beta \geq 0)$,

$x_4 = x_3 + \gamma \,(\gamma \geq 0)$, $x_5 = x_4 + \delta \,(\delta \geq 1)$이면 위의 조건을
만족한다. x_2, x_3, x_4, x_5를 x_1으로 표현을 하면

$$1 \leq x_1 \leq x_1 + \alpha \leq x_1 + \alpha + \beta \leq$$
$$x_1 + \alpha + \beta + \gamma \leq x_1 + \alpha + \beta + \gamma + \delta \leq 8$$

이고

$$x_1 + \alpha + \beta + \gamma + \delta \leq 8$$

$(x_1 \geq 1, \alpha \geq 1, \beta \geq 0, \gamma \geq 0, \delta \geq 1)$이므로

$x_1 = x_1' + 1$, $\alpha = \alpha' + 1$, $\delta = \delta' + 1$ (x_1', α', β'는 음이
아닌 정수)라 하면

$$x_1' + 1 + \alpha' + 1 + \beta + \gamma + \delta' + 1 \leq 8$$
$$x_1 + \alpha' + \beta + \gamma + \delta' \leq 5 \text{ 이다.}$$

이때 임의의 음이 아닌 정수 $\bigstar$을 좌변에 더한 식이 5가 되면

$$x_1 + \alpha' + \beta + \gamma + \delta' + \bigstar = 5$$

위의 부등식을 항상 만족하므로

$${}_6H_5 = {}_{10}C_5 = \frac{10 \cdot 9 \cdot 8 \cdot 7 \cdot 6}{5 \cdot 4 \cdot 3 \cdot 2 \cdot 1} = 252$$

---

31 정답 49

선택된 콜라, 사이다, 환타, 쿨피스의 각 개수를
a, b, c, d라 하면 $a + b + c + d = 9$이다.

이때, $a = 0$ 또는 $a = 1$ 또는 $a = 2$이고 $d \geq 3$이다.

(i) $a = 0$일 때,

$b + c + d = 9$이고 $b \geq 1$, $c \geq 1$, $d \geq 3$이므로

$b = b' + 1$, $c = c' + 1$, $d = d' + 3$라 하면

$b' + c' + d' = 4$ (b', c', d'는 음이 아닌 정수)

$${}_3H_4 = {}_6C_2 = 15$$

(ii) $a = 1$일 때,

$b + c + d = 8$이고 $d \geq 3$이고 b 또는 c는 적어도 하나
선택되어야 한다. $d = d' + 3$라 하면

$b + c + d' = 5$의 음이 아닌 정수해의 개수 ${}_3H_5$에서 $b = c = 0$인
경우를 제외하면 된다.

따라서 ${}_3H_5 - 1 = {}_7C_2 - 1 = 20$

(iii) $a = 2$일 때,

$b + c + d = 7$이고 $d \geq 3$이고 b 또는 c는 적어도 하나
선택되어야 한다. $d = d' + 3$라 하면

$b + c + d' = 4$의 음이 아닌 정수해의 개수 ${}_3H_4$에서 $b = c = 0$인
경우를 제외하면 된다.

따라서 ${}_3H_4 - 1 = {}_6C_2 - 1 = 14$

(i), (ii), (iii)에서

$$15 + 20 + 14 = 49$$

---

32 정답 ⑤

다섯자리수를 a, b, c, d, e라 하자.

주어진 조건을 만족시키는 자연수의 개수는 방정식
$a + b + c + d + e = 10$을 만족시키는 자연수
a, b, c, d, e의 순서쌍 (a, b, c, d, e)의 개수와 같다.

이 때, $a = a' + 1$, $b = b' + 1$, $c = c' + 1$, $d = d' + 1$,
$e = e' + 1$이라 하면 순서쌍
(a, b, c, d, e)의 개수는 방정식

$$a' + 1 + b' + 1 + c' + 1 + d' + 1 + e' + 1 = 10$$

즉, $a' + b' + c' + d' + e' = 5$을 만족시키는 음이 아닌 정수
a', b', c', d', e'의 순서쌍 (a', b', c', d', e')의 개수와 같다.

따라서 구하는 자연수의 개수는

$${}_5H_5 = {}_9C_4 = \frac{9 \times 8 \times 7 \times 6}{4 \times 3 \times 2 \times 1} = 126$$

---

33 정답 ④

[풀이–이소영T]

4개의 문자 a, b, c, d에서 중복을 허용하여 9개의 선택된
문자들은 서로 한 번씩만 이웃하도록 배열해야 한다. 두 문자를
택하여 이웃하도록 만들면 ab, ac, ad, bc, bd, cd 6가지가
있다.

ⅰ) 4개의 문자를 모두 택하여 9개의 문자열을 만드는 경우
앞에서부터 2개씩 묶었을 때 4개의 문자를 모두 선택했으므로
위의 6가지 배열이 한번씩 포함되어야 한다. 하지만 6가지
배열을 모두 포함하면서 한 번씩만 이웃하는 문자열은 생길 수
없다.(예를 들어, 앞에서부터 두 개씩 묶은 단어가
ab, bc, cd, db, ca, ad 순서라면 $abcdbcad$가 되는데 $abcdb$까지는
괜찮으나 cad를 연결하면서 bc가 두 번 이웃하여 조건에
만족하지 않는다. 따라서 네 개의 문자를 모두 선택하면 조건을
만족시킬 수 없다.) : 0가지

ⅱ) 3개의 문자를 택하여 9가지 문자열을 만드는 경우
3개의 문자를 선택 : ${}_4C_3$

예를 들어 세 개의 문자를 a, b, c를 택했다고 하자. 세 문자를
배열하면 abc, acb, bca, bac, cab, cba인데
앞에서부터 2개씩 묶어서 볼 때, abc는 (ab, bc)가 이웃하였고
ca는 이웃하지 않았으므로 제일 앞에 있는 문자가 반드시
마지막에 한 번 더 배치되어야 함을 알 수 있다. → $abca$, $acba$,
$bcab$, $bacb$, $cabc$, $cbac$이렇게 네 자리가 정해지면 더 이상 문자

배열의 변화가 생기면 안 된다.

위의 6가지 중 한 가지 배열($abca$)에서 확인해보자.

$a \vee b \vee c \vee a \vee$ 체크 한 부분에 5개의 문자를 더 배열하여야 하는데

체크 한 부분을 각각 제일 앞에서부터 ㉠, ㉡, ㉢, ㉣라고 하자. 5개 문자를 추가 배치하여 구하는 경우의 수는 ㉠ + ㉡ + ㉢ + ㉣ = 5을 만족하는 음이 아닌 정수해 개수와 같다. 정수해의 개수만큼 ㉠에는 a를, ㉡에는 b를, ㉢에는 c를, ㉣에는 a를 넣으면 된다. 만약, (㉠, ㉡, ㉢, ㉣) = (2, 3, 0, 0)라면 $aaabbbbcd$를 의미한다.

따라서 $_4\mathrm{H}_5 = {}_8\mathrm{C}_5 = \dfrac{8 \cdot 7 \cdot 6}{3 \cdot 2 \cdot 1} = 56$이다.

따라서 3개의 문자를 선택하여 9개의 문자를 배열하는 가짓수는
$_4\mathrm{C}_3 \times 3! \times 56 = 1344$

iii) 2개의 문자를 택하여 9가지 문자열을 만드는 경우

2개의 문자를 선택 : $_4\mathrm{C}_2$

예를 들어 a, b를 택했다고 하자. 두 문자를 배열하면 ab이므로 이미 선택된 문자들이 이웃하므로 조건을 만족한다.

$a \vee b \vee$ 체크 한 부분에 7개의 문자를 더 배열하여야 하는데 체크 한 부분을 각각 제일 앞에서부터 ㉠, ㉡이라 하자. ㉠ + ㉡ = 7을 만족하는 음이 아닌 정수 해와 같다. 따라서 $_2\mathrm{H}_7 = {}_8\mathrm{C}_7 = 8$이다.

2개의 문자를 선택하여 배열하는 가짓수는 $_4\mathrm{C}_2 \times 2! \times 8 = 96$

ⅰ) + ⅱ) + ⅲ) = 0 + 1344 + 96 = 1440

[다른 풀이]

(i) 선택된 문자가 a, b, c, d 모두인 경우

$abdacd$처럼 서로 이웃하게 나열하는 경우를 만들어도 b와 c가 이웃하지 않게 되고 b와 c가 이웃하게 하면 b가 a나 d와 두 번 이웃하게 되어 선택된 문자들이 각각 한 번씩만 서로 이웃한다는 조건에 모순이다.

따라서 0가지

(ii) 선택된 문자가 3문자인 경우

4문자 중 어느 3문자를 선택하는 경우의 수는 $_4\mathrm{C}_3 = 4$

선택된 문자가 a, b, c라 가정하면 나열하는 경우의 수는 $3! = 6$이다.

예를 들어 a, b, c를 나열한 경우가 abc일 때, 각 문자가 한 번씩 이웃하려면 a의 왼쪽에 c가 있거나 c의 오른쪽에 a가 있어서 $cabc$(㉠) 또는 $abca$(㉡)

그런데 a, b, c를 나열한 경우가 cab인 경우 c를 b의 오른쪽에 붙여 만든 $cabc$는 ㉠과 일치하고 나열한 경우가 bca인 경우 a를 b의 왼쪽에 붙여 만든 $abca$는 ㉡과 일치한다.

따라서 4문자 중 어느 3문자를 선택하고 우선 각 문자가 한 번씩 이웃하게 만드는 경우의 수는 $3! \times 2 \times \dfrac{1}{2} = 6$이다.

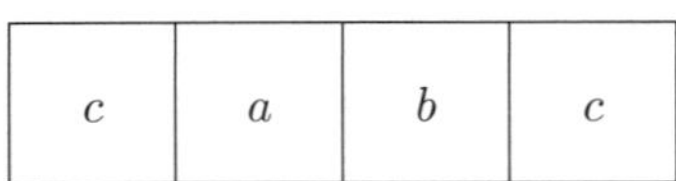

이제 자리 잡은 4칸에 들어가 있는 문자와 같은 문자 5개를 같은 칸에 넣어주고 일렬로 나열하면 문제의 조건을 만족한다.

따라서 $_4\mathrm{H}_5 = {}_8\mathrm{C}_5 = {}_8\mathrm{C}_3 = 56$

$_4\mathrm{C}_3 \times 6 \times 56 = 1344$

(iii) 선택된 문자가 2문자인 경우

4문자 중 어느 2문자를 선택하는 경우의 수는 $_4\mathrm{C}_2 = 6$

선택된 문자가 a, b라 가정하면 나열하는 경우의 수는 $2! = 2$이고 나열하면 바로 이웃하는 경우이므로

a	b

이제 자리 잡은 2칸에 들어가 있는 문자와 같은 문자 7개를 같은 칸에 넣어주고 일렬로 나열하면 문제의 조건을 만족한다.

따라서 $_2\mathrm{H}_7 = {}_8\mathrm{C}_7 = {}_8\mathrm{C}_1 = 8$

$_4\mathrm{C}_2 \times 2 \times 8 = 96$

(i), (ii), (iii)에서

$0 + 1344 + 96 = 1440$

34 정답 360

여섯 자리에 1, 2, 2를 배치 후 나열하는 경우의 수는
$$_6\mathrm{C}_3 \times \dfrac{3!}{2!} = 20 \times 3 = 60$$

남은 세 자리의 수를 각각 a, b, c라 하면
$a + b + c = 11$
$3 \le a \le 9,\ 3 \le b \le 9,\ 3 \le c \le 9$이다.

$a = a' + 3,\ b = b' + 3,\ c = c' + 3$인 음이 아닌 정수 $a',\ b',\ c'$에 대하여
$a' + b' + c' = 2$의 정수해의 개수로 생각할 수 있다.

따라서
$$_3\mathrm{H}_2 = {}_4\mathrm{C}_2 = 6$$

따라서 구하고자 하는 경우의 수는 $60 \times 6 = 360$이다.

유형 6 중복조합 – 정수해

35 정답 46

a, b, c는 모두 0이상 9이하인 정수이고 9이하인 자연수 중 3의 배수는 3, 6, 9이므로 다음과 같이 나누어 순서쌍 $(a,\ b,\ c)$의 개수를 구할 수 있다.

(i) $abc = 0$일 때

$abc = 0$이려면 a, b, c중에서 적어도 하나 이상이 0이어야 하고 세 수의 합이 9이어야 한다. 따라서 $abc = 0$일 때 모든 순서쌍 $(a,\ b,\ c)$의 개수는 0, 0, 9 또는 0, 1, 8 또는 0, 2, 7 또는 0, 3, 6 또는 0, 4, 5를 각각 일렬로 나열하는 경우의 수의 합과 같으므로 $\dfrac{3!}{2!} + 3! + 3! + 3! + 3! = 27$

(ii) $abc \neq 0$일 때

$abc \neq 0$이고 abc의 값이 3의 배수이려면 a, b, c는 모두

자연수이고 a, b, c중에 3 또는 6이 하나 이상 있어야 한다.
① a, b, c중에 3이 하나 이상 있는 경우
이 경우 모든 순서쌍 $(a,\ b,\ c)$의 개수는
3, 1, 5 또는 3, 2, 4 또는 3, 3, 3를 각각 일렬로 나열하는
경우의 수의 합과 같으므로
$$3! + 3! + \frac{3!}{3!} = 13$$
② a, b, c중에 6이 하나 이상 있는 경우
이 경우 모든 순서쌍 $(a,\ b,\ c)$의 개수는
6, 1, 2 를 각각 일렬로 나열하는 경우의 수의 합과 같으므로
$$3! = 6$$
①, ②에서 $abc \neq 0$일 때 모든 순서쌍 $(a,\ b,\ c)$의 개수는
$$13 + 6 = 19$$
(i), (ii)에 의하여 구하는 모든 순서쌍 $(a,\ b,\ c)$의 개수는
$$27 + 19 = 46$$

[다른 풀이]–이소영T

(가)조건 $a + b + c = 9$인 음이 아닌 정수 a, b, c 중 (나)조건
$abc = 3k\,(k = 정수)$를 만족하는 경우의 수를 구하려면 ⅰ)
(가)조건을 만족하는 경우의 수에서 ⅱ) $a \cdot b \cdot c \neq 3$배수인
경우의 수를 제외하면 된다.

ⅰ) (가)조건 $a + b + c = 9$을 만족하는 음이 아닌 정수 a, b, c의
개수는
$$_3H_9 = {}_{11}C_9 = {}_{11}C_2 = \frac{11 \cdot 10}{2} = 55$$
ⅱ) $a \cdot b \cdot c \neq 3$배수인 경우의 수
→ 합이 9면서 세 수를 곱했을 때 3배수가 아닌 경우는
$1 \times 1 \times 7$, $2 \times 2 \times 5$, $1 \times 4 \times 4$ 이다.

순서쌍 $(a,\ b,\ c)$는 $\dfrac{3!}{2!} + \dfrac{3!}{2!} + \dfrac{3!}{2!} = 9$가지이다.

따라서 ⅰ)－ⅱ)$= 55 - 9 = 46$가지이다.

36 **정답** 392

구하는 경우의 수는 $1 \leq f(1) \leq f(2) \leq f(3) \leq 15$인
경우에서
$\{f(1) - 8\}\{f(2) - 8\} \leq 0$인 경우를 제외시켜주면 된다.
(i) $f(1) \leq f(2) \leq f(3) \leq 15$인 경우
Y의 15개 원소 중 3개를 중복해서 뽑으면 되므로
$$_{15}H_3 = {}_{17}C_3 = 680$$
(ii) $\{f(1) - 8\}\{f(2) - 8\} \leq 0$인 경우
$1 \leq f(1) \leq 8 \leq f(2) \leq f(3) \leq 15$이면 (i) 조건도 성립되므로
$f(1)$을 정하는 방법의 수 8
$f(2), f(3)$을 정하는 방법 수 $_8H_2$
그러므로
$$8 \times {}_8H_2 = 8 \times {}_9C_2 = 288$$
따라서 구하는 경우의 수는
$$680 - 288 = 392$$

[다른 풀이]–이소영T

(나) 조건에서 $\{f(1) - 8\}\{f(2) - 8\} > 0$이므로
ⅰ) $f(1) - 8 > 0$이고, $f(2) - 8 > 0$인 경우
ⅱ) $f(1) - 8 < 0$이고, $f(2) - 8 < 0$인 경우
가 있다.

ⅰ) $f(1) - 8 > 0$이고, $f(2) - 8 > 0$인 경우
$f(1) > 8$이고, $f(2) > 8$이며 (가)조건을 만족하려면
$$8 < f(1) \leq f(2) \leq f(3) \leq 15$$
이므로 $_7H_3 = {}_9C_3 = \dfrac{9 \times 8 \times 7}{3 \times 2 \times 1} = 84$ 이다.

ⅱ) $f(1) - 8 < 0$이고, $f(2) - 8 < 0$인 경우
$f(1) < 8$이고 $f(2) < 8$이며 (가)조건을 만족하려면
$f(2)$의 값에 따라 $f(1)$과 $f(3)$ 경우의 수가 달라진다.
$f(2) = 1$이라면 $f(1)$은 1, $f(3)$은 1부터 15까지 가능 :
$$_1H_1 \times {}_{15}H_1 = 1 \times 15$$
$f(2) = 2$라면 $f(1)$은 1부터 2까지 가능하고, $f(3)$은 2부터
15까지 가능 : $_2H_1 \times {}_{14}H_1 = 2 \times 14$
$$\vdots$$
$f(2) = 6$이라면 $f(1)$은 1부터 6까지 가능하고, $f(3)$은 6부터
15까지 가능 : $_6H_1 \times {}_{10}H_1 = 6 \times 10$
$f(2) = 7$이라면 $f(1)$은 1부터 7까지 가능하고, $f(3)$은 7부터
15까지 가능 : $_7H_1 \times {}_9H_1 = 7 \times 9$
따라서
$$1 \times 15 + 2 \times 14 + \cdots + 6 \times 10 + 7 \times 9 = \sum_{n=1}^{7} n(16 - n)$$
$$= \sum_{n=1}^{7} (16n - n^2)$$
$$= 16 \cdot \frac{7 \cdot 8}{2} - \frac{7 \cdot 8 \cdot 15}{6} = 308$$
ⅰ) ＋ ⅱ) $= 84 + 308 = 392$

37 **정답** 39

조건 (나)에서
$x = 2(x' + 1)$, $y = 2(y' + 1)$, $z = 2(z' + 1)$, $w = 3(w' + 1)$
(단, x', y', z', w'은 음이 아닌 정수)이라 하면
$x + y + z + w = 2(x' + y' + z') + 3w' + 9 = 21$
에서 $2(x' + y' + z') + 3w' = 12$　　　　⋯⋯㉠
이때 $x' + y' + z'$, w'은 음이 아닌 정수이므로
㉠을 만족시키는 경우는 다음과 같다.
(i) $x' + y' + z' = 6$, $w' = 0$인 경우
순서쌍 $(x,\ y,\ z,\ w)$의 개수는
$$_3H_6 = {}_8C_6 = {}_8C_2 = 28$$
(ii) $x' + y' + z' = 3$, $w' = 2$인 경우
순서쌍 $(x,\ y,\ z,\ w)$의 개수는
$$_3H_3 = {}_5C_3 = {}_5C_2 = 10$$
(iii) $x' + y' + z' = 0$, $w' = 4$인 경우
순서쌍 $(x,\ y,\ z,\ w)$의 개수는
$$_3H_0 = 1$$

(i)~(iii)에 의하여 구하는 순서쌍의 개수는

$28+10+1=39$

38 정답 361

$1296=16\times81=2^4\times3^4$이다.

$a=2^{x_1}\times3^{y_1}$, $c=2^{x_2}\times3^{y_2}$, $d=2^{x_3}\times3^{x_3}$이라 하자.

(i) $b=1$일 때,

$a\times c\times d=2^{x_1+x_2+x_3}\times3^{y_1+y_2+y_3}=2^4\times3^4$에서

$x_1+x_2+x_3=4 \rightarrow {}_3H_4={}_6C_4={}_6C_2=15$

$y_1+y_2+y_3=4 \rightarrow {}_3H_4={}_6C_4={}_6C_2=15$

따라서 $15\times15=225$

(ii) $b=2^x$ $(x=1,2,3,4)$일 때,

$a\times b\times c\times d=2^{x_1+x+x_2+x_3}\times3^{y_1+y_2+y_3}=2^4\times3^4$

a와 b가 서로소 b와 c가 서로소이므로 $x_1=x_2=0$,

$x_3=4-x$이다. 따라서 x에 의해 x_3이 결정되므로 4가지이고,

$y_1+y_2+y_3=4 \rightarrow {}_3H_4={}_6C_4={}_6C_2=15$

따라서 $4\times15=60$

(iii) $b=3^y$ $(y=1,2,3,4)$일 때,

$a\times b\times c\times d=2^{x_1+x_2+x_3}\times3^{y_1+y+y_2+y_3}=2^4\times3^4$

a와 b가 서로소 b와 c가 서로소이므로 $y_1=y_2=0$,

$y_3=4-y$이다. 따라서 y에 의해 y_3이 결정되므로 4가지이고,

$x_1+x_2+x_3=4 \rightarrow {}_3H_4={}_6C_4={}_6C_2=15$

따라서 $4\times15=60$

(iv) $b=2^x\times3^y$ $(x=1,2,3,4, y=1,2,3,4)$, 일 때,

a와 b가 서로소 b와 c가 서로소이므로 $x_1=x_2=0$,

$y_1=y_2=0$이다.

$x+x_3=4$에서 x_3는 자연수이므로 ${}_2H_3=4$

$y+y_3=4$에서 y_3는 자연수이므로 ${}_2H_3=4$

따라서 $4\times4=16$

(i),(ii),(iii),(iv)에서

$225+60+60+16=361$

39 정답 364

a, b, c, d는 짝수인 자연수이므로

$a=2k$, $b=2l$, $c=2m$, $d=2n(k, l, m, n$은 자연수)이라 하면

구하는 순서쌍의 개수는 $2k+2l+2m+2n=30$

즉, $k+l+m+n=15$를 만족시키는 k, l, m, n의 순서쌍 (k, l, m, n)의 개수와 같다.

또, $k=k'+1$, $l=l'+1$, $m=m'+1$, $n=n'+1$이라 하면

$k'+l'+m'+n'=11$

$(k', l', m', n'$은 음이 아닌 정수)을 만족시키는

k', l', m', n'의 순서쌍 (k', l', m', n')의 개수와 같다.

${}_4H_{11}={}_{14}C_3=\dfrac{14\times13\times12}{3\times2\times1}=364$

40 정답 36

$a=3p+3$, $b=3q+3$, $c=3r+3$ $(p, q, r$은 음이 아닌 정수)라 하면

$a+b+c=(3p+3)+(3q+3)+(3r+3)=30$

$\therefore\ p+q+r=7$

따라서 주어진 조건을 만족시키는 자연수

a, b, c의 모든 순서쌍 (a, b, c)의 개수는 방정식

$p+q+r=7$을 만족시키는 음이 아닌 정수 p, q, r의 모든

순서쌍 (p, q, r)의 개수와 같다.

${}_3H_7={}_9C_7={}_9C_2=\dfrac{9\times8}{2}=36$

따라서 구하는 자연수 a, b, c의 모든 순서쌍

(a, b, c)의 개수는 36이다.

41 정답 ⑤

$b\geq d$에서 $b-d\geq0$이고 $p=b-d$라 두자.

$c\geq e$에서 $c-e\geq0$이고 $q=c-e$라 두자.

(가)에서 $a+p+q=10$이고

a, p, q는 음이 아닌 정수이므로 ${}_3H_{10}={}_{12}C_2=66$

각 경우에 d와 e의 값이 0, 1, 2, 3로 가능하므로

$66\times4\times4=1056$이다.

42 정답 281

(나)조건에서 $a+b=4$인 사건을 A라 하고 $b+c+d=8$인

사건을 B라 하면 (나)조건의 의미는 $A^C\cap B^C$인 경우의 수를

구해야 한다. 따라서

$n(U)-n(A\cup B)$임을 알 수 있다.

전체 경우의 수는 ${}_5H_{12}={}_{16}C_4=1820$

(i) $a+b=4$인 경우 $c+d+e=8$이므로

${}_2H_4\times{}_3H_8={}_5C_4\times{}_{10}C_2=225$

(ii) $b+c+d=8$인 경우 $a+e=4$이므로 ${}_3H_8\times{}_2H_4=225$

(iii) $a+b=4$이고 $b+c+d=8$인 경우

$b=4$일 때, $a=0$, $c+d=4$, $e=4$이므로

${}_2H_4={}_5C_1=5$

$b=3$일 때, $a=1$, $c+d=5$, $e=3$이므로

${}_2H_5={}_6C_1=6$

$b=2$일 때, $a=2$, $c+d=6$, $e=2$이므로

${}_2H_6={}_7C_1=7$

$b=1$일 때, $a=3$, $c+d=7$, $e=1$이므로

${}_2H_7={}_8C_1=8$

$b=0$일 때, $a=4$, $c+d=8$, $e=0$이므로

${}_2H_8={}_9C_1=9$

따라서 $5+6+7+8+9=35$

그러므로 $1820-225-225+35=1405$

$S=1405$

$\therefore\ \dfrac{S}{5}=281$

43 정답 40

$a+b+c+d=7$을 만족하는 음이 아닌 정수해 중에서 0이
포함되지 않는 정수해의 개수와 0이 하나만 포함되는 정수해의
개수를 빼면 된다.

$a+b+c+d=7$을 만족하는 음이 아닌 정수해의 개수는

$_4\mathrm{H}_7 = {}_{10}\mathrm{C}_3 = 120$

$a+b+c+d=7$을 만족하는 자연수해의 개수는

$_4\mathrm{H}_3 = {}_6\mathrm{C}_3 = 20$

$a+b+c+d=7$을 만족하고 a, b, c, d 중 하나만 0인 경우

$_4\mathrm{C}_1 \times {}_3\mathrm{H}_4 = 4 \times {}_6\mathrm{C}_2 = 60$

그러므로 $120 - 20 - 60 = 40$

[다른 풀이]–필재T

(i) (나)에서 a, b, c, d중 0을 2개 포함할 때,

a, b, c, d중 2개는 0이고 2개는 0이 아니다. 0이 되는 2개의
문자를 선택하는 경우의 수는 $_4\mathrm{C}_2 = 6$이고 나머지 2개의 합이
7인 경우는 $_2\mathrm{H}_5 = 6$가지이므로 $6 \times 6 = 36$

(ii) 0을 3개 포함하는 경우의 수는 4가지

따라서 (i), (ii)에서 구하려는 경우의 수는

$36 + 4 = 40$

44 정답 66

[풀이–이소영T]

자연수 a, b, c, d, e이므로 (가)조건의 $c + d + e \geq 3$이다.

(가) $a \times b \times (c + d + e) = 18$

이때, 18을 세 수의 곱으로 표현하면

$18 = 1 \times 1 \times 18 = 1 \times 2 \times 9 = 1 \times 3 \times 6 = 2 \times 3 \times 3$이다.

ⅰ) $a=1$, $b=1$, $c+d+e=18$이라면

(나)조건을 만족하기 위해서는 c, d, e 중 적어도 두 개는 짝수가
되어야 한다.

만약 c, d, e 중 두 수가 짝수고 나머지 한 수는 홀수라면 세 수의
합은 짝수가 될 수 없으므로

세 수 모두 짝수이다.

$c = 2p+2$, $d = 2q+2$, $e = 2r+2$ (이때 p, q, r는 음이 아닌
정수)라 하자.

$2p + 2 + 2q + 2 + 2r + 2 = 18$

$2p + 2q + 2r = 12$

$p+q+r=6$이므로 (c, d, e)의 순서쌍의 개수는

$_3\mathrm{H}_6 = {}_8\mathrm{C}_2 = \dfrac{8 \times 7}{2} = 28$이다.

ⅱ) $a=1$, $b=2$ 또는 $a=2$, $b=1$이고, $c+d+e=9$라면

(나)조건을 만족하기 위해서는 c, d, e 중 적어도 한 수는 짝수가
되어야 한다.

따라서 전체 경우의 수에서 c, d, e 모두 홀수인 경우를 제외하면
적어도 하나는 짝수가 된다.

① 자연수인 c, d, e의 합이 9가 되는 경우

$c + d + e = 9$ (c, d, e는 자연수이므로 $c = c'+1$, $d = d'+1$,

$e = e'+1$라 하자.)

$c' + d' + e' = 6$ (c', d', e'는 음이 아닌 정수)이므로

(c, d, e)의 순서쌍의 개수는 $_3\mathrm{H}_6 = {}_8\mathrm{C}_6 = \dfrac{8 \times 7}{2} = 28$

② c, d, e가 모두 홀수인 경우

$c = 2p+1$, $d = 2q+1$, $e = 2r+1$ (이때 p, q, r는 음이 아닌
정수)라 하자.

$2p+1 + 2q+1 + 2r+1 = 9$

$2p + 2q + 2r = 6$

$p+q+r=3$이므로 (c, d, e)의 순서쌍의 개수는

$_3\mathrm{H}_3 = {}_5\mathrm{C}_3 = 10$

① $-$ ② $= 28 - 10 = 18$

따라서 (a, b)를 결정하는 경우의 수 2가지와 (c, d, e)를
결정하는 경우의 수 18이므로 $2 \times 18 = 36$

ⅲ) $a=1, b=3$ 또는 $a=3$, $b=1$이고, $c+d+e=6$이라면

(나) 조건을 만족하기 위해서는 c, d, e 중 적어도 두 개는 짝수가
되어야 한다.

ⅰ)과 마찬가지로 c, d, e 중 두 수가 짝수고 나머지 한 수는
홀수라면 세 수의 합은 짝수가 될 수 없으므로 세 수 모두
짝수이다.

$c = 2p+2$, $d = 2q+2$, $e = 2r+2$ (이때 p, q, r는 음이 아닌
정수)라 하자.

$2p + 2 + 2q + 2 + 2r + 2 = 6$

$2p + 2q + 2r = 0$

$p+q+r=0$이므로 (c, d, e)의 순서쌍의 개수는

$_3\mathrm{H}_0 = {}_2\mathrm{C}_0 = 1$이다.

따라서 (a, b)를 결정하는 경우의 수 2가지와 (c, d, e)를
결정하는 경우의 수 1이므로 $2 \times 1 = 2$이다.

ⅳ) $a=2$, $b=3$ 또는 $a=3$, $b=2$이고, $c+d+e=3$라면

c, d, e는 모두 1이 되므로 (나)조건을 만족시킬 수 없다.

따라서 ⅰ), ⅱ), ⅲ)에서 구한 순서쌍의 개수를 더하면

$28 + 36 + 2 = 66$

[다른 풀이]

18의 양의 약수는 $1, 2, 3, 6, 9, 18$이고 $c+d+e \geq 3$이므로 (나)
조건에 의해 $c+d+e$의 값은 6, 9, 18이 가능하다.

(a, b)	$c+d+e$	설명
$(1, 3)$	6	$6 \to 2+2+2 \Rightarrow 2! \times 1 = 2$
$(1, 2)$	9	(i) 9가 짝수 1개와 홀수 2개의 합으로 표현될 때, 홀수 2개의 합이 짝수이므로 짝수 +짝수 가 9가 될 수는 없다. (ii) 9가 짝수 2개와 홀수 1개의 합으로 표현될 때, $9 \to 2+2+5 = 4+4+1 = 2+4+3$ $= 2+6+1 \Rightarrow \dfrac{3!}{2!} \times 2 + 3! \times 2 = 18$ 따라서 $2 \times 18 = 36$

쉬사준킬 – 확률과 통계

175

| (1, 1) | 18 | $c+d+e=18$이고 a, b가 모두 홀수이므로 c, d, e중 적어도 2개가 짝수여야 한다. 그런데 세 수의 합이므로 셋 모두 짝수여야 한다. 따라서 $c=2c'$, $d=2d'$, $e=2e'$ $c'+d'+e'=9$이고 자연수 해이므로 $_3\mathrm{H}_6=28$ |

따라서 $2+36+28=66$

유형 7 이항정리

45 정답 5

$$\left(x-\frac{1}{x}\right)\left(x-\frac{1}{x}\right)^2\left(x-\frac{1}{x}\right)^3\cdots\left(x-\frac{1}{x}\right)^n$$

$$=\left(x-\frac{1}{x}\right)^{1+2+3+\cdots+n}$$

$$=\left(x-\frac{1}{x}\right)^{\frac{n(n+1)}{2}}$$

$N=\dfrac{n(n+1)}{2}$ 라 두면

$\left(x-\dfrac{1}{x}\right)^N$에서 x^3의 항이 존재하려면

$$_N\mathrm{C}_r x^r\left(-\frac{1}{x}\right)^{N-r}={}_N\mathrm{C}_r x^{2r-N}(-1)^{N-r}\quad(N\geq r)$$

$2r=N+3$을 만족시켜야 한다.

이때, N은 홀수이다.

$2r=N+3\leq 2N$

$\therefore\ N\geq 3$

따라서 1부터 n까지 자연수의 합 N은 3이상의 홀수임을 알 수 있다. n은 10이하의 자연수이므로 N은 55이하이다. 이를 만족시키는 N을 구하면

$N=1+2=3$, $n=2$

$N=1+2+3+4+5=15$, $n=5$

$N=1+2+3+4+5+6=21$, $n=6$

$N=1+2+3+\cdots+9=45$, $n=9$

$N=1+2+3+\cdots+10=55$, $n=10$

$\therefore\ 5$개

46 정답 4

$$\sum_{k=0}^{6}\frac{_6\mathrm{C}_k\times 3^k\times a^6}{5^k\times a^k}=64$$

$$\sum_{k=0}^{6}{}_6\mathrm{C}_k\left(\frac{3}{5}\right)^k a^{6-k}=64$$

$(a+b)^n=\displaystyle\sum_{k=0}^{n}{}_n\mathrm{C}_k a^k b^{n-k}$이므로

$$\sum_{k=0}^{6}{}_6\mathrm{C}_k\left(\frac{3}{5}\right)^k a^{6-k}=\left(\frac{3}{5}+a\right)^6$$ 이다.

$$\left(\frac{3}{5}+a\right)^6=(\pm 2)^6$$

(i) $\dfrac{3}{5}+a=2\ \rightarrow\ a=\dfrac{7}{5}\rightarrow M$

(ii) $\dfrac{3}{5}+a=-2\ \rightarrow\ a=-\dfrac{13}{5}\rightarrow m$

(i), (ii)에서 $M-m=\dfrac{7}{5}-\left(-\dfrac{13}{5}\right)=4$

유형 8 이항정리의 활용

47 정답 502

$$a_n=\sum_{k=1}^{n}{}_n\mathrm{C}_k$$

$$={}_n\mathrm{C}_1+{}_n\mathrm{C}_2+\cdots+{}_n\mathrm{C}_n$$

$$=({}_n\mathrm{C}_0+{}_n\mathrm{C}_1+{}_n\mathrm{C}_2+\cdots+{}_n\mathrm{C}_n)-{}_n\mathrm{C}_0$$

$$=2^n-1$$

$\therefore\ a_n=2^n-1$

$$\sum_{n=1}^{8}a_n$$

$$=\sum_{n=1}^{8}\left(2^n-1\right)$$

$$=\frac{2(2^8-1)}{2-1}-8$$

$$=2^9-10$$

$$=502$$

48 정답 60

$$\sum_{k=0}^{15}{}_{25}\mathrm{C}_{20-k}\times{}_{15}\mathrm{C}_k$$

$$={}_{25}\mathrm{C}_{20}\cdot{}_{15}\mathrm{C}_0+{}_{25}\mathrm{C}_{19}\cdot{}_{15}\mathrm{C}_1+\cdots+{}_{25}\mathrm{C}_5\cdot{}_{15}\mathrm{C}_{15}$$

이므로 $(1+x)^{25}(1+x)^{15}=(1+x)^{40}$에서

(i) 좌변 : $(1+x)^{25}(1+x)^{15}$에서 x^{20} 항이 나오는 경우는 다음과 같다.

$${}_{25}\mathrm{C}_5\, x^5\times{}_{15}\mathrm{C}_{15}x^{15}=\left({}_{25}\mathrm{C}_5\cdot{}_{15}\mathrm{C}_{15}\right)x^{20}$$

$${}_{25}\mathrm{C}_6\, x^6\times{}_{15}\mathrm{C}_{14}x^{14}=\left({}_{25}\mathrm{C}_6\cdot{}_{15}\mathrm{C}_{14}\right)x^{20}$$

$${}_{25}\mathrm{C}_7\, x^7\times{}_{15}\mathrm{C}_{13}x^{13}=\left({}_{25}\mathrm{C}_7\cdot{}_{15}\mathrm{C}_{13}\right)x^{20}$$

$$\cdots$$

$${}_{25}\mathrm{C}_{20}\, x^{20}\times{}_{15}\mathrm{C}_0 x^0=\left({}_{25}\mathrm{C}_{20}\cdot{}_{15}\mathrm{C}_0\right)x^{20}$$

때, x^{20} 항의 계수는
$$_{25}C_5 \cdot {}_{15}C_{15} + {}_{25}C_6 \cdot {}_{15}C_{14} + {}_{25}C_7 \cdot {}_{15}C_{13} + \cdots$$
$$+ {}_{25}C_{19} \cdot {}_{15}C_1 + {}_{25}C_{20} \cdot {}_{15}C_0$$

(ii) 우변 : $(1+x)^{40}$ 에서 x^{20} 의 계수는 $_{40}C_{20}$

(i), (ii)에서 구하는 값은
$$\sum_{k=0}^{15} {}_{25}C_{20-k} \times {}_{15}C_k = {}_{40}C_{20}$$

따라서, $a = 40$, $b = 20$ 이므로 $a+b=60$

경우의 수 단원 평가

49 정답 ③

우선 여자 4명을 묶어서 한 사람으로 생각하여 남자 5명과 함께 원형의 탁자에 앉히는 경우의 수는
$$(6-1)! = 5! = 120$$
이때 여자 4명끼리 자리를 바꿀 수 있는데 A와 B 2명이 이웃하지 않아야 하므로 4명을 일렬로 나열하는 경우에서 A와 B 2명이 이웃하는 경우를 제외하면
$$4! - 3! \times 2 = 12$$
따라서 구하는 경우의 수는
$$120 \times 12 = 12^2 \times 10$$
따라서 $n = 12$ 이다.

50 정답 25

네 자연수의 합이 8인 경우는 $1+1+1+5$ 또는 $1+1+2+4$ 또는 $1+1+3+3$ 또는 $1+2+2+3$ 또는 $2+2+2+2$의 다섯 가지이다.

(i) $1+1+1+5$, $1+1+3+3$인 경우
곱이 4의 배수가 아니다.

(ii) $1+1+2+4$, $1+2+2+3$, $2+2+2+2$인 경우
곱이 4의 배수이다.

(i), (ii)에 의해서 조건을 만족시키는 네 자연수가
1, 1, 2, 4이면 순서쌍 (a, b, c, d) 의 개수는
$$\frac{4!}{2!} = 12$$
1, 2, 2, 3이면 순서쌍 (a, b, c, d) 의 개수는
$$\frac{4!}{2!} = 12$$
2, 2, 2, 2이면 순서쌍 (a, b, c, d) 의 개수는 1
따라서 25이다.

51 정답 33

[그림 : 이현일T]

12개의 영역에 서로 다른 12가지 색을 모두 사용하여 칠하는 경우의 수는 12!

회전하였을 때 같은 것이 4가지씩 있으므로 경우의 수 a는
$$a = \frac{12!}{4}\text{이다.}$$

따라서 $\dfrac{a}{10!} = \dfrac{12!}{4 \times 10!} = \dfrac{12 \times 11}{4} = 33$

[다른 풀이]

$a = {}_{12}C_4 \times (4-1)! \times 8!$이므로
$$\frac{a}{10!} = \frac{\dfrac{12 \times 11 \times 10 \times 9}{4 \times 3 \times 2 \times 1} \times 3 \times 2 \times 1 \times 8!}{10!}$$
$$= \frac{12 \times 11}{4} = 33$$

52 정답 20

$f(1)$은 모든 값이 될 수 있고
$f(2)$와 $f(3)$이 될 수 있는 값은 2, 3, 4
$f(4)$와 $f(5)$가 될 수 있는 값은 3, 4
이다. 조건 (나)에서 $f(1) = 1$이다.
치역 $Z = \{f(x) \mid x \in X\}$에 대해

(i) $Z = \{1, 2, 3\}$일 때
$f(4) = f(5) = 3$이므로 $f(2)$와 $f(3)$이 될 수 있는 값은 2, 3이고
$f(2)$, $f(3)$ 중 적어도 하나는 2이어야 한다. 따라서
$$2 \times 2 - 1 \times 1 = 3$$

(ii) $Z = \{1, 2, 4\}$일 때
$f(4) = f(5) = 4$이므로 $f(2)$와 $f(3)$이 될 수 있는 값은 2, 4이고
$f(2)$, $f(3)$ 중 적어도 하나는 2이어야 한다. 따라서
$$2 \times 2 - 1 \times 1 = 3$$

(iii) $Z = \{1, 3, 4\}$일 때
$f(2)$, $f(3)$, $f(4)$, $f(5)$는 3, 4 중 하나가 가능하다. 모두 3 또는 모두 4인 경우를 제외하면 되므로
$$2^4 - 2 = 14$$

(i)~(iii)에서 구하는 함수 f의 개수는
$$3+3+14 = 20$$

53 정답 180

세 사람 모두 적어도 1개의 사과를 받도록 사과 6개를 나누어 주는 방법의 수는 $_3H_{6-3} = {}_5C_3 = 10$

세 사람에게 귤 6개를 모두 나누어 주는 방법의 수는
$$_3H_6 = {}_8C_6 = 28$$

한편, 세 사람 모두 적어도 1개의 귤을 받도록 귤 6개를 나누어 주는 방법의 수는 $_3H_{6-3} = {}_5C_3 = 10$

이므로 세 사람 중 적어도 한 사람은 귤을 1개도 받지 못하도록

6개의 귤을 나누어 주는 방법의 수는
$$28 - 10 = 18$$
따라서 구하는 방법의 수는
$$10 \times 18 = 180$$

54 정답 110

조건에 절댓값 기호가 있으므로 0의 개수에 따라 구분하여 구할
필요가 있다.
1) $a = 0$, $b = 0$인 경우 선택할 수 있는 $|c|$의 개수는 5이고 그
각각에 대하여 c의 개수가 2가지이므로 구하는 경우의 수는
$$5 \times 2 = 10$$
2) $a = 0$, $b \neq 0$인 경우 선택할 수 있는 b, $|c|$의 쌍의 개수는
$_5C_2 = 10$이고 그 각각에 대하여 c의 개수가 2가지이므로 구하는
경우의 수는 $10 \times 2 = 20$
3) $a \neq 0$, $a = b$인 경우 선택할 수 있는 $|a|$, b, $|c|$의 개수는
$_5C_2 = 10$이고 그 각각에 대하여 a가 2가지, c가 2가지이므로
구하는 경우의 수는 $10 \times 2 \times 2 = 40$
4) $a \neq 0$, $a \neq b$인 경우 선택할 수 있는 $|a|$, b, $|c|$의 개수는
$_5C_3 = 10$이고 그 각각에 대하여 a, c가 각 2가지이므로 구하는
경우의 수는 $10 \times 2 \times 2 = 40$
위로부터 구하는 모든 경우의 수는 $10 + 20 + 40 + 40 = 110$

55 정답 126

구슬을 4개 택할 때, 흰 구슬과 검은 구슬의 개수에 따라 나누어
생각하자.
세 개의 그릇 A, B, C에 담는 흰 구슬의 개수를 각각
x, y, z라 하고 검은 구슬의 개수를 각각 a, b, c라 하면
(i) 흰 구슬 4개를 택하는 경우
$x + y + z = 4$의 음이 아닌 정수해의 개수와 같으므로
$$_3H_4 = {}_6C_4 = {}_6C_2 = 15$$
(ii) 흰 구슬 3개, 검은 구슬 1개를 택하는 경우
$x + y + z = 3$과 $a + b + c = 1$의 음이 아닌 정수해의 개수의 곱과
같으므로
$$_3H_3 \times {}_3H_1 = {}_5C_3 \times {}_3C_1 = 10 \times 3 = 30$$
(iii) 흰 구슬 2개, 검은 구슬 2개를 택하는 경우
$x + y + z = 2$과 $a + b + c = 2$의 음이 아닌 정수해의 개수의 곱과
같으므로
$$_3H_2 \times {}_3H_2 = {}_4C_2 \times {}_4C_2 = 6 \times 6 = 36$$
(iv) 흰 구슬 1개, 검은 구슬 3개를 택하는 경우
(ii)와 같으므로 30
(v) 검은 구슬 4개를 택하는 경우
(i)과 같으므로 15
따라서 구하는 방법의 수는
$$15 \times 2 + 30 \times 2 + 36 = 126$$

56 정답 224

[그림 : 이호진T]
점 P_i $(i = 1,\ 2,\ 3,\ 4,\ 5)$,
점 Q_j $(j = 1,\ 2,\ 3,\ 4,\ 5)$에 대하여
직사각형 ABCD의 내부에서 선분 P_iQ_j끼리 만나는 경우가
없으면 직사각형은 6개의 영역으로 나누어진다.
직사각형 ABCD의 내부에서 선분 P_iQ_j끼리 만나는 점의 개수가
1이면 직사각형은 7개의 영역으로 나누어진다.
이때 두 점 P_1, P_2와 같이 서로 이웃하는 점에서 연결한 두
선분이 직사각형 내부에서 만날 때에만 7개의 영역으로
나누어진다.
두 점 P_1, P_3과 같이 서로 이웃하지 않은 점에서 연결한 두
선분이 직사각형 내부에서 만나면, 직사각형 내부에 다른 선분과
만나는 점이 반드시 존재하게 되어 직사각형은 8개 이상의
영역으로 나누어진다.
따라서 다음과 같은 경우로 나누어 구할 수 있다.
(i) 두 점 P_1, P_2에서 연결한 두 선분만 직사각형 내부에서
만날 경우
점 P_2를 점 Q_1에 연결할 때, 네 점 P_1, P_3, P_4, P_5에 대하여
세 점 Q_2, Q_3, Q_4, Q_5에서 중복을 허락하여 네 점을 선택한 후
점 Q의 첨자가 크지 않은 점부터 차례로 점 P_1, P_3, P_4, P_5와
연결하면 되므로 이 경우의 수는
$$_4H_4 = {}_7C_3 = 35,$$
같은 방법으로 점 P_2를 점 Q_2에 연결할 때의 경우의 수는
$$_3H_4 = {}_6C_2 = 15,$$
점 P_2를 점 Q_3에 연결할 때의 경우의 수는
$$_2H_4 = {}_5C_1 = 5,$$
점 P_2를 점 Q_4에 연결할 때의 경우의 수는
$$_1H_4 = 1,$$
그러므로 두 점 P_1, P_2에서 연결한 두 선분만 직사각형
내부에서 만나는 경우의 수는
$$35 + 15 + 5 + 1 = 56$$
한편, 위 경우의 수는 대칭성에 의하여 두 점 P_4, P_5에서 연결한
두 선분만 직사각형 내부에서 만나는 경우의 수와 같다.
$\Rightarrow 56$
(ii) 두 점 P_2, P_3에서 연결한 두 선분만 직사각형 내부에서
만날 경우
점 P_3를 점 Q_1에 연결할 때, 점 P_1은 점 Q_1에 연결해야
하고, 두 점 P_2, P_4, P_5에 대하여 네 점 Q_2, Q_3, Q_4, Q_5에서
중복을 허락하여 두 점을 선택한 후 점 Q의 첨자가 크지 않은
점부터 차례로 점 P_2, P_4, P_5와 연결하면 되므로 이 경우의
수는
$$1 \times {}_4H_3 = {}_6C_3 = 20,$$
같은 방법으로 점 P_3를 점 Q_2에 연결할 때의 경우의 수는
$$2 \times {}_3H_3 = 2 \times {}_5C_2 = 20,$$
점 P_3를 점 Q_3에 연결할 때의 경우의 수는

$3 \times {}_2H_3 = 3 \times {}_4C_1 = 12$,

점 P_3를 점 Q_4에 연결할 때의 경우의 수는

$4 \times {}_1H_3 = 4 \times 1 = 4$

그러므로 두 점 P_2, P_3에서 연결한 두 선분만 직사각형

내부에서 만나는 경우의 수는

$20 + 20 + 12 + 4 = 56$

한편, 위 경우의 수는 대칭성에 의하여 두 점 P_3, P_4에서 연결한

두 선분만 직사각형 내부에서 만나는 경우의 수와 같다.

$\Rightarrow 56$

따라서 직사각형 $ABCD$가 추가된 5개의 선분에 의하여

나누어진 영역의 개수가 7인 경우의 수는

$\therefore\ 4 \times 56 = 224$

57 정답 83

$a = a' + 1$, $b = b' + 1$, $c = c' + 1$이라면 a', b', c'은 음이 아닌

정수이고 (나)에서

$a' + b' + c' \leq 14 \qquad \cdots\ \textcircled{\scriptsize ㄱ}$

$0 \leq t \leq 14$인 정수 t에 대해 위의 부등식을 만족하는

$(a',\ b',\ c')$의 개수는 방정식

$a' + b' + c' + t = 14 \cdots\ \textcircled{\scriptsize ㄴ}$

를 만족하는 $(a',\ b',\ c')$의 개수와 같다.

따라서 $\textcircled{\scriptsize ㄱ}$을 만족하는 $(a',\ b',\ c')$의 개수는

${}_4H_{14} = {}_{17}C_{14} = {}_{17}C_3 = 680$

여기서 $a' = b'$ 또는 $a' = c'$ 또는 $b' = c'$인 경우를 제외하면

$a' = b'$일 때 $\textcircled{\scriptsize ㄴ}$의 방정식은

$2a' + c' + t = 14$

$c' + t = 14 - 2a'$

$0 \leq 14 - 2a' \leq 14$이므로 그 경우의 수는

$1 + 3 + 5 + \cdots + 15 = 64$

또 $a' = b' = c'$인 경우의 수는

$3a' + t = 14$

$0 \leq a' \leq 4$이므로 5가지다.

따라서 $\textcircled{\scriptsize ㄱ}$을 만족하는 $(a',\ b',\ c')$ 중 서로 다른 a', b', c'의

개수는

$680 - 3 \times (64 - 5) - 5 = 498$

끝으로 $a < b < c$인 경우의 수는

$\dfrac{498}{3!} = 83$

[다른 풀이]–유승희T

$a < b < c$이고 $a + b + c \leq 17$이므로

$a = 1, 2, 3, 4$가 될 수 있다.

(1) $a = 1$일 때, $1 < b < c$이고 $b + c \leq 16$이므로

$b = k\,(k \geq 2)$일 때,

c는 $k+1$에서 $16-k$까지의 자연수이다.

(b, c)의 개수는 $16-2k$개다.

따라서, $\displaystyle\sum_{k=2}^{7}(16 - 2k) = 42$

(2) $a = 2$일 때, $2 < b < c$이고 $b + c \leq 15$이므로

$b = k\,(k \geq 3)$일 때,

c는 $k+1$에서 $15-k$까지의 자연수이다.

(b, c)의 개수는 $15-2k$개다.

따라서, $\displaystyle\sum_{k=3}^{7}(15 - 2k) = 25$

(3) $a = 3$일 때, $3 < b < c$이고 $b + c \leq 14$이므로

$b = k\,(k \geq 4)$일 때,

c는 $k+1$에서 $14-k$까지의 자연수이다.

(b, c)의 개수는 $14-2k$개다.

따라서, $\displaystyle\sum_{k=4}^{6}(14 - 2k) = 12$

(4) $a = 4$일 때, $4 < b < c$이고 $b + c \leq 13$이므로

$b = k\,(k \geq 5)$일 때,

c는 $k+1$에서 $13-k$까지의 자연수이다.

(b, c)의 개수는 $13-2k$개다.

따라서, $\displaystyle\sum_{k=5}^{6}(13 - 2k) = 4$

(1)~(4)에서 $42 + 25 + 12 + 4 = 83$

58 정답 26

$g(x) = |f(x)|$라 하면 g는 집합 X에서 집합

$\{1,\ 2,\ 3, 4\}$으로의 함수이다.

조건 (가)에서 집합 X의 임의의 두 원소 x_1, x_2에 대하여

$x_1 < x_2$이면 $g(x_1) \leq g(x_2) \qquad \cdots\ \textcircled{\scriptsize ㄱ}$

이어야 하고,

조건 (나)에서

$g(x) = 1$인 $x\,(x \in X)$가 존재해야 한다. $\cdots\ \textcircled{\scriptsize ㄴ}$

$\textcircled{\scriptsize ㄱ}$을 만족시키는 함수 g의 개수는 서로 다른 4개에서 8개를

택하는 중복조합의 수와 같으므로

${}_4H_8 = {}_{4+8-1}C_8$

$\qquad = {}_{11}C_8 = {}_{11}C_3 = \dfrac{11 \times 10 \times 9}{3 \times 2 \times 1} = 165$

이 165개의 함수 중에서 $\textcircled{\scriptsize ㄴ}$을 만족시키지 않는 함수 g의 개수는

서로 다른 3개에서 8개를 택하는 중복조합의 수와 같으므로

${}_3H_8 = {}_{3+8-1}C_8$

$\qquad = {}_{10}C_8 = {}_{10}C_2 = 45$

$\textcircled{\scriptsize ㄱ}$, $\textcircled{\scriptsize ㄴ}$을 모두 만족시키는 함수 g의 개수는

$165 - 45 = 120$

한편, 집합 X의 임의의 원소 x에 대하여 $g(x) = k$라 하면

$f(x) = -k$ 또는 $f(x) = k$이므로 21개의 각 함수 g에 대하여

함수 f의 개수는

${}_2\Pi_8 = 2^8 = 256$

따라서 구하는 함수 f의 개수는

$120 \times 2^8 = 15 \times 2^{11}$

따라서 $a + b = 26$

59 정답 57

(i) $f(4)=2$이면 $f(1)+f(2)+f(3) \geq 6$

$f(1),\ f(2),\ f(3) \in \{3,\ 4,\ 5\}$에서 $3^3=27$가지

(ii) $f(4)=3$이면 $f(1)+f(2)+f(3) \geq 9$

$f(1),\ f(2),\ f(3) \in \{2,\ 4,\ 5\}$에서

$2+2+2=6,\ 2+2+4=8$이므로

이것을 제외하면 $3^3-(1+3)=23$가지

(iii) $f(4)=4$이면 $f(1)+f(2)+f(3) \geq 12$

$f(1),\ f(2),\ f(3) \in \{2,\ 3,\ 5\}$에서

$5+5+5=15,\ 5+5+3=13,\ 5+5+2=12$

$1+3+3=7$가지

(iv) $f(4)=5$이면 $f(1)+f(2)+f(3) \geq 15$

$f(1),\ f(2),\ f(3) \in \{2,\ 3,\ 4\}$에서

$4+4+4=12$이므로 만족하는 경우는 없다.

$\therefore\ 27+23+7=57$

60 정답 320

[랑데뷰세미나(204) 참고]

$0 \leq x, y, z, s, t \leq 4$인 $x,\ y,\ z,\ s,\ t$에 대하여

$a=4-x,\ b=4-y,\ c=4-z,\ d=4-s,\ e=4-t$라 하면

$a+b+c+d+e=12 \rightarrow 20-(x+y+z+s+t)=12$

따라서 $x+y+z+s+t=8$

$_5H_8-{_5C_1}\times{_5H_3}=495-5\times35=495-175=320$

[랑데뷰팁]

다섯 문자중 하나가 5이상이고 나머지 네 문자의 합이
3이하인 경우가 $_5C_1\times{_5H_3}$이다.

---

61 정답 56

주어진 조건에 따라 상황을 분류하면

(1) $1ab0$ ($a,\ b$는 각각 백의 자릿수 십의 자릿수)

$a+b=5$를 만족하는 경우 $a=5$부터 0까지 6가지

$a+b=4$를 만족하는 경우 $a=4$부터 0까지 5가지

$a+b=3$인 경우 $a=3$부터 $a=0$까지 4가지

$a+b=2$인 경우 $a=2$부터 $a=0$까지 3가지

$a+b=1$인 경우 $a=1$부터 $a=0$까지 2가지

$a+b=0$인 경우 1가지

$\therefore\ (1+2+3+4+5+6)=21$

(2) $1ab2$ ($a,\ b$는 각각 백의 자릿수 십의 자릿수)

$a+b=3$ 4가지

$a+b=2$ 3가지

$a+b=1$ 2가지

$a+b=0$ 1가지

$\therefore\ $총 10가지

(3) $1ab4$ ($a,\ b$는 각각 백의 자릿수 십의 자릿수)

$a+b=1$ 2가지

$a+b=0$ 1가지

$\therefore\ $총 3가지

(4) $2ab0$ ($a,\ b$는 각각 백의 자릿수 십의 자릿수)

$a+b=4$, 5가지

$a+b=3$, 4가지

$a+b=2$, 3가지

$a+b=1$, 2가지

$a+b=0$, 1가지

$\therefore\ $총 15가지

(5) $2ab2$

$a+b=2$, 3가지

$a+b=1$, 2가지

$a+b=0$, 1가지

$\therefore\ $총 6가지

(6) $2ab4$

$a+b=0$,

$\therefore\ $1가지

모두 56가지이다.

62 정답 84

자연수 2, 3, 5, 7이 선택되어진 개수를 각각 $a,\ b,$
$c,\ d$라 하면 $a+b+c+d=10$ (단, $a,\ b,\ c,\ d$는 음이 아닌
정수)

10개의 수의 곱은

$2^a\times3^b\times5^c\times7^d=90k$ (단, k는 자연수)

$2^a\times3^b\times5^c\times7^d=(2\times3^2\times5)\times k$이므로

$a \geq 1,\ b \geq 2,\ c \geq 1,\ d \geq 0$

$a'=a-1,\ b'=b-2,\ c'=c-1,\ d'=d$라 하면

$a'+b'+c'+d'=6$

(단, $a',\ b',\ c',\ d'$은 음이 아닌 정수)

순서쌍 $(a,\ b,\ c,\ d)$의 개수는 순서쌍 $(a',\ b',\ c',\ d')$의 개수와
같다.

따라서 구하는 경우의 수는 $_4H_6={_9C_3}=84$

63 정답 350

(i) 양 끝에 a가 오는 경우

$a\times\times \cdots \times\times a$인 경우는 남은 문자

$b,\ b,\ b,\ c,\ c,\ c$를 일렬로 나열하는 경우와 같으므로

$$\frac{7!}{3!\,4!}=\frac{7\times6\times5}{3\times2\times1}=35$$

(ii) 양 끝에 b가 오는 경우

남은 문자 $a,\ a,\ b,\ c,\ c,\ c$를 일렬로 나열하는 경우와
같으므로

$$\frac{7!}{2!\,4!}=\frac{7\times6\times5}{2\times1}=105$$

(iii) 양 끝에 c가 오는 경우

남은 문자 a, a, b, b, b, c, c를 일렬로 나열하는 경우와
같으므로

$$\frac{7!}{2!3!2!} = \frac{7 \times 6 \times 5 \times 4}{2 \times 1 \times 2 \times 1} = 210$$

(i), (ii), (iii)에서

$35 + 105 + 210 = 350$

64 정답 180

백,두,산 이 적힌 칸의 세 개의 공에 적힌 수의 합이 4이고 세
개의 공이 모두 같은 색인 경우는 다음과 같다.

(i) 백,두,산 이 적힌 칸에 흰 공 ①, ①, ②를 넣는

경우의 수는 $\dfrac{3!}{2!} = 3$

나머지 5개의 칸에 흰 공 ②, 검은 공 ❶, ❶, ❷, ❷를 넣는

경우의 수는 $\dfrac{5!}{2!2!} = 30$

$$\therefore \frac{3!}{2!} \times \frac{5!}{2!2!} = 90$$

(ii) 백,두,산이 적힌 칸에 검은 공 ❶, ❶, ❷를
넣는 경우도 마찬가지이므로 경우의 수는 90

(i), (ii)에 의하여 $2 \times 90 = 180$

65 정답 243

집합 A의 원소의 개수가 n일 때, 집합 B의 원소의 개수는
$5 - n$이하이므로

$$\sum_{n=0}^{5} {}_5\mathrm{C}_n \times 2^{5-n} = \sum_{n=0}^{5} {}_5\mathrm{C}_n \times 1^n \times 2^{5-n}$$
$$= (1+2)^5 = 3^5 = 243$$

66 정답 96

세 개의 통 A, B, C 에 넣은 파란 공의 개수를 각각 x, y, z,
빨간 공의 개수를 각각 a, b, c 라 하면

(i) 파란 공 3 개와 빨간 공 1 개를 택하는 경우

$x + y + z = 3$ 의 음이 아닌 정수해의 개수와 $a + b + c = 1$ 의
음이 아닌 정수해의 개수의 곱과 같으므로

$_3\mathrm{H}_3 \times {}_3\mathrm{H}_1 = {}_5\mathrm{C}_3 \times {}_3\mathrm{C}_1 = 10 \times 3 = 30$

(ii) 파란 공 1 개와 빨간 공 3 개를 택하는 경우

$x + y + z = 1$ 의 음이 아닌 정수해의 개수와 $a + b + c = 3$ 의
음이 아닌 정수해의 개수의 곱과 같으므로

$_3\mathrm{H}_1 \times {}_3\mathrm{H}_3 = {}_3\mathrm{C}_1 \times {}_5\mathrm{C}_3 = 3 \times 10 = 30$

(iii) 파란 공 2 개와 빨간 공 2 개를 택하는 경우

$x + y + z = 2$ 의 음이 아닌 정수해의 개수와 $a + b + c = 2$ 의
음이 아닌 정수해의 개수의 곱과 같으므로

$_3\mathrm{H}_2 \times {}_3\mathrm{H}_2 = {}_4\mathrm{C}_2 \times {}_4\mathrm{C}_2 = 6 \times 6 = 36$

따라서 구하는 방법의 수는
$30 + 30 + 36 = 96$

67 정답 130

$f(1) \times f(2) = a$, $f(3) \times f(4) = b$라 할 때 $a + b = 10$을
만족하는 순서쌍을 (a, b)라 할 때

$(a, b) = (1, 9)$, $(9, 1)$인 경우 →

$f(1) = 1$, $f(2) = 1$이고 $f(3) = 3$, $f(4) = 3$

또는 $f(1) = 3$, $f(2) = 3$이고 $f(3) = 1$, $f(4) = 1$이다.

$f(5)$가 될 수 있는 값은 5가지 이므로

따라서 $1 \times 1 \times 2 \times 5 = 10$

같은 방법으로

$(a, b) = (2, 8)$, $(8, 2)$인 경우 → $2 \times 2 \times 2 \times 5 = 40$

$(a, b) = (3, 7)$, $(7, 3)$인 경우 → 존재하지 않음

$(a, b) = (4, 6)$, $(6, 4)$인 경우 → $3 \times 2 \times 2 \times 5 = 60$

$(a, b) = (5, 5)$인 경우 → $2 \times 2 \times 5 = 20$

따라서 $10 + 40 + 60 + 20 = 130$

68 정답 ③

(i) $a = 1$인 경우

b, c는 4개 모두 가능하므로 $4 \times 4 = 16$

(ii) $a = 2$인 경우

b, c중 적어도 하나가 2인 경우→$16 - 9 = 7$

b, c중 적어도 하나가 4인 경우→$16 - 9 = 7$

그 중 $(b, c) = (2, 4)$, $(4, 2)$는 중복되므로

$7 + 7 - 2 = 12$

(iii) $a = 3$인 경우

b, c중 적어도 하나가 3인 경우→$16 - 9 = 7$

(iv) $a = 4$인 경우

b, c중 적어도 하나가 4인 경우→$16 - 9 = 7$

$b = c = 2$인 경우→1

따라서 $7 + 1 = 8$

(i)~(iv)에 의하여 $\dfrac{bc}{a}$ 가 정수가 되도록 하는 모든 순서쌍

(a, b, c) 의 개수는

$16 + 12 + 7 + 8 = 43$

[다른 풀이]

전체 순서쌍 개수는 $4 \times 4 \times 4 = 64$이고

$\dfrac{bc}{a}$ 가 정수가 되지 않는 경우의 수를 구해 제외하면 되겠다.

(i) $a = 2$일 때, b, c는 1 또는 3인 경우→$2 \times 2 = 4$

(ii) $a = 3$일 때, b, c는 1 또는 2 또는 4인 경우→$3 \times 3 = 9$

(iii) $a = 4$일 때, b, c는 1 또는 2 또는 3인 경우→$3 \times 3 = 9$

그런데 (iii)에서는 $b = c = 2$일 때는 $\dfrac{2 \times 2}{4} = 1$이므로

$9 - 1 = 8$이다.

따라서
$64 - (4 + 9 + 8) = 43$

69 정답 84

한 필통에 빨간색 연필이 4개 들어가고
다른 한 필통에 빨간색 연필이 1개가 들어가면 남은 6개의
빨간색 연필은 남은 두 필통에 각각 3개씩 들어가야 한다.
(i) 네 필통 중 빨간색 연필이 3개씩 들어가는 두 필통을
선택하기 $\Rightarrow {}_4C_2 = 6$
(ii) 남은 두 필통 중 빨간색 연필이 4개, 1개 들어가는 필통
선택하기 $\Rightarrow 2! = 2$
(iii) ㉠ 주황색 연필 3개가 빨간색 연필이 1개 들어가 있는
필통에 들어갈 때 나머지 노란색과 초록색 1개씩의 연필이
빨간색 연필이 3개씩 들어가 있는 필통에 들어가는 경우 $\Rightarrow 2$
㉡ 주황색 연필 3개 중 2개가 빨간색 연필 1개가 들어가 있는
필통에 들어갈 때 나머지 주황색 연필 1개가 빨간색 연필 1개씩
들어가 있는 필통에 들어가고 남은 노란색, 초록색 연필 1개씩이
남은 필통에 들어가는 경우 $\Rightarrow 2 \times 2 = 4$
㉢ 주황색 연필 3개 중 1개가 빨간색 연필 1개가 들어가 있는
필통에 들어가는 경우 $\Rightarrow 1$
따라서 $6 \times 2 \times (2 + 4 + 1) = 84$

70 정답 ①

다음 그림과 같은 $\boxed{A}$ / $\boxed{B}$ 의 좌, 우 영역에 각각 2개의
영역이 있다고 생각하자.

$$\boxed{a개} / \boxed{b개} \; \boxed{A} / \boxed{B} \; \boxed{c개} / \boxed{d개}$$

$a + b + c + d = 6$을 만족하는 0이상의 정수해를 구하는 문제와
같다.
예를 들어
㉠ $a = 3, b = 0, c = 2, d = 1$

$$\boxed{B}\;\boxed{B}\;\boxed{B} / \boxed{A} / \boxed{B}\;\boxed{B}\;\boxed{B} / \boxed{A}$$

㉡ $a = 2, b = 1, c = 2, d = 1$

$$\boxed{B}\;\boxed{B} / \boxed{A}\;\boxed{A} / \boxed{B}\;\boxed{B}\;\boxed{B} / \boxed{A}$$

㉢ $a = 5, b = 1, c = 0, d = 0$

$$\boxed{B}\;\boxed{B}\;\boxed{B}\;\boxed{B}\;\boxed{B} / \boxed{A}\;\boxed{A} / \boxed{B} /$$

인 경우와 같이 정수해가 정해지면 그 개수에 맞게 $\boxed{A}$, $\boxed{B}$ 가
자동으로 채워진다.
따라서
$${}_4H_6 = {}_9C_6 = {}_9C_3 = 84$$

71 정답 ⑤

n개$(n \geq 3)$를 꺼내어 3명에게 적어도 하나씩 나누어 주는
경우의 수는
$x + y + z = n \; (x \geq 1, y \geq 1, z \geq 1)$
$x - 1 = x', \; y - 1 = y', \; z - 1 = z'$ 라 두면
$x' + y' + z' = n - 3 \; (x' \geq 0, y' \geq 0, z' \geq 0)$
위 식을 만족하는 (x', y', z')의 개수는 ${}_3H_{n-3}$이므로
${}_3H_0 + {}_3H_1 + {}_3H_2 + \cdots + {}_3H_7 = {}_2C_0 + {}_3C_1 + {}_4C_2 + \cdots + {}_9C_7$
$= {}_{10}C_7 = {}_{10}C_3 = 120$

[다른 풀이]

3명에게 적어도 하나씩 나누어 주는 공의 개수와 주머니에 남아
있는 공의 개수를 더하면 10개가 된다.
A, B, C가 받는 공의 개수를 각각 x, y, z라 하고 남은 공의
개수를 w라 하면
$x + y + z + w = 10$
$(x \geq 1, y \geq 1, z \geq 1, w \geq 0)$
$x - 1 = x', \; y - 1 = y', \; z - 1 = z'$ 라 두면
$x' + y' + z' + w = 7 \; (x' \geq 0, y' \geq 0, z' \geq 0, w \geq 0)$
위 식을 만족하는 (x', y', z', w)의 개수는
${}_4H_7 = {}_{10}C_7 = {}_{10}C_3 = 120$

72 정답 67

(가)조건에 의해 분류하면 다음 표와 같다.

$f(3)$	$f(6)$	$f(1), f(2), f(4), f(5)$ 경우의 수
1	2	${}_1H_2 \times ({}_2H_2 - 2) = 1$
1	4	${}_1H_2 \times ({}_4H_2 - 4) = 6$
1	6	${}_1H_2 \times ({}_6H_2 - 6) = 15$
2	4	${}_2H_2 \times ({}_3H_2 - 3) = 9$
3	6	${}_3H_2 \times ({}_4H_2 - 4) = 36$

특별히 마지막 경우 $f(3) = 3, f(6) = 6$ 를 살펴보자.
이때 (가)조건을 만족하며, $f(1), f(2)$는 1,2,3에 조건(나)를
만족하면서 함수를 만들어내는 방법은 ${}_3H_2 = 6$ 이다.
한편, $f(4), f(5)$ 는 3, 4, 5, 6에 조건 (나)를 만족하면서 함수를
만들어내는 방법은 ${}_4H_2 = 10$에서 (다)의 부정인 $f(3) = f(4)$인
경우를 빼면 되므로
$f(3) = f(4) = 3$ 이면서, $f(5)$가 3, 4, 5, 6대응되는 4가지
경우를 빼면 되므로, ${}_3H_2 \times ({}_4H_2 - 4) = 36$
인 결과가 도출된다.
위의 표의 경우의 수를 모두 합하면 67이 정답임을 알 수 있다.

73 정답 240

(i) b와 b가 이웃하는 경우 $\rightarrow \dfrac{7!}{4!\,2!} = 105$

(ii) 두 개의 b사이에 2개의 문자가 오는 경우
즉, $b \, ☆ \, ☆ \, b \; ☆ \, ☆ \, ☆ \, ☆$ 인 경우

㉠ ☆☆: aa, ☆☆☆☆: $aacc \rightarrow 1 \times \dfrac{5!}{2!2!} = 30$가지

㉡ ☆☆: ac, ☆☆☆☆: $aaac \rightarrow 2! \times \dfrac{5!}{3!} = 40$가지

㉢ ☆☆: cc, ☆☆☆☆: $aaaa \rightarrow 1 \times \dfrac{5!}{4!} = 5$가지

따라서 $30 + 40 + 5 = 75$

(iii) 두 개의 b사이에 4개의 문자가 오는 경우
즉, $b \, ☆ \, ☆ \, ☆ \, ☆ \, b \; ☆ \, ☆$ 인 경우

㉠ ☆☆☆☆ : $aaaa$, ☆☆ : cc → $1 \times \dfrac{3!}{2!} = 3$가지

㉡ ☆☆☆☆ : $aaac$, ☆☆ : ac → $\dfrac{4!}{3!} \times 3! = 24$가지

㉢ ☆☆☆☆ : $aacc$, ☆☆ : aa → $\dfrac{4!}{2!2!} \times \dfrac{3!}{2!} = 18$가지

따라서 $3 + 24 + 18 = 45$

(iv) 두 개의 b사이에 6개의 문자가 오는 경우

즉, b☆☆☆☆☆☆b 인 경우 → $\dfrac{6!}{4!2!} = 15$가지

(i), (ii), (iii), (iv)에 의해 $105 + 75 + 45 + 15 = 240$

[다른 풀이]–유승희T

b와 b가 이웃하지 않을 때→

b, b사이에 짝수개의 문자가 놓이도록 나열하려면

O			O′	O″		O‴	

(3가지)

	O			O′		O″	

(2가지)

		O			O′		O″

(2가지)

		O			O′		

(1가지)

			O			O′	

(1가지)

따라서, b, b를 놓을 수 있는 경우의 수는 9(가지)

a, a, a, a, c, c를 나열하는 경우는

$\dfrac{6!}{4!2!} = 15$(가지)이므로

$9 \times 15 = 135$(가지)

74 정답 72

집합 X의 원소에 3의 배수는 3과 6뿐이다.

따라서 $f(4) = 3$ 또는 $f(4) = 6$이 가능하다.

(i) $f(4) = 3$인 경우

(나)에서 $f(1)$, $f(2)$, $f(3)$의 값은 $\{4, 5, 6, 7\}$중 하나이므로

$_4\Pi_3 = 64$이다.

(다)에서 $f(5)$, $f(6)$, $f(7)$의 값은 $\{1\}$중 하나이므로

$_1\Pi_3 = 1$이다.

따라서 $64 \times 1 = 64$

(ii) $f(4) = 6$인 경우

(나)에서 $f(1)$, $f(2)$, $f(3)$의 값은 $\{7\}$중 하나이므로

$_1\Pi_3 = 1$이다.

(다)에서 $f(5)$, $f(6)$, $f(7)$의 값은 $\{1, 2\}$중 하나이므로

$_2\Pi_3 = 8$이다.

따라서 $1 \times 8 = 8$

(i), (ii)에서 $64 + 8 = 72$

75 정답 945

$a + b + c + d = 12$에 흰 공 4개를 기준으로 생각하면

$(4, 0, 0, 0)$ →나열 방법 $\dfrac{4!}{3!} = 4$가지

→검은 공 넣는 방법 $_4H_2 = {}_5C_2 = 10$

$(3, 1, 0, 0)$ →나열 방법 $\dfrac{4!}{2!} = 12$가지

→검은 공 넣는 방법 $_4H_3 = {}_6C_3 = 20$

$(2, 2, 0, 0)$ →나열 방법 $\dfrac{4!}{2!2!} = 6$가지

→검은 공 넣는 방법 $_4H_4 = {}_7C_3 = 35$

$(2, 1, 1, 0)$ →나열 방법 $\dfrac{4!}{2!} = 12$가지

→검은 공 넣는 방법 $_4H_4 = {}_7C_3 = 35$

$(1, 1, 1, 1)$ →나열 방법 1가지

→검은 공 넣는 방법 $_4H_4 = {}_7C_4 = 35$

따라서

$4 \times 10 + 12 \times 20 + 6 \times 35 + 12 \times 35 + 1 \times 35 = 945$

[다른 풀이]

$a + b + c + d = 12$에서

$a \geq 2$, $b \geq 2$, $c \geq 2$, $d \geq 2$인 경우는

$2 + 2 + 2 + 6 = 12$

$2 + 2 + 3 + 5 = 12$

$2 + 2 + 4 + 4 = 12$

$2 + 3 + 3 + 4 = 12$

$3 + 3 + 3 + 3 = 12$

뿐이다.

(i) $2 + 2 + 2 + 6 = 12$일 때,

흰 공이 들어가는 경우만 생각해 보면

전체 가지수는 $_4H_4 = {}_7C_3 = 35$이고

$(4, 0, 0, 0)$, $(0, 4, 0, 0)$, $(0, 0, 4, 0)$, $(3, 1, 0, 0)$,

$(3, 0, 1, 0)$, $(3, 0, 0, 1)$, $(1, 3, 0, 0)$, $(0, 3, 1, 0)$,

$(0, 3, 0, 1)$, $(1, 0, 3, 0)$, $(0, 1, 3, 0)$, $(0, 0, 3, 1)$를 제외해야

하므로

$({}_4H_4 - 12) \times 4 = 23 \times 4 = 92$

(ii) $2 + 2 + 3 + 5 = 12$일 때,

흰 공이 들어가는 경우만 생각해 보면

전체 가지수 $_4H_4 = {}_7C_3 = 35$이고

$(4, 0, 0, 0)$, $(0, 4, 0, 0)$, $(0, 0, 4, 0)$, $(3, 1, 0, 0)$,

$(3, 0, 1, 0)$, $(3, 0, 0, 1)$, $(1, 3, 0, 0)$, $(0, 3, 1, 0)$,

$(0, 3, 0, 1)$를 제외해야 하므로

$({}_4H_4 - 9) \times \dfrac{4!}{2!} = 26 \times 12 = 312$

(iii) $2 + 2 + 4 + 4 = 12$일 때,

흰 공이 들어가는 경우만 생각해 보면

전체 가지수 $_4H_4 = {}_7C_3 = 35$이고

$(4, 0, 0, 0)$, $(0, 4, 0, 0)$, $(3, 1, 0, 0)$, $(3, 0, 1, 0)$,
$(3, 0, 0, 1)$, $(1, 3, 0, 0)$, $(0, 3, 1, 0)$, $(0, 3, 0, 1)$를 제외해야
하므로

$$\left({}_4H_4 - 8\right) \times \frac{4!}{2!2!} = 27 \times 6 = 162$$

(iv) $2+3+3+4 = 12$일 때,
흰 공이 들어가는 경우만 생각해 보면
전체 가지수는 ${}_4H_4 = {}_7C_3 = 35$이고
$(4, 0, 0, 0)$, $(0, 4, 0, 0)$, $(0, 0, 4, 0)$, $(3, 1, 0, 0)$,
$(3, 0, 1, 0)$, $(3, 0, 0, 1)$를 제외해야 하므로

$$\left({}_4H_4 - 6\right) \times \frac{4!}{2!} = 29 \times 12 = 348$$

(iv) $3+3+3+3 = 12$일 때,
흰 공이 들어가는 경우만 생각해 보면
전체 가지수 ${}_4H_4 = {}_7C_3 = 35$이고
$(4, 0, 0, 0)$, $(0, 4, 0, 0)$, $(0, 0, 4, 0)$, $(0, 0, 0, 4)$를 제외해야
하므로

$$\left({}_4H_4 - 4\right) \times 1 = 31 \times 1 = 31$$

그러므로
(i)~(v)에서 $92 + 312 + 162 + 348 + 31 = 945$

76 정답 ④

$a_n = 2n - 1$이고

$${}_9H_0a_1 + {}_8H_1a_2 + {}_7H_2a_3 + {}_6H_3a_4 + \cdots + {}_2H_7a_8 + {}_1H_8a_9$$
$$= {}_8C_0a_1 + {}_8C_1a_2 + {}_8C_2a_3 + {}_8C_3a_4 + \cdots + {}_8C_7a_8 + {}_8C_8a_9$$
$$= \sum_{r=0}^{8} {}_8C_r \, a_{r+1}$$
$$= \sum_{r=0}^{8} {}_8C_r (2r+1)$$
$$= 2\sum_{r=0}^{8} r \, {}_8C_r + \sum_{r=0}^{8} {}_8C_r$$
$$= 2 \times \left(8 \times 2^7\right) + 2^8$$
$$= 2048 + 256 = 2304$$

[랑데뷰팁]
$$\sum_{r=0}^{n} r \, {}_nC_r = n \times 2^{n-1}$$

77 정답 714

서로 다른 3개의 상자에 서로 다른 6개의 공을 넣는 방법의 수는
${}_3\Pi_6 = 729$
$6+5+4+3 = 18$이므로
합이 19 이상이 되는 상자가 있는 경우는 다음과 같다.
(i) 1, 3, 4, 5, 6이 적힌 공을 한 상자에 넣고, 2가 적힌 공을
다른 두 상자에 넣는 방법의 수는 ${}_3P_2 = 6$
(ii) 2, 3, 4, 5, 6이 적힌 공을 한 상자에 넣고, 1이 적힌 공을

다른 두 상자에 넣는 방법의 수는 ${}_3P_2 = 6$
(iii) 1, 2, 3, 4, 5, 6가 적힌 공을 한 상자에 넣는 방법의 수는 3
따라서 구하는 모든 방법의 수는
$729 - (6+6+3) = 714$

78 정답 992

조건 (가)에 의하여
$f(3) = 2$ 또는 $f(3) = 4$ 또는 $f(3) = 6$
(i) $f(3) = 2$인 경우
두 조건 (나), (다)에 의하여 $f(1)$, $f(2)$의 값을 정하는 경우의
수는 ${}_5\Pi_2 = 25$
이고, $f(4)$, $f(5)$, $f(6)$의 값을 정하는 경우의 수는
${}_2\Pi_3 = 8$
따라서 함수 f의 개수는 $25 \times 8 = 200$
(ii) $f(3) = 4$인 경우
두 조건 (나), (다)에 의하여 $f(1)$, $f(2)$의 값을 정하는 경우의
수는
${}_3\Pi_2 = 9$
이고, $f(4)$, $f(5)$, $f(6)$의 값을 정하는 경우의 수는
${}_4\Pi_3 = 64$
따라서 함수 f의 개수는 $9 \times 64 = 576$
(iii) $f(3) = 6$인 경우
두 조건 (나), (다)에 의하여 $f(1)$, $f(2)$의 값을 정하는 경우의
수는
${}_1\Pi_2 = 1$
이고, $f(4)$, $f(5)$, $f(6)$의 값을 정하는 경우의 수는
${}_6\Pi_3 = 216$
따라서 함수 f의 개수는 $1 \times 216 = 216$
(i), (ii), (iii)에서
$200 + 576 + 216 = 992$

79 정답 300

a, b, c가 서로 다른 자연수이므로
$1 \le a < b < c \le 10$인 경우를 생각하자. … ㉠
$1 \le a < b < c \le 10$ 조건을 만족하는 경우의 수는

$${}_{10}C_3 = \frac{10 \times 9 \times 8}{3 \times 2 \times 1} = 120$$

$a < b < c \le 10$ 자연수 a, b, c에 대하여 세 변의 길이가 a, b,
c인 삼각형이 존재하기 위해서는 $a+b > c$를 만족해야 한다.
120가지의 각 경우의 만족하는 순서쌍 (a, b, c)의 수는
$a+b > c$, $a+b = c$, $a+b < c$인 경우의 수로 나눌 수 있고
대칭에 의해 $a+b > c$와 $a+b < c$의 경우의 수는 같다.

따라서 $a+b = c$의 경우의 수를 구하고 120에서 뺀 뒤 $\dfrac{1}{2}$ 배

하면 된다.
$1 \le a < b < c \le 10$

$a+b=c$인 경우

$c=10$일 때, $(a,b) \Rightarrow (1,9)$, $(2,8)$, $(3,7)$, $(4,6) \to$ 4가지

$c=9$일 때, $(a,b) \Rightarrow (1,8)$, $(2,7)$, $(3,6)$, $(4,5) \to$ 4가지

$c=8$일 때, $(a,b) \Rightarrow (1,7)$, $(2,6)$, $(3,5) \to$ 3가지

$c=7$일 때, $(a,b) \Rightarrow (1,6)$, $(2,5)$, $(3,4) \to$ 3가지

$\vdots \qquad\qquad \vdots$

$c=4$일 때, $(a,b) \Rightarrow (1,3) \to$ 1가지

$c=3$일 때, $(a,b) \Rightarrow (1,2) \to$ 1가지

따라서 경우의 수는

$2 \times (1+2+3+4) = 20$

$\dfrac{120-20}{2} = 50$이다.

그런데 ㉠의 경우의 수가 $3! = 6$이므로

$50 \times 6 = 300$이다.

[다른 풀이]

a, b, c가 서로 다른 자연수이므로

$1 \le a < b < c \le 10$인 경우를 생각하자. ⋯㉠

$b = a+x$, $c = a+x+y$

$x \ge 1$, $y \ge 1$이고

$a+x+y \le 10$에서

$a+x+y+w = 10$

$a' + x' + y' + w = 7$

$_4H_7 = {}_{10}C_7 = {}_{10}C_3 = \dfrac{10 \times 9 \times 8}{3 \times 2 \times 1} = 120$

삼각형이 결정되기 위해서는 $a+b > c$

즉, $a+(a+x) > a+x+y$이 성립한다.

따라서 $a > y$이다.

대칭성에 고려하면 $a = y$인 경우를 제외한 값의 $\dfrac{1}{2}$이

$a+b > c$의 조건을 만족하는 경우의 수이다.

$c = a+x+y = 2a+x \le 10$

$2a+x+w = 10$

$2a+x'+w = 9$

$a=1$일 때, $x'+w=7 \Rightarrow {}_2H_7 = {}_8C_1 = 8$

$a=2$일 때, $x'+w=5 \Rightarrow {}_2H_5 = {}_6C_1 = 6$

$a=3$일 때, $x'+w=3 \Rightarrow {}_2H_3 = {}_4C_1 = 4$

$a=4$일 때, $x'+w=1 \Rightarrow {}_2H_1 = {}_2C_1 = 2$

따라서 $2+4+6+8 = 20$

그러므로 $\dfrac{120-20}{2} = 50$이다.

그런데 ㉠의 경우의 수가 $3! = 6$이므로

$50 \times 6 = 300$이다.

80 정답 53

$a \ge 1$, $x \ge 1$, $y \ge 1$인 자연수 a, x, y에 대하여

$b = a+x$

$c = a+x+y$

라 하자.

(나)에서

$a + (a+x) + (a+x+y) \le 15$

$3a + 2x + y \le 15$

의 자연수해는 0이상의 정수 z에 대하여 방정식

$3a + 2x + y + z = 15$의 해와 같고

0이상의 정수 a', x', y'에 대하여

$a = a'+1$, $x = x'+1$, $y = y'+1$라 하면

$3a' + 2x' + y' + z = 9$의 해와 같다.

따라서

(i) $a' = 0$일 때 $2x'+y'+z = 9$의 해의 개수는

$_2H_9 + {}_2H_7 + {}_2H_5 + {}_2H_3 + {}_2H_1 = 10+8+6+4+2 = 30$

(ii) $a' = 1$일 때, $2x'+y'+z = 6$의 해의 개수는

$_2H_6 + {}_2H_4 + {}_2H_2 + {}_2H_0 = 7+5+3+1 = 16$

(iii) $a' = 2$일 때, $2x'+y'+z = 3$의 해의 개수는

$_2H_3 + {}_2H_1 = 4+2 = 6$

(iv) $a' = 3$일 때, $2x'+y'+z = 0$의 해의 개수는

$_2H_0 = 1$

그러므로

$1 + 6 + 16 + 30 = 53$

확률

유형 1   수학적 확률

81 정답 511

우선 (가), (나) 조건을 만족하는 함수 f의 개수를 구해보자.

(i) $f(1)$, $f(3)$, $f(5)$의 값이 모두 다를 때,

$1+3+5 = 9$, $2+3+4 = 9$의 2가지 경우에서

$f(2)$와 $f(4)$의 값은 각각 5가지 모두 가능하므로 함수의 개수는

$2 \times (3! \times 5^2) = 2 \times 6 \times 25 = 300$

(ii) $f(1)$, $f(3)$, $f(5)$의 값이 2개는 같고 1개는 다를 때,

$2+2+5 = 9$, $4+4+1 = 9$의 2가지 경우에서

$f(2)$와 $f(4)$의 값은 각각 5가지 모두 가능하므로 함수의 개수는

$2 \times ({}_3C_1 \times 5^2) = 2 \times 3 \times 25 = 150$

(iii) $f(1)$, $f(3)$, $f(5)$의 값이 모두 같을 때,

$3+3+3 = 9$의 1가지 경우에서

$f(2)$와 $f(4)$의 값은 각각 5가지 모두 가능하므로 함수의 개수는

$1 \times (1 \times 5^2) = 1 \times 1 \times 25 = 25$

따라서 함수 f의 총 개수는 475이다.

이중 치역의 원소가 가능한 함수 f의 개수를 구해보자

(i)에서는 불가능하다.

(ii)에서는

$2+2+5=9$인 경우는 $f(2)$와 $f(4)$의 값이 2또는 5이면

되므로 $_3C_1 \times 2^2 = 12$

$4+4+1=9$인 경우는 $f(2)$와 $f(4)$의 값이 1또는 4이면

되므로 $_3C_1 \times 2^2 = 12$

따라서 $12+12=24$

(iii)에서는 $f(2)$또는 $f(4)$의 값이 3을 제외한 나머지 1, 2, 4,

5중 하나와 3이면 되므로

$_4C_1 \times (2^2-1) = 12$

따라서 치역의 원소의 개수가 2인 함수 f의 개수는

$24+12=36$이다.

그러므로 $\dfrac{36}{475}$

$p=475$, $q=36$

$p+q=511$

82 정답 140

[출제자 : 김종렬T]

$P(A \cap B)=0$이므로 $A \cap B = \varnothing$이고

$P(A)=P(B) \neq 0$이므로 $n(A)=n(B) \neq 0$이

다. 주사위 한 개를 한 번 던지는 시행에서 표본공간 (전체집합)

$S=\{1, 2, 3, 4, 5, 6\}$이고

두 사건 A, B는 S의 부분집합이므로 순서쌍 (A, B)의 개수는

다음과 같다.

(i) $n(A)=n(B)=1$일 때, S의 원소 중 1개를 뽑아 A를

정하고 나머지 원소 중에

서 1개를 뽑아 B를 정하면 되므로 순서쌍 (A, B)의 개수는

$_6C_1 \times _5C_1 = 6 \times 5 = 30$

(ii) $n(A)=n(B)=2$일 때, 마찬가지로 하면 순서쌍

(A, B)의 개수는

$_6C_2 \times _4C_2 = \dfrac{6 \times 5}{2 \times 1} \times \dfrac{4 \times 3}{2 \times 1} = 90$

(iii) $n(A)=n(B)=3$일 때, 순서쌍 (A, B)의 개수는

$_6C_3 \times _3C_3 = \dfrac{6 \times 5 \times 4}{3 \times 2 \times 1} \times 1 = 20$

따라서 모든 순서쌍 (A, B)의 개수는

$30+90+20=140$

83 정답 91

우선 학생 A가 관람하는 경우의 수는 $_6C_3 = 20$이다.

(i) 학생 B가 A와 함께 관람하는 영화의 수가 1일 때

B가 관람하는 경우의 수는 $_3C_1 \times _3C_2 = 9$이다.

그럼 C가 관람하는 경우의 수는 A, B가 함께 본 영화는 볼 수

없고 A, B가 보지 않은 영화는 꼭 봐야 하므로 4편의 영화에서

2편의 영화를 봐야 한다. 따라서 $_4C_2$ 이다.

그럼 D가 관람하는 경우의 수는 1이다.

그러므로 $20 \times 9 \times 6 \times 1 = 1080$

(ii) 학생 B가 A와 함께 관람하는 영화의 수가 2일 때

B가 관람하는 경우의 수는 $_3C_2 \times _3C_1 = 9$이다.

그럼 C가 관람하는 경우의 수는 $_2C_1$ 이다.

그러므로 D가 관람하는 경우의 수는 1이다.

따라서 $20 \times 9 \times 2 \times 1 = 360$

(iii) 학생 B가 A와 함께 관람하는 영화의 수가 3일 때

B가 관람하는 경우의 수는 1이다.

그럼 C가 관람하는 경우의 수는 1이다.

그럼 D가 관람하는 경우의 수는 1이다.

따라서 $20 \times 1 \times 1 \times 1 = 20$

그러므로 (i), (ii), (iii)에서 A, B 두 학생이 함께 관람한 영화가

1개 이상일 총 경우의 수는

$1080+360+20=1460$이다.

따라서 A, B 두 학생이 함께 관람한 영화가 1개 이상일 때, 두

학생이 함께 관람한 영화의 수가 2일 확률은

$\dfrac{360}{1460} = \dfrac{36}{146} = \dfrac{18}{73}$

그러므로 $p=73$, $q=18$이므로 $p+q=91$

84 정답 51

$a+b+c+d=7$을 만족하는 경우의 수

: $_4H_7 = _{10}C_7 = 120$

$(a-3)(c-2)=0$를 만족하려면 $a=3$ 또는 $c=2$

(i) $a=3$일 때

$b+c+d=4$이므로 $_3H_4 = _6C_4 = 15$

(ii) $c=2$일 때

$a+b+d=5$이므로 $_3H_5 = _7C_5 = 21$

(iii) $a=3$, $c=2$일 때

$b+d=2$이므로 $_2H_2 = _3H_2 = 3$

$\therefore (a-3)(c-2)=0$을 만족하는 경우의 수는 $15+21-3=33$

$\therefore \dfrac{33}{120} = \dfrac{11}{40}$

$p=40$, $q=11$이므로 $p+q=51$

85 정답 743

조건을 만족시키는 함수 f의 개수는

$_6H_6 = _{11}C_6 = _{11}C_5 = \dfrac{11 \times 10 \times 9 \times 8 \times 7}{5 \times 4 \times 3 \times 2 \times 1} = 462$

(i) 치역의 원소의 개수가 1일 때 $\Rightarrow _6C_1 = 6$

(ii) 치역의 원소의 개수가 2일 때 $\Rightarrow _6C_2 \times _2H_4 = 15 \times 5 = 75$

(iii) 치역의 원소의 개수가 3일 때 $\Rightarrow$

$_6C_3 \times _3H_3 = 20 \times 10 = 200$

따라서

$\dfrac{q}{p} = \dfrac{6+75+200}{462} = \dfrac{281}{462}$

따라서 $p=462$, $q=281$이다.

$p+q=743$

$$\boxed{\begin{array}{l}\text{[랑데뷰팁]-(ii) 해석}\\[4pt]
\text{공역의 원소 6개 중 치역의 원소가 될 2개의 원소를}\\
\text{선택한다. } _6\mathrm{C}_2\\
\text{선택한 2개의 원소는 모두 대응 관계를 나타내는}\\
\text{화살표}(\rightarrow)\text{를 적어도 하나씩은 받는다.}\\
\text{화살표를 하나씩 받은 다음 선택된 2개의 원소가 중복으로}\\
\text{받는 화살표의 개수를 각각 } a,\ b\text{라 하면 } a+b=4\\
(0\le a,b\le 4)\text{가 성립한다.}\\
\text{따라서 } _2\mathrm{H}_4=\ _5\mathrm{C}_4=5\end{array}}$$

86 정답 ①

9개의 공 중에서 4개의 공을 꺼내는 방법의 수는

$$_9\mathrm{C}_4=\frac{9\times8\times7\times6}{4\times3\times2\times1}=126$$

4개의 공에 적힌 수가 첫째항이 a, 공차가 d인 등차수열을 이루면

$$a\ge1,\ d\ge1,\ a+3d\le9$$

을 만족한다.

(ⅰ) $d=1$일 때, $a=1,\ 2,\ 3,\ 4,\ 5,\ 6$

(ⅱ) $d=2$일 때, $a=1,\ 2,\ 3$

(ⅲ) $d=3$일 때, $a=1$일 때, $a+3d=10$으로 존재하지 않는다.

(i), (ii), (iii)에서 등차수열이 되는 경우의 수는 $6+3=9$

따라서 등차수열이 될 확률은 $\dfrac{9}{126}=\dfrac{1}{14}$

[다른 풀이]-서영만T

9개의 공 중에서 4개의 공을 꺼내는 방법의 수는

$$_9\mathrm{C}_4=\frac{9\times8\times7\times6}{4\times3\times2\times1}=126$$

4개의 공에 적힌 수가 등차수열을 이루는 경우의 수를 구하자.

(i) 공차가 1일 경우

$(1,2,3,4),(2,3,4,5),\cdots,(6,7,8,9)\ \Rightarrow\ 6$가지

(ii) 공차가 2일 경우

$(1,3,5,7),(2,4,6,8),(3,5,7,9)\ \Rightarrow\ 3$가지

따라서 등차수열이 될 확률은 $\dfrac{9}{126}=\dfrac{1}{14}$

87 정답 ③

두 놀이기구에 탑승하는 방법은 어른을 기준으로 다음과 같이 분류할 수 있다.

(i) 놀이기구 A에 어른 2명, 놀이기구 B에 어른 1명이 탑승하는 경우

어른을 2명, 1명으로 나누는 방법의 수는 $_3\mathrm{C}_2\times _1\mathrm{C}_1=3$

한 대당 최대 탑승 인원이 5명이므로 두 놀이기구 A, B에 탑승할 수 있는 어린이의 수를 각각 $a,\ b$라 하고, 순서쌍 $(a,\ b)$로 나타내면 $(1,\ 4),\ (2,\ 3),\ (3,\ 2)$

즉, 어린이를 2팀으로 나누는 방법의 수는

$$_5\mathrm{C}_1\times _4\mathrm{C}_4+ _5\mathrm{C}_2\times _3\mathrm{C}_3+ _5\mathrm{C}_3\times _2\mathrm{C}_2=5+10+10=25$$

그러므로 놀이기구에 탑승하는 방법의 수는 $3\times25=75$

(ii) 놀이기구 A에 어른 1명, 놀이기구 B에 어른 2명이 탑승하는 경우의 방법의 수는 (i)과 같으므로 75이다.

(i), (ii)에서 놀이기구 A에 탑승한 어른의 수가 1일 확률은

$$\frac{75}{150}=\frac{1}{2}$$

88 정답 155

풀이-서영만T

$f(1),\ f(2),\ f(3)$의 공차가 1일 경우

(i) $(1,\ 2,\ 3)$ 또는 (ii) $(2,\ 3,\ 4)$ 또는 (iii) $(3,\ 4,\ 5)$

(i)의 경우 $\Rightarrow$ 19가지

$f(4)+f(5)\le7$

$f(4)=1$일 때, $f(5)$는 1,2,3,4,5로 5가지

$f(4)=2$일 때, $f(5)$는 1,2,3,4,5로 5가지

$f(4)=3$일 때, $f(5)$는 1,2,3,4로 4가지

$f(4)=4$일 때, $f(5)$는 1,2,3으로 3가지

$f(4)=5$일 때, $f(5)$는 1,2로 2가지

(ii)의 경우 $\Rightarrow$ 6가지

$f(4)+f(5)\le4$

$f(4)=1$일 때, $f(5)$는 1,2,3로 3가지

$f(4)=2$일 때, $f(5)$는 1,2로 2가지

$f(4)=3$일 때, $f(5)$는 1로 1가지

(iii)의 경우 $\Rightarrow$ 0가지

$f(4)+f(5)\le1$

$f(4),f(5)$의 값이 존재하지 않는다.

(iv) $f(1),\ f(2),\ f(3)$의 공차가 2일 경우

$f(1)=1,f(2)=3,f(3)=5$ 의 경우 $\Rightarrow$ 6가지

$f(4)+f(5)\le4$

$f(4)=1$일 때, $f(5)$는 1,2,3로 3가지

$f(4)=2$일 때, $f(5)$는 1,2로 2가지

$f(4)=3$일 때, $f(5)$는 1로 1가지

(i)~(iv)에서 $19+6+6=31$이므로 $p=\dfrac{31}{5^5}$

$$\therefore 5^6\times p=5^6\times\frac{31}{5^5}=155\text{이다.}$$

89 정답 ④

네 사람이 좌석에 앉는 방법의 수는 $4!=24$이다.

A,B,C,D가 가지고 있는 영화표에 적힌 좌석의 좌석 번호를 각각 a,b,c,d라 하자.

A가 b에 앉을 경우, B,C,D가 앉는 방법은 다음과 같이 3가지이다.

B의 좌석	C의 좌석	D의 좌석
a	d	c
c	d	a
d	a	c

A가 c 또는 d에 앉을 경우에도 마찬가지이므로
네 사람 모두 자신이 가지고 있는 영화표에 적힌 좌석과
다른 좌석에 앉는 방법의 수는 $3 \times 3 = 9$이다.

따라서 구하는 확률은 $\dfrac{9}{24} = \dfrac{3}{8}$이다.

[랑데뷰팁]–랑데뷰세미나(186) 참고

전체 경우의 수 $4! = 24$

완전순열에서 $4!\left(\dfrac{1}{2!} - \dfrac{1}{3!} + \dfrac{1}{4!}\right) = 12 - 4 + 1 = 9$

따라서 $\dfrac{9}{24} = \dfrac{3}{8}$

유형 2 확률의 덧셈정리(1)

90 정답 184

한 개의 주사위를 던져 3의 배수의 눈이 나올 사건을 C, 3의
배수가 나오지 않을 사건을 D라 하자. $\mathrm{P}(C) = \dfrac{1}{3}$, $\mathrm{P}(D) = \dfrac{2}{3}$

한 개의 주사위를 7번 던져 사건 C가 나타난 횟수를 x, 사건
D가 나타난 횟수를 y라 하자.

$x + y = 7 \cdots \text{㉠}$ 이고 조건에서 상자 A와 상자 B에 들어있는
공의 개수는 각각 $10 - 2x + 2y$, $10 + 2x + 2y$이다.

상자 B에 들어 있는 공의 개수가 상자 A에 들어 있는 공의
개수의 3배가 되어야 하므로

$10 + 2x + 2y = 3(10 - 2x + 2y)$

$8x - 4y = 20$

$2x - y = 5 \cdots \text{㉡}$

이다.

㉠, ㉡에서 $x = 4$, $y = 3$이다.

주사위를 7번 던지는 시행에서 사건 C가 4번, 사건 D가 3번
나타나면 된다. $\cdots \text{㉢}$

그런데 ㉡을 만족하는 두 자연수 x, y의 순서쌍은 $(3, 1)$도
있으므로 주사위를 4번 던지는 동안 사건 C가 3번 사건 D가
1번 나타난 후 다시 주사위를 3번 더 던지는 동안 사건 C가 1번
사건 D가 2번 더 나타나는 확률은 제외시켜야 한다. $\cdots \text{㉣}$

㉢에서 ${}_7\mathrm{C}_4 \left(\dfrac{1}{3}\right)^4 \left(\dfrac{2}{3}\right)^3 = \dfrac{35 \times 8}{3^7} = \dfrac{280}{3^7}$

㉣에서 ${}_4\mathrm{C}_3 \left(\dfrac{1}{3}\right)^3 \left(\dfrac{2}{3}\right) \times {}_3\mathrm{C}_1 \left(\dfrac{1}{3}\right) \left(\dfrac{2}{3}\right)^2 = \dfrac{8 \times 12}{3^7} = \dfrac{96}{3^7}$

따라서 구하고자 하는 확률은

$\dfrac{280 - 96}{3^7} = \dfrac{184}{3^7}$

91 정답 37

2점을 받기 위해서는 공이 (흰 공, 검은 공, 흰 공) 또는 (검은
공, 흰 공, 검은 공)의 순서로 나와야 한다.

흰 공을 a, 검은 공을 b라 하자.

(i) (흰 공, 검은 공, 흰 공)의 순서로 나오는 경우

나머지 2개의 공이 모두 흰 공일 때, 가능한 경우는

(a, b, a, a, a), (a, a, b, a, a), (a, a, a, b, a)

의 세 가지이므로 그 확률은

$\left(\dfrac{1}{3}\right)^4 \times \left(\dfrac{2}{3}\right)^1 \times 3 = \dfrac{2}{81}$

나머지 2개의 공이 1개는 흰 공, 1개는 검은 공일 때,

가능한 경우는 (a, b, b, a, a), (a, a, b, b, a)의 두

가지이므로 그 확률은

$\left(\dfrac{1}{3}\right)^3 \times \left(\dfrac{2}{3}\right)^2 \times 2 = \dfrac{8}{243}$

나머지 2개의 공이 모두 검은 공일 때,

가능한 경우는 (a, b, b, b, a)의 한 가지이므로 그 확률은

$\left(\dfrac{1}{3}\right)^2 \times \left(\dfrac{2}{3}\right)^3 \times 1 = \dfrac{8}{243}$

(ii) (검은 공, 흰 공, 검은 공)의 순서로 나오는 경우

나머지 2개의 공이 모두 흰 공일 때,

가능한 경우는 (b, a, a, a, b)의 한 가지이므로 그 확률은

$\left(\dfrac{1}{3}\right)^3 \times \left(\dfrac{2}{3}\right)^2 \times 1 = \dfrac{4}{243}$

나머지 2개의 공이 1개는 흰 공, 1개는 검은 공일 때,

가능한 경우는 (b, a, a, b, b), (b, b, a, a, b)

의 두 가지이므로 그 확률은

$\left(\dfrac{1}{3}\right)^2 \times \left(\dfrac{2}{3}\right)^3 \times 2 = \dfrac{16}{243}$

나머지 2개의 공이 모두 검은 공일 때,

가능한 경우는

(b, a, b, b, b), (b, b, a, b, b), (b, b, b, a, b)

의 세 가지이므로 그 확률은

$\left(\dfrac{1}{3}\right)^1 \times \left(\dfrac{2}{3}\right)^4 \times 3 = \dfrac{16}{81}$

따라서 구하는 확률은

$\dfrac{6 + 8 + 8 + 4 + 16 + 48}{243} = \dfrac{90}{243} = \dfrac{10}{27}$이다.

$\therefore p = 27$, $q = 10$

$\therefore p + q = 37$

92 정답 ③

(i) 일의 자리 수와 십의 자리 수의 합이 합이 4인 경우

① | | | 1 | 3 | , | | | 3 | 1 |

$\Rightarrow \dfrac{2 \times (3 \times 3)}{5 \times {}_5\mathrm{P}_3} = \dfrac{18}{300}$

② | | | 0 | 4 | , | | | 4 | 0 |

$\Rightarrow \dfrac{2 \times {}_4\mathrm{P}_2}{5 \times {}_5\mathrm{P}_3} = \dfrac{24}{300}$

(ii) 십의 자리 수와 백의 자리 수의 합이 합이 5인 경우

① $\boxed{}\ \boxed{4}\ \boxed{1}\ \boxed{}$, $\boxed{}\ \boxed{1}\ \boxed{4}\ \boxed{}$

$\Rightarrow \dfrac{2\times(3\times3)}{5\times{}_5\mathrm{P}_3}=\dfrac{18}{300}$

② $\boxed{}\ \boxed{2}\ \boxed{3}\ \boxed{}$, $\boxed{}\ \boxed{3}\ \boxed{2}\ \boxed{}$

$\Rightarrow \dfrac{2\times(3\times3)}{5\times{}_5\mathrm{P}_3}=\dfrac{18}{300}$

③ $\boxed{}\ \boxed{5}\ \boxed{0}\ \boxed{}$, $\boxed{}\ \boxed{0}\ \boxed{5}\ \boxed{}$

$\Rightarrow \dfrac{2\times{}_4\mathrm{P}_2}{5\times{}_5\mathrm{P}_3}=\dfrac{24}{300}$

(iii) (i) $\cap$ (ii)인 경우

십의 자리가 4인 경우 $\boxed{}\ \boxed{1}\ \boxed{4}\ \boxed{0}$ $\Rightarrow$ 3가지 중복

십의 자리가 1인 경우 $\boxed{}\ \boxed{4}\ \boxed{1}\ \boxed{3}$ $\Rightarrow$ 2가지 중복

십의 자리가 3인 경우 $\boxed{}\ \boxed{2}\ \boxed{3}\ \boxed{1}$ $\Rightarrow$ 2가지 중복

십의 자리가 0인 경우 $\boxed{}\ \boxed{5}\ \boxed{0}\ \boxed{4}$ $\Rightarrow$ 3가지 중복

(i)~(iii)에서

$$\frac{18+24+18+18+24-10}{300}=\frac{92}{300}=\frac{23}{75}$$

93 정답 64

(i) 꺼낸 공에 적혀 있는 수가 같은 것이 3인 경우

3번 흰 공, 3번 검은 공이 하나씩 있으므로

남은 7개의 공 중 2개를 더 꺼내면 된다.

$\Rightarrow {}_7\mathrm{C}_2=21$

(ii) 꺼낸 공에 적혀 있는 수가 같은 것이 5인 경우

5번 흰 공, 5번 검은 공이 하나씩 있으므로

남은 7개의 공 중 2개를 더 꺼내면 된다.

$\Rightarrow {}_7\mathrm{C}_2=21$

(iii) 같은 수가 3, 5 모두인 경우 $\Rightarrow$ 1

그런데 (iii)은 (i), (ii)의 중복 경우로 발생할 수 있으므로 꺼낸 공에 적혀 있는 수가 같은 것이 있는 경우의 수는

$21+21-1=41$이다.

그때 검은 공이 2개인 경우는

(i)과 (ii) 상황에서 남은 3개의 흰 공과 4개의 검은 공에서

1개씩 꺼내고 중복되는 (iii)상황을 제외하면 된다.

따라서 ${}_3\mathrm{C}_1\times{}_4\mathrm{C}_1\times2-1=23$

그러므로 $\dfrac{23}{41}$이다.

$p=41$, $q=23$ 이므로

$p+q=64$

94 정답 ④

(i) 주사위 A를 던져 나온 수가 2일 확률은 $\dfrac{1}{6}$

주사위 B를 두 번 던져 나온 수를 a, b $(a \geq b)$라 하자.

$a+b=9$이고

(a, b)의 순서쌍은 $(6, 3)$, $(5, 4)$이다.

그러므로

$$\frac{1}{6}\times\left(\frac{2!+2!}{6^2}\right)=\frac{4}{216}=\frac{1}{54}$$

(ii) 주사위 A를 던져 나온 수가 3일 확률은 $\dfrac{2}{6}=\dfrac{1}{3}$

주사위 B를 세 번 던져 나온 수를 a, b, c $(a \geq b \geq c)$라 하자.

$a+b+c=9$이고

㉠ $a=6$일 때, (b, c)의 순서쌍은 $(2, 1)$

따라서 $(6, 2, 1)$

㉡ $a=5$일 때, (b, c)의 순서쌍은 $(3, 1)$, $(2, 2)$

따라서 $(5, 3, 1)$, $(5, 2, 2)$

㉢ $a=4$일 때, (b, c)의 순서쌍은 $(4, 1)$, $(3, 2)$

따라서 $(4, 4, 1)$, $(4, 3, 2)$

㉣ $a=3$일 때, (b, c)의 순서쌍은 $(3, 3)$

따라서 $(3, 3, 3)$

그러므로

$$\frac{1}{3}\times\left(\frac{3!+3!+\frac{3!}{2!}+\frac{3!}{2!}+3!+\frac{3!}{3!}}{6^3}\right)$$

$$=\frac{1}{3}\times\frac{6+6+3+3+6+1}{216}$$

$$=\frac{1}{3}\times\frac{25}{216}=\frac{25}{648}$$

(iii) 주사위 A를 던져 나온 수가 4일 확률은 $\dfrac{3}{6}=\dfrac{1}{2}$

주사위 B를 네 번 던져 나온 수를 a, b, c, d $(a \geq b \geq c \geq d)$라 하자.

$a+b+c+d=9$이고

㉠ $a=6$일 때, (b, c, d)의 순서쌍은 $(1, 1, 1)$

따라서 $(6, 1, 1, 1)$

㉡ $a=5$일 때, (b, c, d)의 순서쌍은 $(2, 1, 1)$,

따라서 $(5, 2, 1, 1)$

㉢ $a=4$일 때, (b, c, d)의 순서쌍은 $(3, 1, 1)$, $(2, 2, 1)$

따라서 $(4, 3, 1, 1)$, $(4, 2, 2, 1)$

㉣ $a=3$일 때, (b, c, d)의 순서쌍은

$(3, 2, 1)$, $(2, 2, 2)$

따라서 $(3, 3, 2, 1)$, $(3, 2, 2, 2)$

그러므로

$$\frac{1}{2}\times\left(\frac{\frac{4!}{3!}+\frac{4!}{2!}+\frac{4!}{2!}+\frac{4!}{2!}+\frac{4!}{2!}+\frac{4!}{3!}}{6^4}\right)$$

$$=\frac{1}{2}\times\frac{4+12+12+12+12+4}{6^4}$$

$$= \frac{1}{2} \times \frac{56}{6^4} = \frac{7}{324}$$

(i), (ii), (iii)에서

$$\frac{1}{54} + \frac{25}{648} + \frac{7}{324}$$

$$= \frac{12+25+14}{648} = \frac{51}{648} = \frac{17}{216}$$

 확률의 덧셈정리(2)

95 정답 118

직선 l과 직선 m이 서로 만날 확률은 두 직선 l, m이 평행할 확률을 제외하면 된다.
이때, 정십각형의 꼭짓점을 연결하여 만들 수 있는 직선 중 평행한 직선은 아래 그림과 같다.

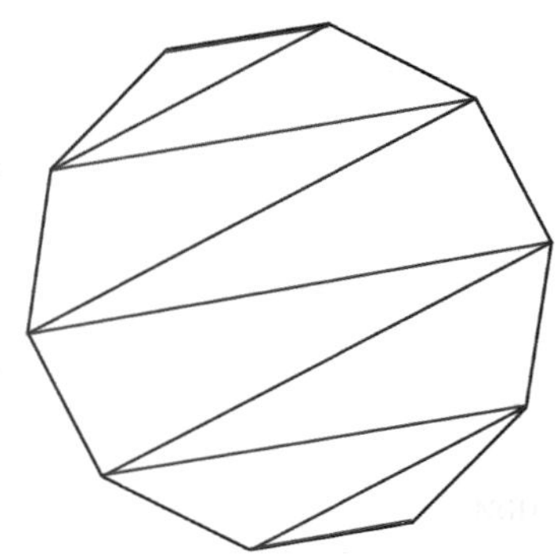

따라서 위의 그림의 빨간색 직선 중 2개를 선택하고, 파란색 직선 중 2개를 선택할 확률을 구하면 다음과 같다.

$$\frac{({}_5P_2 + {}_4P_2) \times 5}{{}_{10}C_2 \times {}_8C_2} = \frac{32 \times 5}{45 \times 28} = \frac{8}{63}$$

$$\therefore\ 1 - \frac{8}{63} = \frac{55}{63}$$

$p = 63$, $q = 55$이므로 $p + q = 118$

96 정답 ⑤

조건이 정해진 문자 A, B, C, D를 같은 문자 A′ 네 개로 보고 A′, A′, A′, A′, E, F를 일렬로 나열한 뒤
조건에 맞게 다시 배치하면 된다.
A′ 네 개를 다시 배치하는 경우의 수는 ADBC, ABDC, ABCD로 3가지 이다.
따라서 구하려는 확률은

$$\frac{\frac{6!}{4!} \times 3}{6!} = \frac{1}{8}$$

<table>
<tr><td>□</td><td>A</td><td>□</td><td>B</td><td>□</td><td>C</td><td>□</td><td>D</td><td>□</td></tr>
</table>

$$\boxed{\ } A \boxed{\ } B \boxed{\ } C \boxed{\ } D \boxed{\ }$$
$$\boxed{\ } A \boxed{\ } B \boxed{\ } D \boxed{\ } C \boxed{\ }$$
$$\boxed{\ } A \boxed{\ } D \boxed{\ } B \boxed{\ } C \boxed{\ }$$

로 나열한 뒤 빈 칸 5곳에 2개의 문자를 넣은 후 E, F를 배치하면 된다.

$$\frac{{}_5H_2 \times 2! \times 3}{6!} = \frac{{}_6C_2 \times 6}{6!} = \frac{90}{720} = \frac{1}{8}$$

$$\boxed{\ } A \boxed{\ } B \boxed{\ } C \boxed{\ } D \boxed{\ }$$
$$\boxed{\ } A \boxed{\ } B \boxed{\ } D \boxed{\ } C \boxed{\ }$$
$$\boxed{\ } A \boxed{\ } D \boxed{\ } B \boxed{\ } C \boxed{\ }$$

로 나열한 뒤 빈 칸 5곳에 2개의 문자들을 넣을 때, 문자 E, F가 이웃하지 않는 경우와 이웃하는 경우를 생각하면 된다.

$$\frac{{}_5P_2 \times 3 + {}_5C_1 \times 2 \times 3}{6!} = \frac{90}{720} = \frac{1}{8}$$

97 정답 ③

전체 경우의 수는 ${}_{10}C_3 = 120$이고, 서로 다른 색의 공의 종류가 2가 되려면 흰공, 빨간 공, 파란공 중 1개, 그 외의 같은 색깔의 공이 2개이어야 한다. 빨간 색 공 4개를 기준으로
빨간 공이 2개 나오는 경우, 1개 나오는 경우, 나오지 않는 경우로 나누어서 찾도록 하자.

(i) 빨간 공이 나오지 않는 경우는 흰 공이 2개, 파란 공이 1개 또는 그 반대인 경우이므로,
${}_3C_1 \times {}_3C_2 \times 2 = 18$가지이다.

(ii) 빨간 공이 1개가 나온 경우는 흰 공이 2개 이거나 파란 공이 2개인 경우이므로,
${}_4C_1 \times ({}_3C_2 + {}_3C_2) = 24$가지이다.

(iii) 빨간 공이 2개가 나온 경우는 흰 공이 1개 이거나 파란 공이 1개인 경우이므로,
${}_4C_2 \times ({}_3C_1 + {}_3C_1) = 36$가지이다.

따라서, 구하는 확률은 $\dfrac{18+24+36}{120} = \dfrac{13}{20}$이다.

98 정답 ③

두 공의 색으로 얻은 점수의 합이 6이 되기 위해서는 빨간색 공이 2개 나오거나 주황색 1개, 노란색 1개 나오는 경우여야 한다.

(i) 빨간색 공이 2개인 경우 $\dfrac{{}_3C_2}{{}_{10}C_2} = \dfrac{3 \times 2}{10 \times 9} = \dfrac{1}{15}$

(ii) 주황색 공 1개, 노란색 공 1개인 경우

$$\frac{{}_4\mathrm{C}_1 \times {}_3\mathrm{C}_1}{{}_{10}\mathrm{C}_2} = \frac{4 \times 3}{\dfrac{10 \times 9}{2 \times 1}} = \frac{4}{15}$$

따라서 $\dfrac{1}{15} + \dfrac{4}{15} = \dfrac{1}{3}$

99 정답 ①

조건을 만족시키는 경우는 다음 두 가지 경우로 생각할 수 있다.

(i) 숫자 5와 문자 A가 이웃하지 않는 경우
숫자 5의 양옆에 문자 B, C, D중 2개를 나열하고 $({}_3\mathrm{P}_2 = 6)$
그 3개의 카드를 하나로 묶는다.
문자 A의 양옆에 숫자 1, 2, 3, 4중 2개를 나열하고
$({}_4\mathrm{P}_2 = 12)$그 3개의 카드를 하나로 묶는다.
이 두 묶음과 남은 카드 3개(문자 1, 숫자 2)를 일렬로 나열하는
경우는 5!이다.
따라서 $6 \times 12 \times 5!$

(ii) 숫자 5와 문자 A가 이웃하는 경우
두 카드를 이웃하게 하는 방법은 5A, A5로 2가지다.
A의 한쪽 옆에는 남은 숫자 카드 4개중 하나가 오고$({}_4\mathrm{P}_1)$ 5의
한쪽 옆에는 남은 문자 카드 3개 중 하나가 오게$({}_3\mathrm{P}_1)$ 한 뒤 그
4개의 카드를 하나의 묶음으로 본다.
그럼 하나의 묶음과 남은 카드 5개(문자 2개, 숫자 3개)을
나열한다. $\Rightarrow$ 6!
따라서
$2 \times 4 \times 3 \times 6!$
따라서
$$\frac{72 \times 5! + 24 \times 6!}{9!} = \frac{72 + 24 \times 6}{9 \times 8 \times 7 \times 6} = \frac{1}{14}$$

100 정답 709

전체 함수의 개수는 ${}_5\Pi_4 = 625$
(가)를 만족하는 경우는
$f(1) = f(2) = 5$ 또는 $f(1) = f(2) = 6$ 인 경우와
$f(1)$와 $f(2)$가 5과 6에 하나씩 대응되는 경우
$f(1)$와 $f(2)$가 5과 7에 하나씩 대응되는 경우

(i) $f(1) = f(2) = 5$ 또는 $f(1) = f(2) = 6$ 인 경우
$B = \{5, 6, 7, 8, 9\}$의 남은 원소 4개에
$A = \{1, 2, 3, 4\}$의 남은 원소 2개가 일대일 대응되면
(나)조건을 만족한다.
$2 \times {}_4\mathrm{P}_2 = 24$

(ii) $f(1)$와 $f(2)$가 5과 6에 하나씩 대응되는 경우
$B = \{5, 6, 7, 8, 9\}$의 남은 원소 3개에서 하나를 고르고

$A = \{1, 2, 3, 4\}$의 남은 원소 3, 4가 공역의 원소 5, 6, $\square$에
대응될 때, 5, 6에만 대응 되는 경우를 제외하면 되므로
$2 \times {}_3\mathrm{C}_1 \times (3^2 - 2^2) = 30$

(iii) $f(1)$와 $f(2)$가 5과 7에 하나씩 대응되는 경우 $\Rightarrow$(ii)와 같다.

따라서 $\dfrac{24 + 30 + 30}{625} = \dfrac{84}{625}$

$p = 625$, $q = 84$이므로 $p + q = 709$

101 정답 ①

앞면을 $\bigcirc$, 뒷면을 $\times$로 나타내면
(1) $\bigcirc\bigcirc\bigcirc\bigcirc\bigcirc\bigcirc\times\times$에서 $\times\times$를 한 묶음으로 보고
나열하면 위 조건을 만족한다.
그러므로 ${}_7\mathrm{P}_1 = 7$가지
(2) $\bigcirc\bigcirc\bigcirc\bigcirc\bigcirc\times\times\times$에서
(가) $\times\times$와 $\times$를 나누어서 나열하는 경우
: ${}_6\mathrm{P}_2 = 30$가지
(나) $\times\times\times$가 붙여서 나열하는 경우 : ${}_6\mathrm{P}_1 = 6$가지
그러므로 $30 + 6 = 36$
(3) $\bigcirc\bigcirc\bigcirc\bigcirc\times\times\times\times$에서 $\times\times$와 $\bigcirc\bigcirc$가 모두 적어도 한
번씩 존재하는 경우는
(가) $\times\bigcirc\times\bigcirc\times\bigcirc\times\bigcirc$와 $\bigcirc\times\bigcirc\times\bigcirc\times\bigcirc\times$
: 2가지
(나) $\bigcirc\times\times\bigcirc\times\bigcirc\times\bigcirc$를 나열하는 경우와
$\times\bigcirc\bigcirc\times\bigcirc\times\bigcirc\times$를 나열하는 경우
$$3 \times 2 = 6가지$$
그러므로 $\dfrac{8!}{4!4!} - 2 - 6 = 62$가지
(4) $\times\times\times\times\times\bigcirc\bigcirc\bigcirc$는 (2)과 같으므로 36가지
(5) $\times\times\times\times\times\times\bigcirc\bigcirc$는 (1)과 같으므로 7가지
$(1) + (2) + (3) + (4) + (5) = 148$

그러므로 $\dfrac{148}{2^8} = \dfrac{37}{64}$

 여사건의 학률

102 정답 52

여사건의 확률을 이용하자.
다섯 자리 자연수는 $5! = 120$이고 처음 수와 역으로 배열한 수의
합의 각 자리의 숫자가 모두 짝수이기 위해서는

홀	짝	홀	짝	홀

짝	홀	홀	홀	짝

으로 두가지 경우의 수의 배열이 있다.

그런데

| | | | 5 | | | |

의 경우는 천의 자리가 홀수가 된다.

따라서

(i)

| 홀 | 짝 | 홀 | 짝 | 홀 |

의 경우의 수는 $3! \times 2! = 12$

| 홀 | | 5 | | 홀 |

의 경우의 수 $2! \times 2! = 4$

그러므로 $12 - 4 = 8$

(ii)

| 짝 | 홀 | 홀 | 홀 | 짝 |

의 경우의 수는 $3! \times 2! = 12$

| | 홀 | 5 | 홀 | |

의 경우의 수 $2! \times 2! = 4$

그러므로 $12 - 4 = 8$

그러므로 $p = 1 - \dfrac{8+8}{120} = 1 - \dfrac{2}{15} = \dfrac{13}{15}$

$60p = 52$

103 정답 ⑤

원 둘레에 나열된 이웃한 두 수의 합의 최댓값이 16이기
위해서는 8과 9는 이웃하면 $(8+9=17)$ 안 되고 7과 9는
이웃해야 한다.

8을 제외한 공 8개 중 7, 9을 한 쌍으로 묶어 공 한 개로 보면
7개의 공을 원둘레에 배열하는 경우의 수는

$(7-1)! \times 2! = 6! \times 2!$ 이다.

나열된 7개의 공 사이 빈 공간 7군데에 8이 적힌 공이 들어갈 수
있는 곳은 9 옆을 제외한 6군데이다. 따라서 6가지

$$\dfrac{6! \times 2! \times 6}{8!} = \dfrac{12}{8 \times 7} = \dfrac{3}{14}$$

[다른 풀이]–이정배T

원 둘레에 나열된 이웃한 두수의 합의 최댓값이 16인 경우는
7과 9는 이웃하고 8과 9는 이웃하면 안되므로
7과 9를 이웃하여 배열한 경우에서 7, 9, 8 또는 8, 9, 7순으로
이웃하여 배열하는 경우를 제외하면 되므로

$$\dfrac{2 \times 7! - 2 \times 6!}{8!} = \dfrac{2 \times 7 - 2}{8 \times 7} = \dfrac{3}{14}$$

104 정답 ④

여사건의 확률을 이용하자.

| | | | a | | | |

인 전체 경우의 수는 a, a, b, c, c, c의 6개의 문자를 일렬로
나열하는 경우이므로

$\dfrac{6!}{2!3!} = 60$

(i) | | a | a | a | | | 인 경우

b, c, c, c의 4개의 문자를 나열하는 경우의 수는 $\dfrac{4!}{3!} = 4$

(ii) | | | b | a | a | | 인 경우

a, c, c, c의 4개의 문자를 나열하는 경우의 수는 $\dfrac{4!}{3!} = 4$

(iii) | | | a | a | b | | 인 경우

a, c, c, c의 4개의 문자를 나열하는 경우의 수는 $\dfrac{4!}{3!} = 4$

$$1 - \dfrac{4+4+4}{60} = 1 - \dfrac{1}{5} = \dfrac{4}{5}$$

105 정답 ②

3개의 주사위의 눈의 수 중 적어도 하나가 2의 배수인 사건을
A, 적어도 하나가 5의 배수인 사건을 B라 하자.

이때, A^c은 3개의 주사위의 눈의 수가 모두 홀수인
1, 3, 5 중에서 나오는 사건이고, B^c은 3개의 주사위의 눈의 수
모두 5의 배수가 아닌 1, 2, 3, 4, 6 중에서 나오는 사건이다.

또, $A^c \cap B^c$은 3개의 주사위의 눈의 수가 모두 1 또는 3인
사건이다. 3개의 곱이 10의 배수일 사건을 $A \cap B$이므로 구하는
확률은

$$\begin{aligned}
P(A \cap B) &= 1 - P((A \cap B)^c) \\
&= 1 - P(A^c \cup B^c) \\
&= 1 - \{P(A^c) + P(B^c) - P(A^c \cap B^c)\} \\
&= 1 - \left(\dfrac{1}{2}\right)^3 - \left(\dfrac{5}{6}\right)^3 + \left(\dfrac{1}{3}\right)^3 \\
&= \dfrac{216 - 27 - 125 + 8}{216} \\
&= \dfrac{72}{216} = \dfrac{1}{3}
\end{aligned}$$

유형 5　조건부확률의 계산

106 정답 ③

$P(A \cup B) = P(A) + P(B) - P(A \cap B)$ 이고

$P(B) = x$라 두면 $P(A \cup B) = \dfrac{4}{3}x$

$P(A) : P(B) = 2 : 3$에서 $P(A) = \dfrac{2}{3}P(B) = \dfrac{2}{3}x$이다.

따라서

$\dfrac{4}{3}x = \dfrac{2}{3}x + x - P(A \cap B)$

$P(A \cap B) = \dfrac{1}{3}x$

그러므로 $P(B|A) = \dfrac{P(A \cap B)}{P(A)} = \dfrac{\frac{1}{3}x}{\frac{2}{3}x} = \dfrac{1}{2}$ 이다.

107 정답 200

	남학생	여학생	계
참여	$0.6a$	$0.5b$	$0.6a+0.5b$
비참여	$0.4a$	$0.5b$	$0.4a+0.5b$
계	a	b	320

남학생 수를 a, 여학생 수를 b라 하자.

$$P_1 = \frac{6a}{6a+5b}, \ P_2 = \frac{5b}{6a+5b}$$

$P_1 = 2P_2$ 이므로, 정리하면

$$\begin{cases} b = \dfrac{3}{5}a \\ a+b = 320 \end{cases}, \ a = 200, \ b = 120$$

따라서 남학생 수는 200명이다.

108 정답 ②

상자 A, B 에서 모두 흰 구슬을 1 개씩 꺼낼 확률은

$$\frac{100-2a}{100} \times \frac{3a}{100}$$

이고, 상자 A, B 에서 모두 검은 구슬을 1 개씩 꺼낼 확률은

$$\frac{2a}{100} \times \frac{100-3a}{100}$$

이므로 구하고자 하는 확률은

$$\frac{\frac{2a}{100} \times \frac{100-3a}{100}}{\frac{100-2a}{100} \times \frac{3a}{100} + \frac{2a}{100} \times \frac{100-3a}{100}} = \frac{200a - 6a^2}{500a - 12a^2}$$

따라서 $\dfrac{100a - 3a^2}{250a - 6a^2} = \dfrac{7}{19}$

$1750a - 42a^2 = 1900a - 57a^2$

$\Rightarrow 15a^2 = 150a$

$\therefore a = 10$

109 정답 55

3 명의 학생 중 적어도 한 명이 숫자 1 이 적혀 있는 카드를 뽑는 사건을 A , 적어도 한 명이 숫자 2 가 적혀 있는 카드를 뽑는 사건을 B 라 하자.

(i) 사건 A 의 여사건 A^C 은 3 명 모두 숫자 1 이 아닌 다른 숫자가 적혀 있는 카드를 뽑는 사건이므로

$$P(A^C) = \frac{{}_3C_1 \times {}_3C_1 \times {}_3C_1}{4^3} = \frac{27}{64}$$

$$\therefore \ P(A) = 1 - P(A^C) = 1 - \frac{27}{64} = \frac{37}{64}$$

(ii) 사건 $A \cap B$ 는 3 명 중 적어도 한 명은 1 , 적어도 한 명은 2 를 뽑는 사건이다.

숫자 1 을 뽑은 사건이 2 명, 숫자 2 를 뽑은 사람이 1 명인 경우의 수는 $\dfrac{3!}{2!} = 3$

숫자 1 을 뽑은 사건이 1 명, 숫자 2 를 뽑은 사람이 2 명인 경우의 수는 $\dfrac{3!}{2!} = 3$

숫자 1 과 2 를 뽑은 사람이 각각 1 명인 경우의 수는 ${}_3P_2 \times 2 = 12$

$$\therefore \ P(A \cap B) = \frac{3+3+12}{4^3} = \frac{9}{32}$$

(i), (ii)에서 구하는 확률은

$$\therefore \ P(B \mid A) = \frac{P(A \cap B)}{P(A)} = \frac{\frac{9}{32}}{\frac{37}{64}} = \frac{18}{37}$$

$p = 37, \ q = 18$

$p + q = 55$

110 정답 41

(i) A 상자에서 1 을 꺼낸 경우

$$a = \frac{1}{3} \times \frac{4}{5} \times \frac{3}{4} = \frac{12}{60}$$

(ii) A 상자에서 2를 꺼낸 경우

$$b = \frac{1}{3} \times \left(\frac{{}_3C_1}{{}_5C_2} + \frac{{}_3C_2}{{}_5C_2} \times \frac{{}_2C_1}{{}_3C_2} \right) = \frac{1}{6}$$

(iii) A 상자에서 3 을 꺼낸 경우

$$c = \frac{1}{3} \times \left(\frac{{}_3C_2}{{}_5C_3} + \frac{{}_3C_3}{{}_5C_2} \times \frac{1}{{}_2C_1} \right) = \frac{7}{60}$$

(i), (ii), (iii)에 의하여

구하는 확률은 $\dfrac{a}{a+b+c} = \dfrac{12}{29}$

$p = 29, \ q = 12$이므로 $p+q = 41$

111 정답 20

B에서 꺼낸 공이 모두 노란 공일 확률을 다음과 같이 3가지 경우로 나누어서 구한다.

(ⅰ) A에서 B로 옮긴 공이 노란 공 2개인 경우

$$\frac{{}_3C_2}{{}_8C_2}\times\frac{{}_6C_2}{{}_{10}C_2}=\frac{1}{28}$$

(ⅱ) A에서 B로 옮긴 공이 노란 공 1개, 빨간 공 1개인 경우

$$\frac{{}_3C_1\cdot{}_5C_1}{{}_8C_2}\times\frac{{}_5C_2}{{}_{10}C_2}=\frac{5}{42}$$

(ⅲ) A에서 B로 옮긴 공이 빨간 공 2개인 경우

$$\frac{{}_5C_2}{{}_8C_2}\times\frac{{}_4C_2}{{}_{10}C_2}=\frac{1}{21}$$

따라서, B에서 꺼낸 공이 모두 노란 공일 확률은

$$\frac{1}{28}+\frac{5}{42}+\frac{1}{21}=\frac{17}{84}$$

∴ B에서 꺼낸 2개의 공이 모두 노란 공일 때, A에서 B로

옮겨진 2개의 공이 모두 노란 공이었을 확률 $=\dfrac{\left(\dfrac{1}{28}\right)}{\left(\dfrac{17}{84}\right)}=\dfrac{3}{17}$

$p=17$, $q=3$이므로 $p+q=20$이다.

112 정답 13

월요일에 A대학을 탐방하는 확률을 $P(A)$라 하면
월요일에 B대학을 탐방하는 확률은 $1-P(A)$라 할 수 있다.
화요일에 A대학을 탐방하는 확률을 $P(B)$라 하면
화요일에 B대학을 탐방하는 확률은 $1-P(B)$라 할 수 있다.
구하는 확률은 $P(B|A)$이다.

한편, $P(A)=3(1-P(A))$ 에서 $P(A)=\dfrac{3}{4}$

$P(B)=1-P(B)$에서 $P(B)=\dfrac{1}{2}$

60프로가 서로 다른 대학을 탐방하였으므로
$P(A\cap B^c)+P(B\cap A^c)=P(A\cup B)-P(A\cap B)=0.6$
$P(A\cap B)=x$라 하면

$$\frac{3}{4}+\frac{1}{2}-2x=0.6$$

$$x=\frac{13}{40}$$

우리가 구할 확률 $p=P(B\mid A)=\dfrac{4}{3}x=\dfrac{13}{30}$

따라서 $30p=13$

[다른 풀이]–김진성T

전체 N명이라고 가정하면

	화A $\frac{1}{2}$N	화B $\frac{1}{2}$N
월A $\frac{3}{4}$N	$\frac{1}{2}$N$-x$	$\frac{1}{2}$N$-y$
월B $\frac{1}{4}$N	x	y

라고 놓을 수 있고

$x+y=\dfrac{1}{4}$N 과 $\left(\dfrac{1}{2}\text{N}-y\right)+x=\dfrac{3}{5}$N (월요일과 화요일 다른

대학 60%) 을 연립하면

$x=\dfrac{7}{40}$N , $y=\dfrac{3}{40}$N을 얻을수 있다.

월요일 A대학 방문했을 때, 화요일 A대학 방문할 확률은

$$\frac{\dfrac{1}{2}\text{N}-\dfrac{7}{40}\text{N}}{\dfrac{3}{4}\text{N}}=\frac{13}{30}$$

따라서 $30p=13$

113 정답 17

갑이 꺼낸 공 중 같은 숫자가 적힌 공이 있는 사건을 A, 을이 꺼낸 공에 적힌 세 숫자가 모두 다른 사건을 B라 하면 구하는 확률은 $P(B|A)$이다.
갑, 을이 3개의 주머니에서 꺼낸 공에 적힌 숫자를 각각 순서쌍 $(a,\ b,\ c)$로 나타내기로 하자.

(ⅰ) 갑이 꺼낸 공에 적힌 세 숫자가 모두 같은 경우
$(1,\ 1,\ 1)$, $(2,\ 2,\ 2)$, $(3,\ 3,\ 3)$의 3가지 경우가 있으므로 이 경우의 확률은

$$\frac{3}{3\times3\times3}=\frac{1}{9}$$

이때 을이 꺼낸 공의 세 숫자가 모두 다를 확률은 0이다.

(ⅱ) 갑이 꺼낸 공에 적힌 세 숫자 중 두 숫자가 같은 경우
갑이 꺼낸 공에 적힌 세 숫자 중 두 숫자가 서로 같을 확률은

$${}_3C_2\times\frac{{}_3C_2\times{}_3C_1\times{}_2C_1}{3\times3\times3}=\frac{2}{3}$$

이때 갑이 꺼낸 공이 $(1,\ 1,\ 2)$이면 을이 꺼낸 공에 적힌 숫자가 서로 다른 경우는 $(2,\ 3,\ 1)$, $(3,\ 2,\ 1)$의 2가지 경우가 있으므로 갑이 꺼낸 공에 적힌 세 숫자 중 두 숫자가 서로 같을 때, 을이 꺼낸 공의 세 숫자가 모두 다를 확률은

$$\frac{2}{2\times2\times2}=\frac{1}{4}$$

따라서 갑이 꺼낸 공에 적힌 세 숫자 중 두 숫자가 같고, 을이 꺼낸 공에 적힌 세 숫자가 모두 다를 확률은

$$\frac{2}{3}\times\frac{1}{4}=\frac{1}{6}$$

(ⅰ), (ⅱ)에서

$$P(A)=\frac{1}{9}+\frac{2}{3}=\frac{7}{9}, \quad P(A\cap B)=0+\frac{1}{6}=\frac{1}{6}$$

따라서 구하는 확률은

$$\mathrm{P}(B \mid A) = \frac{\mathrm{P}(A \cap B)}{\mathrm{P}(A)} = \frac{3}{14}$$

$$\therefore \ p + q = 17$$

114 정답 22

(i) 첫 번째 꺼낸 공이 흰 공이고, 두 번째 꺼낸 공이 빨간 공일 확률은

$$\frac{1}{2} \times \frac{4}{6} \times \frac{1}{2} \times \frac{3}{6} = \frac{1}{12}$$

(ii) 첫 번째 꺼낸 공이 검은 공이고, 두 번째 꺼낸 공이 빨간 공일 확률은

$$\frac{1}{2} \times \frac{2}{6} \times \frac{1}{2} \times \frac{3}{6} + \frac{1}{2} \times \frac{3}{6} \times \frac{1}{2} \times \frac{3}{5} = \frac{7}{60}$$

(iii) 첫 번째 꺼낸 공이 빨간 공이고, 두 번째 꺼낸 공도 빨간 공일 확률은

$$\frac{1}{2} \times \frac{3}{6} \times \frac{1}{2} \times \frac{2}{5} = \frac{1}{20}$$

따라서 구하는 확률은

$$\frac{\dfrac{7}{60}}{\dfrac{1}{12} + \dfrac{7}{60} + \dfrac{1}{20}} = \frac{7}{5 + 7 + 3} = \frac{7}{15}$$

$p = 15$, $q = 7$이므로 $p + q = 22$

115 정답 7

(i) 주머니 A에서 꺼낸 2장의 카드에 적힌 수가 모두 소수이고, 주머니 B에서 꺼낸 2장의 카드에 적힌 수가 모두 소수일 확률은

$$\frac{{}_3\mathrm{C}_2}{{}_5\mathrm{C}_2} \times \frac{{}_3\mathrm{C}_2}{{}_6\mathrm{C}_2} = \frac{3}{10} \times \frac{3}{15} = \frac{3}{50}$$

(ii) 주머니 A에서 꺼낸 2장의 카드에 적힌 수 중 소수가 1개만 있고, 주머니 B에서 꺼낸 2장의 카드에 적힌 수가 모두 소수일 확률은

$$\frac{{}_3\mathrm{C}_1 \times {}_2\mathrm{C}_1}{{}_5\mathrm{C}_2} \times \frac{{}_2\mathrm{C}_2}{{}_6\mathrm{C}_2} = \frac{3 \times 2}{10} \times \frac{1}{15} = \frac{1}{25}$$

(iii) 주머니 A에서 꺼낸 2장의 카드에 적힌 수가 모두 소수가 아닐 때, 주머니 B에서 소수가 적힌 카드 2장을 꺼낼 수 없다.

따라서 구하는 확률은 $\dfrac{\dfrac{1}{25}}{\dfrac{3}{50} + \dfrac{1}{25}} = \dfrac{2}{5}$ 이므로

$p = 5$, $q = 2$

$\therefore \ p + q = 7$

116 정답 ②

이 종교 단체 전체 신도 중에서 임의로 뽑은 한 신도가 A지역을 선택한 신도인 사건을 C, 남신도인 사건을 D라 하면 구하는 확률은 $\mathrm{P}(D \mid C)$이다.

$$\mathrm{P}(C) = \mathrm{P}(C \cap D) + \mathrm{P}(C \cap D^C)$$
$$= (1 - 0.6)(1 - 0.7) + 0.8 \times 0.7$$
$$= 0.12 + 0.56 = 0.68$$

$$\mathrm{P}(D \mid C) = \frac{\mathrm{P}(C \cap D)}{\mathrm{P}(C)} = \frac{0.12}{0.68} = \frac{3}{17}$$

[다른 풀이]–최수영T

전체 신도의 수를 100명이라 하면 다음 표가 성립한다.

	A	B	계
여	56	14	70
남	12	18	30
계	68	32	100

따라서

$$\mathrm{P}(남 \mid A) = \frac{\mathrm{P}(남 \cap A)}{\mathrm{P}(A)}$$

$$= \frac{\dfrac{12}{100}}{\dfrac{68}{100}} = \frac{12}{68} = \frac{3}{17}$$

117 정답 69

4개의 공을 꺼내므로 $m + n = 4$

따라서 $m + 2 \geq 2(4 - m) \Rightarrow 3m \geq 6$

$\therefore \ m \geq 2$

(i) $m = 2$

흰 공이 2개, 검은 공이 2개일 확률이므로

$$\frac{{}_4\mathrm{C}_2 \times {}_4\mathrm{C}_2}{{}_8\mathrm{C}_4} = \frac{36}{70}$$

(ii) $m = 3$

흰 공이 3개, 검은 공이 0개일 확률이므로

$$\frac{{}_4\mathrm{C}_3 \times {}_4\mathrm{C}_1}{{}_8\mathrm{C}_4} = \frac{16}{70}$$

(iii) $m = 4$

흰 공이 4개, 검은 공이 1개일 확률이므로

$$\frac{{}_4\mathrm{C}_4 \times {}_4\mathrm{C}_0}{{}_8\mathrm{C}_4} = \frac{1}{70}$$

따라서 구하는 확률은 $\dfrac{\dfrac{16}{70}}{\dfrac{36}{70} + \dfrac{16}{70} + \dfrac{1}{70}} = \dfrac{16}{53}$

$\therefore \ p + q = 69$

118 정답 80

6번째 시행 후 상자 B에 6개의 공이 들어 있으려면 주사위의
3의 배수가 2번, 3의 배수가 아닌 수가 4번 나와야 한다.
상자 B에 들어 있는 공의 개수가 6번째 시행 후 처음으로 6이
되어야 하므로 5번째 시행 후에는 7, 4번째 시행 후에는
8이어야 한다.
따라서 4번째 시행까지 3의 배수가 2번, 3의 배수가 아닌 수가
2번 나와야 하고, 이 중 상자 B에 공이 6개 들어 있는 경우를
제외해야 한다.
3의 배수를 O, 3의 배수가 아닌 수를 X로 나타내면 문제의
조건을 만족시키는 경우는 다음 표와 같다.

1회	2회	3회	4회	5회	6회
O	O	X	X	X	X
O	X	O	X	X	X
O	X	X	O	X	X
X	O	O	X	X	X
X	O	X	O	X	X

위의 경우 모두 주사위의 3의 배수가 2번, 3의 배수가 아닌 수가
4번 나오므로 독립시행의 확률에 의하여

$$p = 5 \times \left(\frac{1}{3}\right)^2 \times \left(\frac{2}{3}\right)^4 = \frac{80}{3^6}$$

$$\therefore 3^6 p = 80$$

119 정답 323

(i)
동전을 2번 던졌을 때, 앞면이 2번이 나올 확률은
$\frac{1}{2} \times \frac{1}{2} = \frac{1}{4}$ 이다.

주사위를 2번 던지고 주사위에 나온 눈의 합의 2배가 10이기
위해서는
주사위 눈의 합이 5이어야 한다.
$(1, 4)$, $(2, 3)$, $(3, 2)$, $(4, 1)$로 4가지이다.

따라서 $\frac{1}{4} \times \frac{4}{36} = \frac{1}{36}$

(ii)
동전을 2번 던졌을 때, 앞면이 2번이 나오지 않을 확률은
$1 - \frac{1}{4} = \frac{3}{4}$ 이다.

눈의 합이 10이기 위해서는 주사위에 나온 눈을 a, b, c라 할 때
$a \le b \le c$인 경우로 나타낸 뒤 경우의 수를 구하면 다음과
같다.

$(1, 3, 6) \Rightarrow 3! = 6$

$(1, 4, 5) \Rightarrow 3! = 6$

$(2, 2, 6) \Rightarrow \dfrac{3!}{2!} = 3$

$(2, 3, 5) \Rightarrow 3! = 6$

$(2, 4, 4) \Rightarrow \dfrac{3!}{2!} = 3$

$(3, 3, 4) \Rightarrow \dfrac{3!}{2!} = 3$

따라서 $\dfrac{3}{4} \times \dfrac{27}{216} = \dfrac{3}{32}$

(i), (ii)에서 $\dfrac{1}{36} + \dfrac{3}{32} = \dfrac{8}{288} + \dfrac{27}{288} = \dfrac{35}{288}$

$p = 288$, $q = 35$

$p + q = 323$

[다른 풀이]–장세완T

(ii)에서 세 주사위 눈의 합이 10인 경우의 수는
$a + b + c = 10 (a, b, c$는 자연수)의 근의 개수에서
7, 8이 포함된 근을 제외하면 된다.
7을 포함하는 근은 7, 2, 1 : $3! = 6$가지
8을 포함하는 근은 8, 1, 1 : 3가지
$_3H_7 - 9 = 36 - 9 = 27$

120 정답 ②

A가 쏜 화살이 과녁에 명중했을 때, B가 쏜 화살이 명중할
확률은 $0.6 \times 0.5 = 0.30$
A가 쏜 화살이 과녁에 명중하지 못했을 때, B가 쏜 화살이
명중할 확률은 $0.4 \times 0.7 = 0.28$
따라서 구하는 확률은 $0.30 + 0.28 = 0.58$이다.

121 정답 33

사건 A는 두 수의 합이 6이므로
$(1, 5)$, $(2, 4)$인 경우이다. 따라서 $\mathrm{P}(A) = \dfrac{2}{10} = \dfrac{1}{5}$
두 사건 A, B가 독립사건이므로
$\mathrm{P}(A \cap B) = \mathrm{P}(A) \times \mathrm{P}(B)$를 만족한다.
$(1, 2) \Rightarrow 1 \times 2 = 2$, $(1, 3) \Rightarrow 1 \times 3 = 3$,
$(1, 4) \Rightarrow 1 \times 4 = 4$,
$(1, 5) \Rightarrow 1 \times 5 = 5$, $(2, 3) \Rightarrow 2 \times 3 = 6$,
$(2, 4) \Rightarrow 2 \times 4 = 8$,
$(2, 5) \Rightarrow 2 \times 5 = 10$, $(3, 4) \Rightarrow 3 \times 4 = 12$,
$(3, 5) \Rightarrow 3 \times 5 = 15$, $(4, 5) \Rightarrow 4 \times 5 = 20$이 된다.
$m \le 4$인 경우 $A \cap B = \varnothing$이므로 독립사건이 나올 수 없다.
$m = 5$인 경우 $n(A \cap B) = 1$ ($\because (1, 5)$가 교집합이다.)

$\dfrac{1}{10} \ne \dfrac{1}{5} \times \dfrac{4}{10}$ 따라서 독립사건이 아니다.

$m=6$인 경우

$\dfrac{1}{10}=\dfrac{1}{5}\times\dfrac{5}{10}$ 따라서 독립사건이다.

$m=7$인 경우

$\dfrac{1}{10}=\dfrac{1}{5}\times\dfrac{5}{10}$ 따라서 독립사건이다.

$m\geq 8$인 경우는 $n(A\cap B)=2$이 되어

$\dfrac{2}{10}=\dfrac{1}{5}\times P(B)$이므로 $P(B)=1$이어야 한다.

따라서 $m=20$

따라서 두 사건 A, B가 독립이 되도록 하는 m의 값은 6, 7, 20이다.

그러므로 m값의 합은 $6+7+20=33$

122 정답 36

이 고등학교 3학년 학생 200명 중 임의로 한 명을 택할 때, 여학생일 사건을 A, 공원을 선호하는 학생일 사건을 B라 하면

$P(A)=\dfrac{a+24+30}{200}=\dfrac{a+54}{200}$,

$P(B)=\dfrac{80}{200}=\dfrac{2}{5}$, $P(A\cap B)=\dfrac{a}{200}$

두 사건 A, B가 서로 독립이기 위해서는

$P(A)P(B)=P(A\cap B)$

$\dfrac{a+54}{200}\times\dfrac{2}{5}=\dfrac{a}{200}$, $2a+108=5a$

$\therefore a=36$

123 정답 ⑤

$n(A)=6$이므로 $P(A)=\dfrac{1}{2}$

$n(A\cup B)=8$에서 $P(A\cup B)=\dfrac{8}{12}=\dfrac{2}{3}$이다.

$P(B)=x$라 두면

$P(A\cup B)=P(A)+P(B)-P(A\cap B)$

$\qquad\qquad=P(A)+P(B)-P(A)P(B)$

$\qquad\qquad=\dfrac{1}{2}+x-\dfrac{1}{2}x$

따라서 $\dfrac{1}{2}x=\dfrac{2}{3}-\dfrac{1}{2}=\dfrac{1}{6}$

$\therefore P(B)=\dfrac{1}{3}$

따라서 $n(B)=4$이다.

$P(A\cap B)=P(A)P(B)=\dfrac{1}{2}\times\dfrac{1}{3}=\dfrac{1}{6}=\dfrac{2}{12}$

따라서 $n(A\cap B)=2$이다.

그러므로 사건 B는 12의 약수 6개 중 2개와 12의 약수가 아닌 6개 중 2개를 모은 집합이다.

$_6C_2\times{}_6C_2=15\times15=225$

124 정답 13

$p_5<q_5$일 확률은 5번 던지는 동안 3의 배수가 아닌 것이 3의 배수보다 더 많이 나와야 하므로

$_5C_0\left(\dfrac{1}{3}\right)^0\left(\dfrac{2}{3}\right)^5+{}_5C_1\left(\dfrac{1}{3}\right)^1\left(\dfrac{2}{3}\right)^4+{}_5C_2\left(\dfrac{1}{3}\right)^2\left(\dfrac{2}{3}\right)^3$

$=\dfrac{64}{81}$

4이하의 모든 자연수 n에 대하여 $p_n\geq q_n$을 만족하려면 4번째까지는 어느 순간에도 3의 배수가 3의 배수가 아닌 것보다 같거나 많이 나와야 하고 5번째에는 3의 배수가 더 적게 나와야 하므로 4번째에는 3의 배수가 2번, 3의 배수가 아닌 것도 2번 나와야 하고 맨 처음에는 3의 배수가 나와야 하고 2, 3, 4번째에는 3의 배수 1번, 3의 배수 아닌 것이 2번 나와야 하는데 3의 배수 아닌 것이 2, 3번째 연달아 나오면 되지 않으므로 확률은 $\dfrac{1}{3}\times{}_2C_1\times\dfrac{1}{3}\times\dfrac{2}{3}\times\dfrac{2}{3}\times\dfrac{2}{3}=\dfrac{16}{243}$ 이다.

따라서 $\dfrac{\frac{16}{243}}{\frac{64}{81}}=\dfrac{1}{12}$이고 $p+q=13$

125 정답 10

3의 약수가 x번 나오면

A의 점수는 $3x+(4-x)=2x+4$

그런데 $2x+4\geq 8$이므로 $x\geq 2$

B의 점수는 $x+4\times(4-x)=16-3x$

조건에 의해 $16-3x<8$이므로 $\dfrac{8}{3}<x$이다.

$\therefore x=3,\ 4$

따라서

$x=3$일 때 $_4C_3\left(\dfrac{1}{3}\right)^3\left(\dfrac{2}{3}\right)^1=\dfrac{8}{81}$

$x=4$일 때 $_4C_4\left(\dfrac{1}{3}\right)^4\left(\dfrac{2}{3}\right)^0=\dfrac{1}{81}$

$\therefore \dfrac{9}{81}=\dfrac{1}{9}$

$p=9$, $q=1$이므로 $p+q=10$

126 정답 98

점 P가 x축의 방향으로 1만큼 이동할 확률은 $\dfrac{1}{3}$, y축의 방향으로 1만큼 이동할 확률은 $\dfrac{2}{3}$이다. 점 P의 위치가 원 $x^2+y^2=9$의 외부일 때는 점 P가 A$(4,0)$, B$(3,1)$, C$(3,2)$에 도달 할 때다.

(i) 점 P가 원점에서 점 $A(4,\ 0)$의 위치로 옮겨지려면 x축의 방향으로 4만큼 이동해야 한다.

$$_4C_0\left(\frac{1}{3}\right)^4\left(\frac{2}{3}\right)^0=\frac{1}{81}$$

(ii) 점 P가 원점에서 점 $B(3,\ 1)$의 위치로 옮겨지려면 x축의 방향으로 3만큼, y축의 방향으로 1만큼 이동해야 한다.

$$_4C_1\left(\frac{1}{3}\right)^3\left(\frac{2}{3}\right)^1=\frac{8}{81}$$

(iii) 점 P가 원점에서 점 $C(3,\ 2)$의 위치로 옮겨지려면 점 $(2,\ 2)$까지 x축의 방향으로 2만큼, y축의 방향으로 2만큼 이동한 다음 x축의 방향으로 1만큼 이동해야 한다.

$$_4C_2\left(\frac{1}{3}\right)^2\left(\frac{2}{3}\right)^2\times\frac{1}{3}=\frac{8}{81}$$

(i), (ii), (iii) 에서

$$\therefore\ \frac{1}{81}+\frac{8}{81}+\frac{8}{81}=\frac{17}{81}$$

따라서

$p=81,\ q=17$

$p+q=98$

127 정답 3

앞면이 나온 횟수를 x라 두면 뒷면이 나온 횟수는 $6-x$이다.
시계반대방향을 $+$, 시계방향을 $-$라 두고 아래와 같이 표현하면
$-6\le 2x-(6-x)\le 12$
$2x-(6-x)=\pm3,\ \pm9$일 때 가능하다.
$3x-6=3$일 때, $x=3$
$3x-6=-3$일 때, $x=1$
$3x-6=9$일 때, $x=5$
로 3가지 경우로 구분된다. ($3x-6=-9$일 때, $x<0$으로 제외)

$x=3$일 때, $_6C_3\left(\frac{1}{2}\right)^6$

$x=1$일 때, $_6C_1\left(\frac{1}{2}\right)^6$

$x=5$일 때, $_6C_5\left(\frac{1}{2}\right)^6$

$$\therefore\ \frac{1}{2^6}\left(_6C_3+_6C_1+_6C_5\right)=\frac{1}{64}(20+6+6)$$

$$=\frac{1}{2}$$

$p=2,\ q=1$이므로 $p+q=3$이다.

128 정답 23

A, B가 안타를 치는 횟수를 순서쌍 (a,b)로 나타내면 A가 안타를 더 많이 치는 경우는 $(1,0),\ (2,0),\ (2,1)$의 3가지이다.
따라서 구하는 확률 P는

$P=\ _2C_1\left(\frac{2}{3}\right)\left(\frac{1}{3}\right)\times\ _3C_0\left(\frac{1}{2}\right)^3+\ _2C_2\left(\frac{2}{3}\right)^2$

$\qquad\times\left\{_3C_0\left(\frac{1}{2}\right)^3+\ _3C_1\left(\frac{1}{2}\right)^3\right\}$

$$=\frac{1}{18}+\frac{4}{9}\times\frac{1}{2}=\frac{5}{18}$$

$p=18,\ q=5$
따라서 $p+q=23$

129 정답 ②

한 개의 주사위를 한 번 던져서 6의 약수가 1, 2, 3, 6이므로 6의 약수가 나올 확률은 $\frac{2}{3}$이고 6의 약수가 아닌 수가 나올 확률은 $\frac{1}{3}$이다.

3번의 시행에서 점 P의 좌표가 0이 되려면 6의 약수가 한 번$(+2)$, 6의 약수가 아닌 수가 두 번$(-1, -1)$ 나타나야 한다.

$$\rightarrow\ _3C_1\left(\frac{2}{3}\right)\left(\frac{1}{3}\right)^2$$

남은 네 번의 시행에서
6의 약수가 0번, 6의 약수가 아닌 수가 네 번이면 점 P의

좌표가 $-4\rightarrow\ _4C_0\left(\frac{2}{3}\right)^0\left(\frac{1}{3}\right)^4$

6의 약수가 한 번, 6의 약수가 아닌 수가 세 번이면 점 P의

좌표가 $-1\rightarrow\ _4C_1\left(\frac{2}{3}\right)^1\left(\frac{1}{3}\right)^3$

으로 $x_7<0$을 만족한다.
따라서

$p=\ _3C_1\left(\frac{2}{3}\right)\left(\frac{1}{3}\right)^2\times\left\{_4C_0\left(\frac{2}{3}\right)^0\left(\frac{1}{3}\right)^4+\ _4C_1\left(\frac{2}{3}\right)^1\left(\frac{1}{3}\right)^3\right\}$

$$=\frac{3\times2}{3^3}\times\left(\frac{1+8}{3^4}\right)=\frac{2\times3^3}{3^7}=\frac{2}{81}$$

130 정답 31

두 번의 시행에서 동전이 남지 않는 경우는 다음과 같은 3가지가 있다.
(i) 앞면에 0회, 뒷면이 3회일 확률은

$$_3C_0\left(\frac{1}{2}\right)^3\times\ _3C_3\left(\frac{1}{2}\right)^3=\left(\frac{1}{2}\right)^6$$

(ii) 앞면에 1회, 뒷면이 2회일 확률은

$$_3C_1\left(\frac{1}{2}\right)^3\times\ _2C_2\left(\frac{1}{2}\right)^2=3\times\left(\frac{1}{2}\right)^5$$

(iii) 앞면에 2회, 뒷면이 1회일 확률은

$$_3C_2\left(\frac{1}{2}\right)^3\times\ _1C_1\left(\frac{1}{2}\right)^1=3\times\left(\frac{1}{2}\right)^4$$

따라서 구하는 확률은

$$\dfrac{3\times\left(\dfrac{1}{2}\right)^4}{\left(\dfrac{1}{2}\right)^6+3\times\left(\dfrac{1}{2}\right)^5+3\times\left(\dfrac{1}{2}\right)^4}$$

$$=\dfrac{3}{\dfrac{1}{4}+\dfrac{3}{2}+3}$$

$$=\dfrac{12}{1+6+12}=\dfrac{12}{19}$$

$$\therefore\ p=19,\ q=12$$
$$p+q=31$$

131 정답 19

주사위를 3번 던질 때 나타나는 총 경우의 수는
$6\times6\times6=216$이다.

확률이 $\dfrac{1}{72}$이 되기 위해서는 경우의 수가 3가지여야 한다.

즉, 세 눈의 곱이 k로 나타나는 경우의 수가 3이다.

순서쌍으로 나타내 보면
$(1,1,2),\ (1,1,3),\ (1,1,5),\ (1,3,3)$로 가능한 k는 2, 3, 5, 9뿐이다.

따라서 자연수 k의 합은 19

132 정답 31

(i) (승, 승) 으로 우승할 때
$$\dfrac{1}{2}\times\dfrac{1}{3}=\dfrac{1}{6}$$

(ii) (승, 패, 승)으로 우승할 때
$$\dfrac{1}{2}\times\dfrac{2}{3}\times\dfrac{1}{4}=\dfrac{1}{12}$$

(iii) (패, 승, 승)
$$\dfrac{1}{2}\times\dfrac{1}{3}\times\dfrac{1}{4}=\dfrac{1}{24}$$

(i)~(iii)에서 $\dfrac{1}{6}+\dfrac{1}{12}+\dfrac{1}{24}=\dfrac{4+2+1}{24}=\dfrac{7}{24}$

따라서 $p=24,\ q=7$
$$p+q=31$$

133 정답 74

조건(나)에서 a,b,c,d의 곱이 15의 배수이기 위해서는 5는 반드시 포함을 해야하고, 3의 배수인 $3,6,9$중 적어도 하나는 반드시 포함 되어야 한다.

1) 6을 포함할 때 : 5와 6을 포함하므로 그 합이 짝수이려면 나머지 두 개의 수는 홀수 1개, 짝수 1개여야 한다. 따라서 6을 제외한 짝수 중에서 한 개, 5를 제외한 홀수 중에서 하나를 고르면

$$_4\mathrm{C}_1\times{}_3\mathrm{C}_1=12\text{가지}$$

고른 뒤 각각을 a,b,c,d에 대응을 시키면 $12\times4!$

2) 6을 포함하지 않을 때 : 3 또는 9를 반드시 포함해야 한다.
이 때, 3, 9가 동시에 포함되면 홀수가 3개이므로 나머지 하나도 홀수여야 한다. 따라서 1, 7 중 하나를 반드시 골라야 한다.

따라서 a,b,c,d에 대응시키면 $_2\mathrm{C}_1\times4!$

3, 9 둘 중 한 개만 포함되면 홀수가 2개 이므로 1, 7을 포함시키거나 짝수 중 2개(6제외)를 포함시켜야 한다.

따라서 $_2\mathrm{C}_1\times\left(1+{}_3\mathrm{C}_2\right)=2\times4=8$

그리고 각각을 a,b,c,d에 대응시키면 $8\times4!$

총 경우의 수는 $_9\mathrm{P}_4$이므로 다음의 조건을 만족시킬 확률은

$$\dfrac{12\times4!+2\times4!+8\times4!}{9\times8\times7\times6}=\dfrac{22\times4!}{9\times8\times7\times6}=\dfrac{11}{63}$$

$$p=63,\ q=11$$
$$p+q=74$$

134 정답 57

2번 시행 후 처음과 같을 사건을 E, 첫 번째 시행에서 같은 색의 공을 꺼낼 사건을 F라 하자.

(i) 첫 번째 시행에서 서로 같은 색의 공을 꺼내면 두 번째 시행에서도 서로 같은 색의 공을 꺼내야 한다.
첫 번째 시행에서 서로 같은 색의 공을 꺼낼 확률은

$$\dfrac{1}{3}\times\dfrac{2}{3}+\dfrac{2}{3}\times\dfrac{1}{3}=\dfrac{4}{9}$$

따라서 첫 번째 시행에서 서로 같은 색의 공을 꺼내고 두 번째 시행에서도 서로 같은 색의 공을 꺼낼 확률은

$$\dfrac{4}{9}\times\dfrac{4}{9}=\dfrac{16}{81}$$

(ii) 첫 번째 시행에서 서로 다른 색의 공을 꺼내는 경우
첫 번째 시행에서 상자 A에서 흰 공, 상자 B에서 검은 공을 꺼내는 경우, 두 번째 시행 후에는 반드시 처음과 같아진다.
한편, 첫 번째 시행에서 상자 A에서 검은 공, 상자 B에서 흰 공을 꺼내는 경우, 두 번째 시행에서는 상자 A에서 흰 공, 상자 B에서 검은 공을 꺼낼 때 처음과 같아진다.

따라서 첫 번째 시행에서 서로 다른 색의 공을 꺼내고, 두 번째 시행 후에 처음과 같아질 확률은

$$\left(\dfrac{1}{3}\times\dfrac{1}{3}\right)\times1+\left(\dfrac{2}{3}\times\dfrac{2}{3}\right)\times\left(\dfrac{2}{3}\times\dfrac{2}{3}\right)=\dfrac{25}{81}$$

(i), (ii)에서

$$\mathrm{P}(E)=\dfrac{16}{81}+\dfrac{25}{81}=\dfrac{41}{81}$$

$$P(E \cap F) = \frac{16}{81}$$

$$\therefore P(F \mid E) = \frac{P(E \cap F)}{P(E)} = \frac{\frac{16}{81}}{\frac{41}{81}} = \frac{16}{41}$$

$p = 41$, $q = 16$이므로 $p + q = 57$

135 정답 56

이 시행에서 나온 4개의 공에 적힌 숫자가 모두 다른 사건을 A, 검은 공이 2개 나오는 사건을 B라 하면 구하는 확률은 $P(B \mid A)$이다.

8개의 공 중에서 4개를 택하는 경우의 수는

$$_8C_4 = \frac{8 \times 7 \times 6 \times 5}{4 \times 3 \times 2 \times 1} = 70$$

이 시행에서 나온 4개의 공에 적힌 숫자가 모두 다른 경우는 다음과 같다.

(i) 4 또는 5가 적힌 공을 꺼내지 않는 경우의 수는

$$_4C_4 = 1$$

(ii) 4 또는 5가 적힌 공을 한 개만 꺼내는 경우의 수는

$$_4C_1 \times _4C_3 = 4 \times 4 = 16$$

(iii) 4가 적힌 공과 5가 적힌 공을 각각 한 개씩 꺼내는 경우의 수는

$$_2C_1 \times _2C_1 \times _4C_2 = 2 \times 2 \times 6 = 24$$

(i), (ii), (iii)에서

$$P(A) = \frac{1 + 16 + 24}{70} = \frac{41}{70}$$

(i)에서 검은 공이 2개 나오는 경우의 수는 0이다.

(ii)에서 검은 공이 2개 나오려면 1, 2, 3이 적힌 흰 공 중에서 2개, 4, 5가 적힌 검은 공 중에서 1개, 6이 적힌 검은 공을 1개 꺼내야 하므로 그 경우의 수는

$$_3C_2 \times _2C_1 \times _1C_1 = 3 \times 2 \times 1 = 6$$

(iii)에서 검은 공이 두 개 나오는 경우의 수는 다음과 같다.

(1) 1, 2, 3이 적힌 흰 공 중에서 2개, 4, 5가 적힌 검은 공 2개를 꺼내는 경우의 수는

$$_3C_2 \times _2C_2 = 3 \times 1 = 3$$

(2) 1, 2, 3이 적힌 흰 공 중에서 1개, 4, 5가 적힌 공 중에서 흰 공 1개와 검은 공 1개, 6이 적힌 검은 공 1개를 꺼내는 경우의 수는

$$_3C_1 \times (_2C_1 \times _1C_1) \times _1C_1 = 3 \times (2 \times 1) \times 1 = 6$$

즉, $P(A \cap B) = \frac{6 + (3 + 6)}{70} = \frac{15}{70} = \frac{3}{14}$

따라서 구하는 확률은

$$P(B \mid A) = \frac{P(A \cap B)}{P(A)} = \frac{\frac{3}{14}}{\frac{41}{70}} = \frac{15}{41}$$

이므로 $p + q = 41 + 15 = 56$

136 정답 9

10개의 공에서 3개의 공을 꺼내는 모든 경우의 수는 $_{10}C_3$(가지)이므로 흰 공 2개, 파란 공 1개가 나올 사건을 A, 흰 공 1개, 파란 공 2개가 나올 사건을 B라고 두면

$$P(A) = \frac{_6C_2 \times _4C_1}{_{10}C_3} = \frac{1}{2}, \quad P(B) = \frac{_6C_1 \times _4C_2}{_{10}C_3} = \frac{3}{10}$$

이 때, A와 B는 서로 배반사건이므로 구하는 확률은

$$P(A \cup B) = P(A) + P(B) = \frac{1}{2} + \frac{3}{10} = \frac{4}{5}$$

따라서 $p = 5$, $q = 4$이다. $p + q = 9$

137 정답 ②

$n = 4$이면 삼각형이 되지 못한다.

따라서 삼각형이 되는 가짓수는 $6 \times 5 = 30$이다.

$\overline{AB} = 12$에서 밑변을 $\overline{AB}$라 할 때, 삼각형 ABC의 높이를 h라고 하면 삼각형 ABC의 넓이 S는

$$S = 12 \cdot h \cdot \frac{1}{2} < 18$$에서

$h < 3$이고, $\overline{AB}$가 x축 위에 있으므로 $h = m \sin \frac{n\pi}{4}$이므로

$\left| m \sin \frac{n\pi}{4} \right| < 3$을 만족하는 m, n의 순서쌍 (m, n)은

$m = 1$, $n = 1, 2, 3, 5, 6$ $\left(\because \sin \frac{4\pi}{4} = 0 \right)$

$m = 2$, $n = 1, 2, 3, 5, 6$

$m = 3$, $n = 1, 3, 5$

$m = 4$, $n = 1, 3, 5$ $\left(\because \sin \frac{\pi}{4} = \frac{\sqrt{2}}{2} < \frac{3}{4} \right)$

$m = 5$, n은 없다. $\left(\because \sin \frac{\pi}{4} = \frac{\sqrt{2}}{2} > \frac{3}{5} \right)$

$m = 6$, n은 없다.

에서 구하는 확률은

$$\frac{5 + 5 + 3 + 3 + 0 + 0}{30} = \frac{16}{30} = \frac{8}{15}$$

138 정답 180

$P(A) = \frac{2}{3}$에서 집합 A의 원소는 4개임을 알 수 있다. 즉, 6개 중에 4개를 고르는 경우의 수를 구하면 $_6C_4 = 15$이다.

이제 독립이면서 $P(A \cap B) = \frac{1}{3}$이려면

$P(A)P(B) = \frac{1}{3}$에서 $P(B) = \frac{1}{2}$이다.

즉, $n(A \cap B) = 2$, $n(B) = 3$이다.

따라서 B의 3개의 원소는 A의 원소 중 2개를 고른 후 A^c의 원소 중 1개를 골라야 한다. 즉,

$_4C_2 \times _2C_1 = 12$이므로 $15 \times 12 = 180$

139 정답 33

숫자 i 가 i번째에 놓여 있을 사건을 $A_i\,(i=1,\ 2,\ \cdots,\ 5)$라 하자.

$$P(A_i)=\frac{4!}{5!}=\frac{1}{5},\ P(A_2\cap A_4)=\frac{3!}{5!}=\frac{1}{20}$$

$$\therefore\ P(A_2\cup A_4)=P(A_2)+P(A_4)-P(A_2\cap A_4)$$
$$=\frac{1}{5}+\frac{1}{5}-\frac{1}{20}=\frac{7}{20}$$

따라서 구하는 확률은
$$P\left(A_2{}^C\cap A_4{}^C\right)=P\left((A_2\cup A_4)^C\right)=1-P(A_2\cup A_4)$$
$$=1-\frac{7}{20}=\frac{13}{20}$$

따라서 $p=20$, $q=13$이다.

$p+q=33$

140 정답 27

한 번 시행에서 흰 바둑돌과 검은 바둑돌이 나올 확률은 $\frac{1}{2}$이다.

각각의 시행이 독립시행이고 꺼내어진 흰 바둑돌의 개수와 검은 바둑돌의 개수가 서로 다를 확률은 각각 3개인 경우의 여사건이므로 구하는 확률은

$$1-{}_6C_3\left(\frac{1}{2}\right)^3\left(\frac{1}{2}\right)^3=1-\frac{5}{16}=\frac{11}{16}$$

따라서 $p=16$, $q=11$이다.

$p+q=27$

141 정답 ①

$\times$: 두 눈의 수의 합이 소수인 것은 15개다.

$\bigcirc$: 두 눈의 수가 모두 소수인 것은 4개다.

따라서, 구하는 확률은 $\frac{4}{15}$이다.

a \ b	1	2	3	4	5	6
1	$\times$	$\times$		$\times$		$\times$
2	$\times$		$\times\bigcirc$		$\times\bigcirc$	
3		$\times\bigcirc$		$\times$		
4	$\times$		$\times$			
5		$\times\bigcirc$				$\times$
6	$\times$			$\times$		

142 정답 36

n번째 주머니에서 검은색 공이 나올 확률은 $\frac{n}{20}$이므로 검은색 공이 나올 확률은

$$\frac{1}{20}\times\frac{1}{20}+\frac{1}{20}\times\frac{2}{20}+\cdots+\frac{1}{20}\times\frac{20}{20}=\frac{1}{400}\sum_{k=1}^{20}k$$

$$=\frac{1}{400}\times\frac{20\times21}{2}=\frac{21}{40}$$

은색 공이 여섯 번째 주머니에서 나왔을 확률은

$$\frac{1}{20}\times\frac{6}{20}=\frac{6}{400}$$

따라서, 구하는 확률은 $\dfrac{\dfrac{6}{400}}{\dfrac{21}{40}}=\dfrac{1}{35}$

$p=35$, $q=1$이다.

$p+q=36$

143 정답 ④

주머니 A, B에서 꺼낸 구슬에 적혀 있는 숫자가 짝수인 사건을 각각 A, B라 하면 구하는 확률은 $P(A|B)$이다.

$$P(A)=\frac{2}{5},\ P(B\mid A)=\frac{2}{3},$$
$$P(A^C)=\frac{3}{5},\ P(B\mid A^C)=\frac{1}{2}$$이므로

$$P(A|B)=\frac{P(A\cap B)}{P(B)}$$
$$=\frac{P(A\cap B)}{P(A\cap B)+P(A^C\cap B)}$$
$$=\frac{P(A)\cdot P(B\mid A)}{P(A)\cdot P(B\mid A)+P(A^C)\cdot P(B\mid A^C)}$$
$$=\frac{\dfrac{2}{5}\cdot\dfrac{2}{3}}{\dfrac{2}{5}\cdot\dfrac{2}{3}+\dfrac{3}{5}\cdot\dfrac{1}{2}}$$
$$=\frac{\dfrac{4}{15}}{\dfrac{4}{15}+\dfrac{3}{10}}=\frac{16}{16+18}=\frac{8}{17}$$

144 정답 ④

3개의 공을 꺼내는 경우의 수 : ${}_9C_3=84$

흰 공 3개를 꺼내는 경우의 수 : ${}_4C_3=4$

큰 공 3개를 꺼내는 경우의 수 : ${}_6C_3=20$

큰 공 중에서 흰 공 3개를 꺼내는 경우의 수 : ${}_3C_3=1$

따라서 구하는 확률은

$$1-\frac{4+20-1}{84}=\frac{61}{84}$$

145 정답 ⑤

$abcd$ 가 10의 배수이려면 a, b, c, d 중에 5가 반드시 포함되고 짝수가 적어도 하나 포함되어야 한다.

9개의 자연수 중에서 서로 다른 4개의 수를 뽑는 경우의 수는

$${}_9C_4=126$$

9개의 자연수 중에는 4개의 수를 뽑을 때, 그 중 하나는 5이고 나머지 세 수 중에는 짝수가 적어도 하나 존재하는 경우의 수는
$$_1C_1 \times (_8C_3 - _4C_3) = 56 - 4 = 52$$

따라서 $abcd$가 10의 배수일 확률은 $\dfrac{52}{126} = \dfrac{26}{63}$

그러므로
$$1 - \frac{26}{63} = \frac{37}{63}$$

146 정답 ④

임의로 택한 수가 짝수인 사건을 A라 하고, 일의 자리의 수가 0인 사건을 B라 하면 구하는 확률은 $\mathrm{P}(B|A)$이다.

5개의 정수 0, 1, 2, 3, 4 중에서 서로 다른 세 수를 택하여 만든 세 자리의 자연수의 개수는 $4 \times 4 \times 3 = 48$
이다. 이 중에서 짝수의 개수는

(i) 일의 자리의 수가 0인 경우 $4 \times 3 \times 1 = 12$

(ii) 일의 자리의 수가 2 또는 4인 경우 $3 \times 3 \times 2 = 18$

이므로 $12 + 18 = 30$이다.

$$\therefore \mathrm{P}(A) = \frac{30}{48}$$

$$\mathrm{P}(A \cap B) = \mathrm{P}(B) = \frac{12}{48}$$

따라서 구하는 확률은 $\mathrm{P}(B \mid A) = \dfrac{\dfrac{12}{48}}{\dfrac{30}{48}} = \dfrac{2}{5}$

147 정답 5

네 사람이 좌석에 앉는 방법의 수는 4!이다.

또한 네 사람 중 두 사람이 자신이 가진 영화표에 적힌 좌석에 앉으면 나머지 두 사람이 앉을 좌석은 한 가지 뿐이므로 조건에 맞게 앉는 방법의 수는 $_4C_2 = 6$가지이다.

따라서, 구하는 확률은 $\dfrac{6}{4!} = \dfrac{1}{4}$이다.

$$\therefore p + q = 4 + 1 = 5$$

148 정답 19

점 P가 원점을 출발하여 점 $(1, 1)$을 지나기 위해서는 x축의 방향으로 1만큼, y축의 방향으로 1만큼 평행이동시켜야 하므로 두 번째까지 던진 주사위에서 홀수가 한 번, 짝수가 한 번 나와야 한다. 따라서 이 확률을 구하면
$$_2C_1 \left(\frac{1}{2}\right)^1 \left(\frac{1}{2}\right)^1 = \frac{2}{4} = \frac{1}{2}$$

점 $(1, 1)$에서 점 $(3, 3)$으로 이동하려면 x축의 방향으로 2만큼, y축의 방향으로 2만큼 평행 이동시켜야 하므로 세 번째에서 여섯 번째까지의 총 네 번 던지는 주사위에서 홀수가 두 번, 짝수가 두 번 나와야 한다. 따라서 이 확률을 구하면

$$_4C_2 \left(\frac{1}{2}\right)^2 \left(\frac{1}{2}\right)^2 = \frac{6}{16} = \frac{3}{8}$$

따라서 구하는 확률은 $\dfrac{1}{2} \times \dfrac{3}{8} = \dfrac{3}{16}$이다.

그러므로 $p = 16$, $q = 3$이다. $p + q = 19$

149 정답 6

1부터 20까지 수 중 5의 배수는 4개이고 5의 배수가 아닌 수는 16개다.

5의 배수 4개를 모두 뽑으면 $4 \times 4 = 16$점이 되어 A가 이기게 되고

5의 배수가 아닌 수 16개를 모두 뽑으면
$16 \times 1 = 16$점이 되어 B가 이긴다.

따라서 마지막 20번째에 뽑는 수가 5의 배수가 아니면 B가 이기는 경우가 된다.

마지막 20번째에 뽑는 수가 5의 배수가 아닐 확률은

$$\frac{_{19}C_{16}}{_{20}C_{16}} = \frac{_{19}C_3}{_{20}C_4} = \frac{\dfrac{19 \times 18 \times 17}{3 \times 2 \times 1}}{\dfrac{20 \times 19 \times 18 \times 17}{4 \times 3 \times 2 \times 1}} = \frac{4}{20} = \frac{1}{5}$$

따라서 $p = 5$, $q = 1$

$$\therefore p + q = 6$$

[다른 풀이]

A가 이길 확률이

$$\frac{_{19}C_4}{_{20}C_4} = \frac{\dfrac{19 \times 18 \times 17 \times 16}{4 \times 3 \times 2 \times 1}}{\dfrac{20 \times 19 \times 18 \times 17}{4 \times 3 \times 2 \times 1}} = \frac{16}{20} = \frac{4}{5}$$이므로

B가 이길 확률은 $1 - \dfrac{4}{5} = \dfrac{1}{5}$이다.

150 정답 85

한 번 꺼낸 공을 주머니에 넣지 않으므로 공 8개에서 2개의 공을 꺼내는 경우의 수는 $8 \times 7 = 56$이다.

다음 그림과 같이 좌표 평면에서 $(1, 1) \sim (8, 8)$은 공을 꺼내는 경우에서 나타나지 않는다.

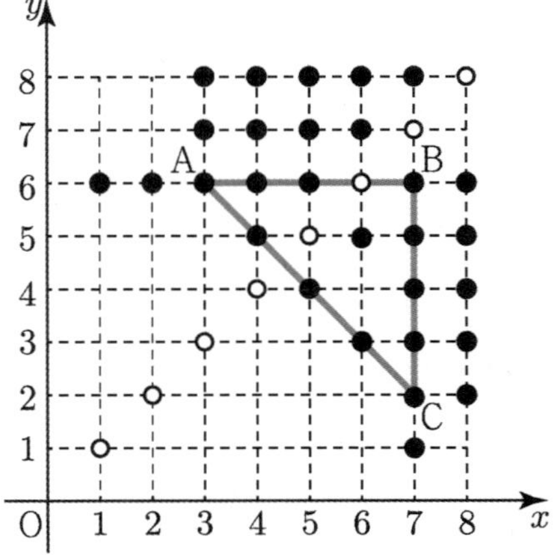

$x=1$일 때 1개

$x=2$일 때 1개

$x=3$일 때 3개

$x=4$일 때 4개

$x=5$일 때 4개

$x=6$일 때 4개

$x=7$일 때 7개

$x=8$일 때 5개

$1+1+3+4+4+4+7+5=29$

따라서 $\dfrac{q}{p}=\dfrac{29}{56}$

$p=56$, $q=29$이므로 $p+q=85$

151 정답 ③

3, 4, 5, 6을 사용하는 전체 경우의 수는

$4^4=256 \cdots \bigcirc$

3, 4, 5을 사용하는 전체 경우의 수는 $3^4=81 \cdots \bigcirc$

4, 5을 사용하는 전체 경우의 수는 $2^4=16 \cdots \bigcirc$

$\bigcirc$의 경우의 수에서 $M=5$인 경우인 $\bigcirc$을 제외한 뒤 $\bigcirc$경우를 다시 더해 주면

$M\times m \geq 16$을 만족한다.

따라서 $\dfrac{256-81+16}{6^4}=\dfrac{191}{6^4}$

$\therefore \dfrac{191}{6^4}$

152 정답 23

A, B, C 중 적어도 한 명이 흰 공을 꺼내지 못했을 때

$\Rightarrow$ A, B, C 중 적어도 한 명이 검은 공을 꺼냈을 때 와 같은 상황이다. ($♡$가 있는 경우)

	A	B	C	D	
A, B, C 중 한 명만 검은 공을 꺼냈을 때				○	$\dfrac{3}{6}\times\dfrac{3}{5}\times\dfrac{2}{4}\times\dfrac{1}{3}=\dfrac{18}{360}$
	●	○	○	●	$\dfrac{3}{6}\times\dfrac{3}{5}\times\dfrac{2}{4}\times\dfrac{2}{3}=\dfrac{36}{360}$
				○	$\dfrac{3}{6}\times\dfrac{3}{5}\times\dfrac{2}{4}\times\dfrac{1}{3}=\dfrac{18}{360}$
	○	●	○	●	$\dfrac{3}{6}\times\dfrac{3}{5}\times\dfrac{2}{4}\times\dfrac{2}{3}=\dfrac{36}{360}$
				○	$\dfrac{3}{6}\times\dfrac{2}{5}\times\dfrac{3}{4}\times\dfrac{1}{3}=\dfrac{18}{360}$
	○	○	●	●	$\dfrac{3}{6}\times\dfrac{2}{5}\times\dfrac{3}{4}\times\dfrac{2}{3}=\dfrac{36}{360}$

	A	B	C	D	
A, B, C 중 두 명만 검은 공을 꺼냈을 때				○	$\dfrac{3}{6}\times\dfrac{2}{5}\times\dfrac{3}{4}\times\dfrac{2}{3}=\dfrac{36}{360}$
	●	●	○		$♡$
				●	$\dfrac{3}{6}\times\dfrac{2}{5}\times\dfrac{3}{4}\times\dfrac{1}{3}=\dfrac{18}{360}$
				○	$\dfrac{3}{6}\times\dfrac{3}{5}\times\dfrac{2}{4}\times\dfrac{2}{3}=\dfrac{36}{360}$
	●	○	●		$♡$
				●	$\dfrac{3}{6}\times\dfrac{3}{5}\times\dfrac{2}{4}\times\dfrac{1}{3}=\dfrac{18}{360}$
				○	$\dfrac{3}{6}\times\dfrac{3}{5}\times\dfrac{2}{4}\times\dfrac{2}{3}=\dfrac{36}{360}$
	○	●	●		$♡$
				●	$\dfrac{3}{6}\times\dfrac{3}{5}\times\dfrac{2}{4}\times\dfrac{1}{3}=\dfrac{18}{360}$
A, B, C 중 세 명 모두 검은 공을 꺼냈을 때	●	●	●	○	$♡$ $\dfrac{3}{6}\times\dfrac{2}{5}\times\dfrac{1}{4}\times\dfrac{3}{3}=\dfrac{18}{360}$

$\dfrac{18\times4}{18\times7+36\times6}=\dfrac{4}{7+12}=\dfrac{4}{19}$

따라서 $p=19$, $q=4$

$p+q=23$

[다른 풀이]

A, B, C 중 적어도 한 명이 흰 공을 꺼내지 못했을 때의 여사건은 A, B, C 세 명 모두 흰 공을 꺼낼 때이므로(D는 검은공만 꺼낼 수 있다.)

A, B, C 중 적어도 한 명이 흰 공을 꺼내는 확률은

$1-\left(\dfrac{3}{6}\times\dfrac{2}{5}\times\dfrac{1}{4}\times\dfrac{3}{3}\right)=\dfrac{19}{20}$이다.

A, B, C, D 네 사람이 검은 공을 3개 꺼낼 확률은

$_4\mathrm{C}_3\times\left(\dfrac{3}{6}\times\dfrac{2}{5}\times\dfrac{1}{4}\times\dfrac{3}{3}\right)=\dfrac{4}{20}$

따라서 $\dfrac{\dfrac{4}{20}}{\dfrac{19}{20}}=\dfrac{4}{19}$

따라서 $p=19$, $q=4$

$p+q=23$

153 정답 ③

a, b, c가 될 수 있는 수는 각각 9개 이므로 전체 경우의 수는 9^3이다.

세 개의 정수의 제곱의 합이 2가 되는 경우는

$0+1+1=2$이므로 세 수 a, b, c중 반드시 두 수는 같고 나머지 한 수는 이 두 수와의 차가 1이어야 한다.

가능한 수를 크기가 작은순으로 순서쌍으로 나타내면

$(1, 1, 2)$, $(1, 2, 2)$

$(2, 2, 3)$, $(2, 3, 3)$

$(3, 3, 4)$, $(3, 4, 4)$

$\vdots \qquad \vdots$

$(8, 8, 9)$, $(8, 9, 9)$

로 $2 \times 8 = 16$가지이다.

각 순서쌍마다 a, b, c를 정하는 방법의 수가 $\dfrac{3!}{2!} = 3$

따라서 구하려는 확률은 $\dfrac{16 \times 3}{9^3} = \dfrac{16}{243}$

154 정답 102

1부터 n까지의 자연수를 자연수 k에 대하여

$3k-2$, $3k-1$, $3k$로 분류하면 각각의 제곱수는

$9k^2 - 12k + 4$, $9k^2 - 6k + 1$, $9k^2$로

$9k^2 + 9k^2$일 때만 3의 배수가 된다. 즉, 제곱수의 합이 3의

배수가 되기 위해서는 3의 배수끼리만 제곱해서 더할 때만

가능하다.

1부터 n까지의 자연수 중 $3k$꼴은 k개 있으므로

$a^2 + b^2$이 3의 배수가 될 수 있는 전체 경우의 수는 A주머니에서

k개의 3의 배수, B주머니에서 k개의 3의 배수를 뽑으면 되므로

$k \times k$이다.

이때, $a = b$인 경우는 k개이므로

$a^2 + b^2$이 3의 배수일 때, $a = b$일 확률은 $\dfrac{k}{k \times k} = \dfrac{1}{k}$이다.

따라서 $\dfrac{1}{k} = \dfrac{1}{11}$이므로 $k = 11$이다.

즉, 1부터 n까지 3의 배수가 33개가 있으면 된다.

따라서 가능한 n의 값은 33, 34, 35가 가능하다.

$33 + 34 + 35 = 102$

155 정답 ③

(i) 처음 꺼낸 공이 흰 공일 때,

$\dfrac{1}{2} \times \dfrac{_3C_2}{_6C_2} = \dfrac{1}{2} \times \dfrac{1}{5} = \dfrac{1}{10}$

(ii) 처음 꺼낸 공이 검은 공일 때,

$\dfrac{1}{2} \times \left\{ \dfrac{_3C_1 \times _2C_1 + _2C_2}{_5C_2} \right\}$

$= \dfrac{1}{2} \times \left(\dfrac{3}{5} + \dfrac{1}{10} \right)$

$= \dfrac{1}{2} \times \dfrac{7}{10} = \dfrac{7}{20}$

(i), (ii)에서 주머니에 남아 있는 검은 공의 개수가 1이하일

확률은

$\dfrac{1}{10} + \dfrac{7}{20} = \dfrac{9}{20}$

156 정답 ⑤

(i) 꺼낸 공이 검은 공일 때,

검은 공이 나올 확률은 $\dfrac{2}{5}$

주사위를 2번 던져 나온 눈의 수를 a, b $(a \geq b)$라 할 때,

주사위를 2번 던져 나온 눈의 수의 합이 9일 경우를 순서쌍으로

나타내면 $(6, 3)$, $(5, 4)$이다.

따라서 $\dfrac{2}{5} \times \dfrac{2! + 2!}{6^2} = \dfrac{2}{5} \times \dfrac{1}{9} = \dfrac{2}{45}$

(ii) 꺼낸 공이 흰 공일 때,

검은 공이 나올 확률은 $\dfrac{3}{5}$

주사위를 3번 던져 나온 눈의 수를 a, b, c $(a \geq b \geq c)$라

때, 주사위를 3번 던져 나온 눈의 수의 합이 9일 경우를

순서쌍으로 나타내면 $(6, 2, 1)$, $(5, 3, 1)$, $(5, 2, 2)$, $(4, 3, 2)$,

$(4, 4, 1)$, $(3, 3, 3)$이다.

따라서

$\dfrac{3}{5} \times \dfrac{3! + 3! + \dfrac{3!}{2!} + 3! + \dfrac{3!}{2!} + 1}{6^3} = \dfrac{3}{5} \times \dfrac{25}{216} = \dfrac{5}{72}$

$\dfrac{2}{45} + \dfrac{5}{72} = \dfrac{16 + 25}{360} = \dfrac{41}{360}$

157 정답 ⑤

(i) 꺼낸 흰 공의 개수가 2개로 같을 때

사랑이가 흰 공 2개를 꺼낼 확률은 $\dfrac{_5C_2}{_9C_2} = \dfrac{10}{36} = \dfrac{5}{18}$

화랑이가 흰 공 2개를 꺼낼 확률은 $\dfrac{_3C_2}{_7C_2} = \dfrac{3}{21} = \dfrac{1}{7}$

$\dfrac{5}{18} \times \dfrac{1}{7} = \dfrac{5}{126}$

(ii) 꺼낸 흰 공의 개수가 1개로 같을 때

사랑이가 흰 공 1, 검은 공 1개를 꺼낼 확률은

$\dfrac{_5C_1 \times _4C_1}{_9C_2} = \dfrac{20}{36} = \dfrac{5}{9}$

사랑이가 흰 공 1, 검은 공 1개를 꺼낼 확률은

$\dfrac{_4C_1 \times _3C_1}{_7C_2} = \dfrac{12}{21} = \dfrac{4}{7}$

$\dfrac{5}{9} \times \dfrac{4}{7} = \dfrac{20}{63}$

(iii) 꺼낸 흰 공의 개수가 0개로 같을 때

사랑이가 검은 공 2개를 꺼낼 확률은 $\dfrac{_4C_2}{_9C_2} = \dfrac{6}{36} = \dfrac{1}{6}$

화랑이가 검은 공 2개를 꺼낼 확률은 $\dfrac{_2C_2}{_7C_2} = \dfrac{1}{21} = \dfrac{1}{21}$

$\dfrac{1}{6} \times \dfrac{1}{21} = \dfrac{1}{126}$

(i), (ii), (iii)에서 $\dfrac{5}{126} + \dfrac{20}{63} + \dfrac{1}{126} = \dfrac{46}{126} = \dfrac{23}{63}$

158 정답 ③

200명의 학생 중에서 임의로 선택한 한 학생이 프로야구를
관람한 학생인 사건을 A, 프로축구를 관람한 학생인 사건을 B,
여학생인 사건을 C라 하면

$$P(A \cap B) = \frac{100 + 110 - 200}{200} = \frac{1}{20}$$

$$P(A \cap B \cap C) = \frac{a + b - 80}{200}$$

따라서 200명의 학생 중에서 임의로 선택한 한 학생이 두 개막
경기를 모두 관람한 학생일 때, 이 학생이 여학생일 확률은

$$P(C \mid A \cap B) = \frac{P(C \cap A \cap B)}{P(A \cap B)}$$

$$= \frac{\dfrac{a + b - 80}{200}}{\dfrac{1}{20}} = \frac{a + b - 80}{10}$$

이므로 $\dfrac{a + b - 80}{10} = \dfrac{2}{5}$

$a + b - 80 = 4$에서 $a + b = 84$

159 정답 ③

N(3개), O(2개), A(2개), P(1개), J(1개)의 9개의 문자를
일렬로 나열하는 경우의 수는 $\dfrac{9!}{3! \times 2! \times 2!}$이다.

문자 N이 이웃하지 않도록 나열하기 위해 먼저 O(2개),
A(2개), P(1개), J(1개)를 나열한 뒤
$\left(\dfrac{6!}{2! \times 2!} \right)$ 그 사이 생기는 7개의 공간중에 3개를 선택하여 문자
N를 하나씩 넣는 방법($_7C_3$)을 생각하자.

따라서

$$P = \frac{\dfrac{6!}{2! \times 2!} \times _7C_3}{\dfrac{9!}{3! \times 2! \times 2!}} = \frac{6! \times 3! \times _7C_3}{9!} = \frac{7 \times 6 \times 5}{9 \times 8 \times 7} = \frac{5}{12}$$

160 정답 43

다음과 같이 7개의 카드를 담을 수 있는 두 상자 A와 B가
있다고 생각하자.

A	B

두 상자에 일곱 개의 숫자 1, 2, 3, 4, 5, 6, 7을 담으면 그 수
들은 각 상자에서 크기역순으로 자동 배열되고, A 상자의 가장
작은 수가 B 상자의 가장 큰 수 보다 작으면 조건을 만족한다.

두 상자에 숫자를 담는 방법의 수 $2^7 = 128$

A상자의 가장 작은 수 a가 B상자의 가장 큰 수 b보다 큰
경우는

$(a, b) \Rightarrow (2, 1), (3, 2), (4, 3), (5, 4), (6, 5), (7, 6)$ 로
6가지

A 상자 또는 B 상자에 일곱 개의 숫자가 모두 담기는 경우는
2가지

전체 경우의 수는 7!

따라서 $\dfrac{2^7 - (6 + 2)}{7!} = \dfrac{120}{7 \times 720} = \dfrac{1}{42}$

$p = 42$, $q = 1$

$p + q = 43$

[다른 풀이]–점화식이용

n장의 카드를 모두 한 번씩 사용하여 임의로 일렬로 나열할 때,
이웃한 두 장의 카드 중 왼쪽 카드에 적힌 수가 오른쪽 카드에
적힌 수보다 큰 경우가 한 번만 나타나는 경우의 수를 a_n이라 할
때, $a_n = 2^n - (n + 1)$이다.

$$\frac{q}{p} = \frac{2^7 - (7 + 1)}{7!} = \frac{120}{7 \times 720} = \frac{1}{42}$$

n장의 카드를 모두 한 번씩 사용하여 임의로 일렬로 나열할 때,
이웃한 두 장의 카드 중 왼쪽 카드에 적힌 수가 오른쪽 카드에
적힌 수보다 큰 경우가 한 번만 나타나는 경우의 수를 a_n이라
하면 $\Rightarrow a_{n+1} = 2a_n + n$

$a_1 = 0$, $a_2 = 1$이므로

$a_3 = 2 \times 1 + 2 = 4$

$a_4 = 2 \times 4 + 3 = 11$

$a_5 = 2 \times 11 + 4 = 26$

$a_6 = 2 \times 26 + 5 = 57$

$a_7 = 2 \times 57 + 6 = 114 + 6 = 120$

161 정답 5

다음 표와 같은 상황이다.

	아침 먹음	아침 먹지 않음	
6개월 이상	x		600
6개월 미만			
	300		

학원을 다닌 개월 수가 6개월 이상인 사건을 A
아침을 먹는 사건을 B라 하면

$$P(A) = \frac{600}{900} = \frac{2}{3}$$

$$P(B) = \frac{300}{900} = \frac{1}{3}$$

$n(A \cap B) = x$라 하면

$$P(A \cap B) = \frac{x}{900}$$이고

두 사건 A와 B는 서로 독립이므로

$$\frac{x}{900} = \frac{2}{3} \times \frac{1}{3}$$

에서 $x = 200$이다.

따라서 다음 표가 완성된다.

	아침 먹음	아침 먹지 않음	계
6개월 이상	200	400	600
6개월 미만	100	200	300
계	300	600	

그러므로

이 학원의 학생 중에서 임의로 선택한 한 학생이 아침을 먹지 않는 학생일 때, 그 학생의 학원을 다닌 개월 수가 6개월 이상일

확률 $\dfrac{400}{600}=\dfrac{2}{3}$

$p=3$, $q=2$이므로 $p+q=5$

162 정답 11

(i) 치역의 원소의 개수가 1일 때, $_6C_1=6$

(ii) 치역의 원소의 개수가 2일 때,

$_6C_2\times\left(2^4-2\right)$

$=15\times14$

$=210$

따라서

$1-\dfrac{6+210}{6^4}=1-\dfrac{1}{6}=\dfrac{5}{6}$

$p=6$, $q=5$이다.

$p+q=11$

[다른 풀이]1

여사건의 확률

(i) 치역의 원소의 개수가 1일 때, $_6C_1=6$

(ii) 치역의 원소의 개수가 2일 때,

$_6C_2\times\left\{_4C_3\times_1C_1+_4C_2\times_2C_2\times\dfrac{1}{2!}\right\}\times2!$

$=15\times(4+3)\times2$

$=210$

따라서

$1-\dfrac{6+210}{6^4}=1-\dfrac{1}{6}=\dfrac{5}{6}$

[다른 풀이]2

정의역의 원소가 4개이므로 치역의 원소의 개수는 일대일 함수일 때 최대 4개 까지 가능하다.

(i) 치역의 원소의 개수가 4일 때,

$_6C_4\times4!=15\times24=360$

(ii) 치역의 원소의 개수가 3일 때,

$_6C_3\times\left\{_4C_2\times_2C_1\times_1C_1\times\dfrac{1}{2!}\right\}\times3!$

$=20\times6\times6=720$

함수의 총 개수는 $_6\Pi_4$이므로

$\dfrac{1080}{6\times6\times6\times6}=\dfrac{5}{6}$

$p=6$, $q=5$이다.

$p+q=11$

163 정답 23

이차방정식 $x^2-ax+2b=0$이 실근을 가질 조건 판별식 $D\geq0$이다.

$D=a^2-8b\geq0$, $a^2\geq8b$

부등식을 만족하는 a, b의 순서쌍은

$(3,\ 1)$, $(4,\ 1)$, $(4,\ 2)$, $(5,\ 1)$, $(5,\ 2)$, $(5,\ 3)$

$(6,\ 1)$, $(6,\ 2)$, $(6,\ 3)$, $(6,\ 4)$

로 10개다.

주사위를 두 번 던지는 전체 경우의 수는 36이므로

구하려는 확률은

$\dfrac{10}{36}=\dfrac{5}{18}$

따라서 $p=18$, $q=5$이므로 $p+q=23$

164 정답 ⑤

$\log_3x+\log_3y=\log_3xy$가 정수이려면,

$1\leq x\leq10$, $1\leq y\leq10$이므로 xy가 1, 3, 3^2, 3^3,

3^4이어야 한다.

(x,y)의 개수는 다음과 같다.

$xy=1$인 경우, $(1,1)$로 1개

$xy=3$인 경우, $(1,3)$, $(3,1)$로 2개

$xy=3^2$인 경우, $(1,9)$, $(3,3)$, $(9,1)$로 3개

$xy=3^3$인 경우, $(3,9)$, $(9,3)$로 2개

$xy=3^4$인 경우, $(9,9\ )$로 1개

따라서 총 경우의 수는 9이다.

10 이하의 자연수의 집합에서 중복을 허용하여 임의로 두 자연수를 뽑는 전체 경우의 수는 $_{10}\Pi_2=100$이다.

따라서 $\dfrac{9}{100}$

165 정답 ②

(가) 조건에 의해 일의 자리 수는 2 또는 4이다.

(i) 일의 자리수가 2일 때

① 최고자리 수가 2일 때,

2	a_1	a_2	a_3	2

(나에 의해 2가 올 수 있는 자리는 a_2뿐이다.

a_2에 2가 오는 경우는 $2\times1\times2=4$

a_2에 2가 아닌 수가 오는 경우는 $2\times2\times2=8$

따라서 $4+8=12$

② 최고자리 수가 4일 때,

4	a_1	a_2	a_3	2

a_1에 2가 올 때, $1 \times 2 \times 2 = 4$

a_1에 2가 아닌 수가 오고 a_2에 2가 올 때,

$2 \times 1 \times 2 = 4$

a_1에 2가 아닌 수가 오고 a_2에 2가 아닌 수가 올 때,

$2 \times 2 \times 2 = 8$

따라서 $4 + 4 + 8 = 16$

그러므로 $12 + 16 = 28$

(ii) 일의 자리수가 4일 때,

① 최고자리 수가 2일 때,

| 2 | a_1 | a_2 | a_3 | 4 |

a_2에 2가 오는 경우는 $2 \times 1 \times 2 = 4$

a_3에 2가 오는 경우는 $2 \times 2 \times 1 = 4$

2가 모두 오지 않는 경우 $2 \times 2 \times 2 = 8$

따라서 $4 + 4 + 8 = 16$

② 최고자리 수가 4일 때,

| 4 | a_1 | a_2 | a_3 | 4 |

a_1에 2가 올 때, $1 \times 2 \times 3 = 6$

a_2에 2가 올 때, $2 \times 1 \times 2 = 4$

a_3에 2가 올 때, $3 \times 2 \times 1 = 6$

a_1, a_3에 모두 2가 올 때, $1 \times 2 \times 1 = 2$

2가 모두 오지 않는 경우 $2 \times 2 \times 2 = 8$

따라서 $6 + 4 + 6 - 2 + 8 = 22$

그러므로 $16 + 22 = 38$

(i), (ii)에서

조건을 만족하는 자연수 중 하나를 뽑을 때, 뽑힌 수의 일의 자리 숫자가 2일 확률은 $\dfrac{28}{28+38} = \dfrac{28}{66} = \dfrac{14}{33}$ 이다.

166 정답 67

(i) 주사위의 눈이 1이 나왔을 때

흰 공 1, 검은 공 3인 상황에서 3번 연속 검은 공이 나온 뒤 4회째 흰 공이 나오면 된다.

검, 검, 검, 흰 $\rightarrow \dfrac{1}{6} \times \left(\dfrac{3}{4} \times \dfrac{2}{3} \times \dfrac{1}{2} \times 1 \right) = \dfrac{1}{24}$

(ii) 주사위의 눈이 2가 나왔을 때

흰 공 2, 검은 공 3인 상황에서

검,검,흰,흰 $\rightarrow \dfrac{2}{6} \times \left(\dfrac{3}{5} \times \dfrac{2}{4} \times \dfrac{2}{3} \times \dfrac{1}{2} \right) = \dfrac{1}{30}$

검,흰,검,흰 $\rightarrow \dfrac{1}{30}$

흰,검,검,흰 $\rightarrow \dfrac{1}{30}$

따라서 $3 \times \dfrac{1}{30} = \dfrac{1}{10}$

(iii) 주사위의 눈이 3이 나왔을 때

흰 공 3, 검은 공 3인 상황에서

검, 흰, 흰, 흰 $\rightarrow \dfrac{2}{6} \times \left(\dfrac{3}{6} \times \dfrac{3}{5} \times \dfrac{2}{4} \times \dfrac{1}{3} \right) = \dfrac{1}{60}$

흰, 검, 흰, 흰 $\rightarrow \dfrac{1}{60}$

흰, 흰, 검, 흰 $\rightarrow \dfrac{1}{60}$

으로 $3 \times \dfrac{1}{60} = \dfrac{1}{20}$

(iv) 주사위의 눈이 4이 나왔을 때

흰 공 4, 검은 공 3인 상황에서

흰, 흰, 흰, 흰 $\rightarrow \dfrac{1}{6} \times \left(\dfrac{4}{7} \times \dfrac{3}{6} \times \dfrac{2}{5} \times \dfrac{1}{4} \right) = \dfrac{1}{210}$

(i)~(iv)에서

$\dfrac{1}{24} + \dfrac{1}{10} + \dfrac{1}{20} + \dfrac{1}{210}$

$= \dfrac{35 + 84 + 42 + 4}{840} = \dfrac{165}{840} = \dfrac{11}{56}$

$p = 56$, $q = 11$이므로 $p + q = 67$이다.

통계

유형 1 이산확률변수의 확률분포

167 정답 8

$1, 1, 2, 2, 2, a, a$를 일렬로 나열하는 경우의 수는

$\dfrac{7!}{2!3!2!} = 210$이다.

(1) $\mathrm{P}(X = 2)$

(i) $a11a$인 경우 : $\dfrac{4!}{3!} = 4$

(ii) $a12a$인 경우 : $\dfrac{4!}{2!} \times 2! = 24$

(iii) $a22a$인 경우 : $\dfrac{4!}{2!} = 12$

따라서 $\mathrm{P}(X = 2) = \dfrac{4 + 24 + 12}{210} = \dfrac{40}{210} = \dfrac{4}{21}$

(2) $\mathrm{P}(X = 5)$

$a11222a$인 경우이므로 $\dfrac{5!}{2!3!} = 10$

따라서 $\mathrm{P}(X = 5) = \dfrac{10}{210} = \dfrac{1}{21}$

그러므로 $\mathrm{P}(X=2)-\mathrm{P}(X=5)=\dfrac{3}{21}=\dfrac{1}{7}$

$p=7$, $q=1$이다.

$p+q=8$

168 정답 ③

$8x^2-6x+1=0$, $(4x-1)(2x-1)=0$

$x=\dfrac{1}{4}$ 또는 $x=\dfrac{1}{2}$

$\mathrm{P}(1\le X\le 4)=\dfrac{1}{2}$, $\mathrm{P}(2\le X\le 4)=\dfrac{1}{4}$

$\mathrm{P}(1\le X<2)=\mathrm{P}(1\le X\le 4)-\mathrm{P}(2\le X\le 4)$

$=\dfrac{1}{2}-\dfrac{1}{4}=\dfrac{1}{4}$

169 정답 ⑤

다음 그림과 같이 $n(\mathrm{A})=25$이다.

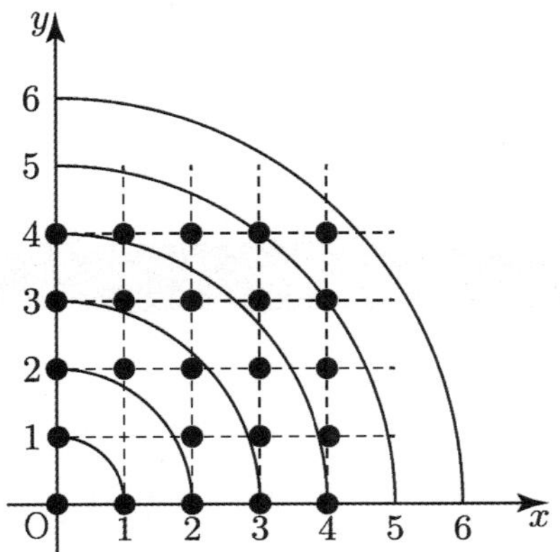

$X=1 : 0\le \overline{\mathrm{OP}}<1 \to n(\mathrm{P})=1$

$X=2 : 1\le \overline{\mathrm{OP}}<2 \to n(\mathrm{P})=3$

$X=3 : 2\le \overline{\mathrm{OP}}<3 \to n(\mathrm{P})=5$

$X=4 : 3\le \overline{\mathrm{OP}}<4 \to n(\mathrm{P})=6$

$X=5 : 4\le \overline{\mathrm{OP}}<5 \to n(\mathrm{P})=7$

$X=6 : 5\le \overline{\mathrm{OP}}<6 \to n(\mathrm{P})=3$

$X\ge 7 : P=0$

따라서

X	1	2	3	4	5	6	계
$\mathrm{P}(X)$	$\dfrac{1}{25}$	$\dfrac{3}{25}$	$\dfrac{5}{25}$	$\dfrac{6}{25}$	$\dfrac{7}{25}$	$\dfrac{3}{25}$	1

$\mathrm{E}(X)=\dfrac{1+6+15+24+35+18}{25}=\dfrac{99}{25}$

유형 2 이산확률변수의 평균, 분산, 표준편차

170 정답 7

주사위의 눈이 1, 3, 5가 나오면 n의 값에 영향이 없다.

주사위의 눈이 2, 6이 나오면 n의 값이 1 커진다.

주사위의 눈이 4가 나오면 n의 값이 2 커진다.

$X=0$일 확률은 $\dfrac{3}{6}\times\dfrac{3}{6}=\dfrac{1}{4}$

$X=1$일 확률은 $2\times\dfrac{1}{3}\times\dfrac{1}{2}=\dfrac{1}{3}$

$X=2$일 확률은 $2\times\dfrac{1}{6}\times\dfrac{1}{2}+\dfrac{1}{3}\times\dfrac{1}{3}=\dfrac{3+2}{18}=\dfrac{5}{18}$

$X=3$일 확률은 $2\times\dfrac{1}{3}\times\dfrac{1}{6}=\dfrac{1}{9}$

$X=4$일 확률은 $\dfrac{1}{6}\times\dfrac{1}{6}=\dfrac{1}{36}$

따라서

$\mathrm{E}(X)=1\times\dfrac{1}{3}+2\times\dfrac{5}{18}+3\times\dfrac{1}{9}+4\times\dfrac{1}{36}$

$=\dfrac{3+5+3+1}{9}=\dfrac{12}{9}=\dfrac{4}{3}$

이므로 $p+q=3+4=7$이다.

171 정답 6

$f(1)=1$

$f(2)=2$

$f(3)=2$

$f(4)=3$

$f(5)=2$

$f(6)=4$

$f(7)=2$

이므로 X에 대한 확률분포표는 다음과 같다.

X	1	2	3	4	계
$\mathrm{P}(X=x)$	$\dfrac{1}{7}$	$\dfrac{4}{7}$	$\dfrac{1}{7}$	$\dfrac{1}{7}$	1

$\mathrm{V}(X)=\mathrm{E}(X^2)-\{\mathrm{E}(X)\}^2$에서

$\mathrm{V}(X)+\{\mathrm{E}(X)\}^2=\mathrm{E}(X^2)$이다.

따라서

$\mathrm{E}(X^2)=\dfrac{1+16+9+16}{7}=6$

172 정답 35

확률의 총합이 1이므로 $10a+10\times 2a=30a=1$

$\therefore a=\dfrac{1}{30}$

$\mathrm{E}(X)=\dfrac{1}{30}(1+3+5+\cdots+19)+\dfrac{2}{30}(2+4+6+\cdots+20)$

$$= \frac{1}{30} \times \frac{10(1+19)}{2} + \frac{2}{30} \times \frac{10(2+20)}{2}$$

$$= \frac{100+220}{30} = \frac{32}{3}$$

$$\therefore \ p+q = 35$$

173 정답 ③

확률의 총합은 1이므로

$$p^3 + 6p^2q + 12pq^2 + 8q^3 = (p+2q)^3 = 1$$

$$\therefore \ p+2q = 1 \quad \therefore \ q = \frac{1}{2}(1-p)$$

$0 \le p \le \dfrac{1}{2}$ 이므로 $\dfrac{1}{4} \le q \le \dfrac{1}{2}$ 이다.

$$\mathrm{E}(X) = 6p^2q + 24pq^2 + 24q^3$$
$$= 6q(p+2q)^2 = 6q$$

$\mathrm{E}(X) = \dfrac{3}{2}$ 이면 $q = \dfrac{1}{4}$ 이므로 $p = \dfrac{1}{2}$

따라서 $p = \dfrac{1}{2}$ 일 때, 확률분포표는 다음과 같다.

X	0	1	2	3	계
$\mathrm{P}(X)$	$\dfrac{1}{8}$	$\dfrac{3}{8}$	$\dfrac{3}{8}$	$\dfrac{1}{8}$	1

$$\mathrm{V}(X) = \mathrm{E}(X^2) - \{\mathrm{E}(X)\}^2$$
$$= \frac{0+3+12+9}{8} - \frac{9}{4} = \frac{3}{4}$$

174 정답 8

$\mathrm{P}(X=i) = p_i$, $\mathrm{P}(Y=i^2+1) = q_i$ $(i=1, 2, 3, 4)$라 하면

$\mathrm{P}(Y=i^2+1) = a \times \mathrm{P}(X=i) + a$ 이므로

$q_i = ap_i + a$ 이다.

$$\sum_{i=1}^{4} p_i = 1, \ \sum_{i=1}^{4} q_i = 1$$ 이므로

$$\sum_{i=1}^{4} q_i = \sum_{i=1}^{4}(ap_i + a) = a + 4a = 5a = 1$$

따라서 $a = \dfrac{1}{5}$ 이다.

그러므로 $\mathrm{P}(Y=i^2+1) = \dfrac{1}{5}\mathrm{P}(X=i) + \dfrac{1}{5}$

$$\therefore \ q_i = \frac{1}{5}p_i + \frac{1}{5}$$

$$\mathrm{E}(X) = \sum_{i=1}^{4} ip_i = 2,$$

$$\mathrm{V}(X) = \mathrm{E}(X^2) - \{\mathrm{E}(X)\}^2 = \sum_{i=1}^{4} i^2 p_i - 4 = 1$$

따라서 $\sum_{i=1}^{4} i^2 p_i = 5$

$$E(Y) = \sum_{i=1}^{4}(i^2+1)q_i$$

$$= \sum_{i=1}^{4}(i^2+1)\left(\frac{1}{5}p_i + \frac{1}{5}\right)$$

$$= \frac{1}{5}\sum_{i=1}^{4}(i^2+1)(p_i+1)$$

$$= \frac{1}{5}\sum_{i=1}^{4}(i^2 p_i + i^2 + p_i + 1)$$

$$= \frac{1}{5}\left(\sum_{i=1}^{4} i^2 p_i + \sum_{i=1}^{4} i^2 + \sum_{i=1}^{4} p_i + \sum_{i=1}^{4} 1\right)$$

$$= \frac{1}{5}\left(5 + \frac{4 \times 5 \times 9}{6} + 1 + 4\right) = \frac{1}{5} \times 40 = 8$$

유형 3　이산확률변수 $aX+b$의 평균, 분산, 표준편차

175 정답 20

주사위를 4번 던질 때 나온 점수의 합의 평균은 가장 작은 값 1이 4번 나타날 때, 가장 큰 값 3이 4번 나타날 때의 두 값의 평균과 같다.

$$\mathrm{E}(X) = 3 \times \frac{1}{3} \times 4 + 1 \times \frac{2}{3} \times 4 = 4 + \frac{8}{3} = \frac{20}{3}$$

$$\mathrm{E}(3X) = 3\mathrm{E}(X) = 20$$

[다른 풀이]

주사위를 던질 때

3의 배수가 나올 사건을 A라 하면 $\mathrm{P}(A) = \dfrac{1}{3}$

3의 배수가 아닌 수가 나올 확률은 $\mathrm{P}(B) = \dfrac{2}{3}$ 이다.

주사위를 4번 던질 때 나온 점수의 합은

B가 4번 A가 0번 일 때

$$\Rightarrow 4 \rightarrow {}_4\mathrm{C}_4\left(\frac{2}{3}\right)^4\left(\frac{1}{3}\right)^0 = \frac{16}{3^4}$$

B가 3번 A가 1번 일 때

$$\Rightarrow 6 \rightarrow {}_4\mathrm{C}_3\left(\frac{2}{3}\right)^3\left(\frac{1}{3}\right)^1 = \frac{32}{3^4}$$

B가 2번 A가 2번 일 때

$$\Rightarrow 8 \rightarrow {}_4\mathrm{C}_2\left(\frac{2}{3}\right)^2\left(\frac{1}{3}\right)^2 = \frac{24}{3^4}$$

B가 1번 A가 3번 일 때

$$\Rightarrow 10 \rightarrow {}_4\mathrm{C}_1\left(\frac{2}{3}\right)^1\left(\frac{1}{3}\right)^3 = \frac{8}{3^4}$$

B가 0번 A가 4번 일 때

$$\Rightarrow 12 \rightarrow {}_4\mathrm{C}_0\left(\frac{2}{3}\right)^0\left(\frac{1}{3}\right)^4 = \frac{1}{3^4}$$

따라서 확률 변수 X의 확률분포표는 다음과 같다.

X	4	6	8	10	12	계
$\mathrm{P}(X=x)$	$\dfrac{16}{3^4}$	$\dfrac{32}{3^4}$	$\dfrac{24}{3^4}$	$\dfrac{8}{3^4}$	$\dfrac{1}{3^4}$	1

$$\mathrm{E}(X)=\frac{4\times16+6\times32+8\times24+10\times8+12\times1}{81}$$

$$=\frac{540}{81}=\frac{20}{3}$$

$$\mathrm{E}(3X)=3\,\mathrm{E}(X)=20$$

176 정답 ③

뒷면이 4번 나오는 경우

$$X=-4,\ \mathrm{P}(X=-4)=\left(\frac{1}{2}\right)^4=\frac{1}{16}$$

뒷면이 3번, 앞면이 1번 나오는 경우

$$X=-3+1=-2,\ \mathrm{P}(X=-2)={}_4\mathrm{C}_1\left(\frac{1}{2}\right)^4=\frac{4}{16}$$

뒷면이 2번, 앞면이 2번 나오는 경우

$$X=-2+2=0,\ \mathrm{P}(X=0)={}_4\mathrm{C}_2\left(\frac{1}{2}\right)^4=\frac{6}{16}$$

뒷면이 1번, 앞면이 3번 나오는 경우

$$X=-1+3=2,\ \mathrm{P}(X=2)={}_4\mathrm{C}_3\left(\frac{1}{2}\right)^4=\frac{4}{16}$$

앞면이 4번 나오는 경우

$$X=4,\ \mathrm{P}(X=4)={}_4\mathrm{C}_4\left(\frac{1}{2}\right)^4=\frac{1}{16}$$

따라서 X의 확률분포표는 다음과 같다.

X	-4	-2	0	2	4	합계
$\mathrm{P}(X)$	$\dfrac{1}{16}$	$\dfrac{4}{16}$	$\dfrac{6}{16}$	$\dfrac{4}{16}$	$\dfrac{1}{16}$	1

$$\mathrm{E}(X)=0$$

[다른 풀이]–김종렬T

앞면이 나온 횟수를 Y, 뒷면이 나온 횟수를 $4-Y$라 하면

$$X=x_1+x_2+x_3+x_4=Y-(4-Y)=2Y-4$$

확률변수 Y의 분포는 $\mathrm{B}\left(4,\dfrac{1}{2}\right)$을 만족하므로

$$\mathrm{E}(Y)=4\times\frac{1}{2}=2$$

$$\therefore\ \mathrm{E}(X)=\mathrm{E}(2Y-4)=2\,\mathrm{E}(Y)-4=2\times2-4=0$$

유형 4 이항분포

177 정답 42

확률변수 X의 확률질량함수는

$$\mathrm{P}(X=r)={}_3\mathrm{C}_r\left(\frac{2}{3}\right)^r\left(\frac{1}{3}\right)^{3-r}\ (r=0,1,2,3)$$

이므로 X는 이항분포 $\mathrm{B}\left(3,\dfrac{2}{3}\right)$를 따른다.

따라서 $\mathrm{E}(X)=3\times\dfrac{2}{3}=2$, $\mathrm{V}(X)=3\times\dfrac{2}{3}\times\dfrac{1}{3}=\dfrac{2}{3}$이므로

$$\mathrm{E}(X^2)=\mathrm{V}(X)+\{\mathrm{E}(X)\}^2=\frac{2}{3}+2^2=\frac{14}{3}$$

따라서 $\mathrm{E}(9X^2)=9\,\mathrm{E}(X^2)=9\times\dfrac{14}{3}=42$

178 정답 135

확률변수 X는 이항분포 $\mathrm{B}\left(n,\dfrac{1}{2}\right)$을 따른다.

확률변수 X의 평균이 5이므로 $\dfrac{1}{2}n=5$

$$\therefore\ n=10$$

확률변수 X의 분산이 σ^2이므로

$$\sigma^2=10\cdot\frac{1}{2}\cdot\frac{1}{2}=\frac{5}{2}$$

$$\therefore\mathrm{P}(X\le\sigma^2)=\mathrm{P}\left(X\le\frac{5}{2}\right)$$

$$=\mathrm{P}(X=0)+\mathrm{P}(X=1)+\mathrm{P}(X=2)$$

$$={}_{10}\mathrm{C}_0\left(\frac{1}{2}\right)^{10}+{}_{10}\mathrm{C}_1\left(\frac{1}{2}\right)^9\left(\frac{1}{2}\right)+{}_{10}\mathrm{C}_2\left(\frac{1}{2}\right)^8\left(\frac{1}{2}\right)^2$$

$$=\left(\frac{1}{2}\right)^{10}+10\cdot\left(\frac{1}{2}\right)^{10}+45\cdot\left(\frac{1}{2}\right)^{10}$$

$$=56\cdot\frac{1}{2^{10}}=\frac{7}{128}$$

$$\therefore\ p+q=128+7=135$$

179 정답 20

[출제자: 이정배T]

한 개의 주사위를 3번 던질 때 일어날 수 있는 모든 경우의 수는 $6\times6\times6=216$이다.

$(x-y)(y-z)(z-x)=0$인 사건을 A라 하면

$(x-y)(y-z)(z-x)\ne0$인 사건은 A^C이다.

$(x-y)(y-z)(z-x)\ne0$인 것은 $x\ne y$이고 $y\ne z$이고 $z\ne x$이다.

$x\ne y$이고 $y\ne z$이고 $z\ne x$일 때는 1부터 6까지 6개의 수 중에서 서로 다른 3개의 수를 택하는 경우의 수와 같으므로

$${}_6\mathrm{P}_3=6\times5\times4=120$$

이때, $\mathrm{P}(A^C)=\dfrac{120}{216}=\dfrac{5}{9}$이므로 $\mathrm{P}(A)=\dfrac{4}{9}$

확률변수 X는 이항분포 $\mathrm{B}\left(405,\dfrac{4}{9}\right)$를 따르므로

$$\mathrm{V}(X)=405\times\frac{4}{9}\times\frac{5}{9}=100\quad\therefore\ \sigma(X)=10$$

따라서 $\sigma(-2X+3)=2\sigma(X)=20$

180 정답 212

주어진 방정식이 유리수 근을 갖기 위해서는 $b^2 - 4a = k^2$을 만족해야 한다. (단, k는 음이 아닌 정수)

$a = 1$이면 $b = 2$인 1개

$a = 2$이면 $b = 3$인 1개

$a = 3$이면 $b = 4$인 1개

$a = 4$이면 $b = 4, 5$인 2개

$a = 5$이면 $b = 6$인 1개

$a = 6$이면 $b = 5$인 1개

이므로 사건 A가 일어날 확률은 $\dfrac{7}{36}$이다.

$$\therefore \ \mathrm{V}(X) = 144 \times \dfrac{7}{36} \times \dfrac{29}{36} = \dfrac{203}{9}$$

에서 $p + q = 212$

181 정답 3

확률변수 X가 이항분포 $B(n, p)$를 따른다고 하면

$\mathrm{E}(X) = np = 6$, $\mathrm{V}(X) = np(1-p) = 2$

$1 - p = \dfrac{1}{3}$ $\quad \therefore \ p = \dfrac{2}{3}$, $n = 9$

$$\mathrm{P}(X = k) = {}_9\mathrm{C}_k \left(\dfrac{2}{3}\right)^k \left(\dfrac{1}{3}\right)^{9-k} \ (k = 0, \ 1, \ 2, \ \cdots, \ 9)$$

$$\mathrm{P}(X = 3) = {}_9\mathrm{C}_3 \left(\dfrac{2}{3}\right)^3 \left(\dfrac{1}{3}\right)^6 = \dfrac{9 \cdot 8 \cdot 7}{3 \cdot 2 \cdot 1} \cdot \dfrac{2^3}{3^9}$$

$$\mathrm{P}(X = 4) = {}_9\mathrm{C}_4 \left(\dfrac{2}{3}\right)^4 \left(\dfrac{1}{3}\right)^5 = \dfrac{9 \cdot 8 \cdot 7 \cdot 6}{4 \cdot 3 \cdot 2 \cdot 1} \cdot \dfrac{2^4}{3^9}$$

$$\therefore \ \dfrac{\mathrm{P}(X = 4)}{\mathrm{P}(X = 3)} = \dfrac{6}{4} \cdot \dfrac{2^4}{2^3} = 3$$

182 정답 20

4개의 공에 적혀 있는 수의 최댓값과 최솟값의 곱이 16이 되는 경우는 최솟값이 2, 최댓값이 8인 경우밖에 없다. 동시에 뽑고 각 수가 적힌 공이 하나씩 밖에 없으므로 중복될 수 없기 때문이다.

따라서 $\boxed{2 \quad\quad 8}$ 인 경우

3부터 7까지의 5개의 수 중 2개를 고르는 경우이므로 ${}_5\mathrm{C}_2 = 10$

전체 가지수는 ${}_{10}\mathrm{C}_4 = 210$

그러므로 일어날 확률은 $\dfrac{10}{210} = \dfrac{1}{21}$

확률변수 X는 이항분포 $B\left(420, \dfrac{1}{21}\right)$을 따르므로

$$\mathrm{E}(X) = 420 \times \dfrac{1}{21} = 20$$

183 정답 8

$\mathrm{P}(X = x) = {}_9\mathrm{C}_x \left(\dfrac{1}{3}\right)^x \left(\dfrac{2}{3}\right)^{9-x}$ 이므로 확률변수 X는 이항분포 $B\left(9, \dfrac{1}{3}\right)$ 을 따른다.

$$\therefore \ \mathrm{V}(X) = 9 \times \dfrac{1}{3} \times \dfrac{2}{3} = 2$$

$$\therefore \ \mathrm{V}(2X - 1) = 2^2 \mathrm{V}(X) = 4 \times 2 = 8$$

184 정답 63

평균의 정의와 이산확률변수의 성질에서

$$f(x) = \sum_{k=0}^{100} (x - ak)^2 \mathrm{P}(X = k) = \mathrm{E}\left\{(x - aX)^2\right\}$$

$$= \mathrm{V}(x - aX) + \{\mathrm{E}(x - aX)\}^2$$

$$= a^2 \mathrm{V}(X) + \{x - a\mathrm{E}(X)\}^2$$

즉, 함수 $f(x) = \{x - a\mathrm{E}(X)\}^2 + a^2 \mathrm{V}(X)$는

$x = a\mathrm{E}(X)$일 때, 최솟값 $a^2 \mathrm{V}(X)$를 가지므로 문제의 조건에서

$b = a\mathrm{E}(X)$, $144 = a^2 \mathrm{V}(X) \ \cdots \ \bigcirc$

한편, 이산확률변수 X는 이항분포 $B\left(100, \dfrac{1}{5}\right)$을 따르므로

$$\mathrm{E}(X) = 100 \times \dfrac{1}{5} = 20,$$

$$\mathrm{V}(X) = 100 \times \dfrac{1}{5} \times \dfrac{4}{5} = 16 \ \cdots \ \bigcirc\!\!\bigcirc$$

따라서, $\bigcirc$과 $\bigcirc\!\!\bigcirc$에서 $b = 20a$, $144 = 16a^2$

$a = 3 \ (\because a > 0)$, $b = 60$

$\therefore a + b = 3 + 60 = 63$

[다른 풀이]

$$f(x) = \sum_{k=0}^{100} (x - ak)^2 \mathrm{P}(X = k)$$

$$= \sum_{k=0}^{100} (x - ak)^2 \, {}_{100}\mathrm{C}_k \left(\dfrac{1}{5}\right)^k \left(\dfrac{4}{5}\right)^{100-k}$$

$$= \sum_{k=0}^{100} \left\{x^2 \mathrm{P}(X = k) - 2axk\mathrm{P}(X = k) + a^2 k^2 \mathrm{P}(X = k)\right\}$$

$$= x^2 - 2ax\mathrm{E}(X) + a^2 \mathrm{E}(X^2)$$

$$= x^2 - 40ax + 416a^2$$

$$\left(\because \mathrm{E}(X^2) = \mathrm{V}(X) + \{\mathrm{E}(X)\}^2 = 16 + 400\right)$$

$$= (x - 20a)^2 + 16a^2$$

$16a^2 = 144$

$a^2 = 9$, $a = 3 \ (a > 0)$, $b = 60$

$\therefore a + b = 3 + 60 = 63$

185 정답 43

[그림 : 이정배T]

$0 \le x \le 4$에서 $y=ax$와 x축 그리고 $x=4$로 둘러싸인 부분의 넓이는 2이다.

따라서 $\dfrac{1}{2} \times 4 \times 4a = 8a = 2$, $\therefore a = \dfrac{1}{4}$

$P(8a \le Y \le 14a) = P\left(2 \le Y \le \dfrac{7}{2}\right)$는

직선 $y = \dfrac{1}{4}x$와 $x=2$, $x=\dfrac{7}{2}$ 그리고 x축으로 둘러싸인

부분의 넓이에서 확률변수 X의 확률밀도함수 $y=f(x)$와 x축

그리고 $x=2$, $x=\dfrac{7}{2}$로 둘러싸인 부분의 넓이를 뺀 값과 같다.

따라서

$P(8a \le Y \le 14a) = P\left(2 \le Y \le \dfrac{7}{2}\right)$

$= \dfrac{1}{2} \times \left(\dfrac{1}{2} + \dfrac{7}{8}\right) \times \dfrac{3}{2} - \left\{ \dfrac{1}{2} + \dfrac{1}{2} \times \left(\dfrac{1}{2} + \dfrac{1}{4}\right) \times \dfrac{1}{2} \right\}$

$= \dfrac{11}{32}$

따라서 $p + q = 43$

186 정답 ③

X의 확률밀도함수를 $f(x)$라 하면

$$f(x) = \begin{cases} \dfrac{1}{n^2}x & (0 \le x < n) \\ -\dfrac{1}{n^2}x + \dfrac{2}{n} & (n \le x \le 2n) \end{cases}$$

이고 $\dfrac{n}{2} < k < n$이므로 $n < 2k < 2n$이다.

따라서

$P(k \le X \le 2k)$

$= \displaystyle\int_k^n \left(\dfrac{1}{n^2}x\right)dx + \int_n^{2k}\left(-\dfrac{1}{n^2}x + \dfrac{2}{n}\right)dx$

$= \left[\dfrac{1}{2n^2}x^2\right]_k^n + \left[-\dfrac{1}{2n^2}x^2 + \dfrac{2}{n}x\right]_n^{2k}$

$= \dfrac{1}{2} - \dfrac{k^2}{2n^2} - \dfrac{2k^2}{n^2} + \dfrac{4k}{n} + \dfrac{1}{2} - 2$

$= -\dfrac{5}{2n^2}k^2 + \dfrac{4}{n}k - 1$

$= -\dfrac{5}{2n^2}\left(k^2 - \dfrac{8}{5}nk\right) - 1$

$= -\dfrac{5}{2n^2}\left(k - \dfrac{4}{5}n\right)^2 + \dfrac{3}{5}$

따라서 $k = \dfrac{4}{5}n$일 때 최댓값을 갖는다.

그러므로 $f(n) = \dfrac{4}{5}n$이고 $f'(n) = \dfrac{4}{5}$에서 $f'(1) = \dfrac{4}{5}$

[랑데뷰팁]

확률밀도함수의 그래프가 $x=n$에 대칭이므로

$k \le X \le 2k$의 중점이 $\dfrac{3k}{2} = n$일 때 최대라고 생각

해서는 안 된다. $k \le X \le k+C$ 꼴일 때는

$k + \dfrac{C}{2} = n$일 때 최대가 된다.

187 정답 ④

$h(10) = 0$이고, $h'(x) = f(x) - g(x)$에서 $x \ge 10$에서 최솟값을 가지므로,

$g(x)$의 정규분포함수 표준편차가 $f(x)$의 정규분포함수 표준편차보다 작음을 알 수 있다.

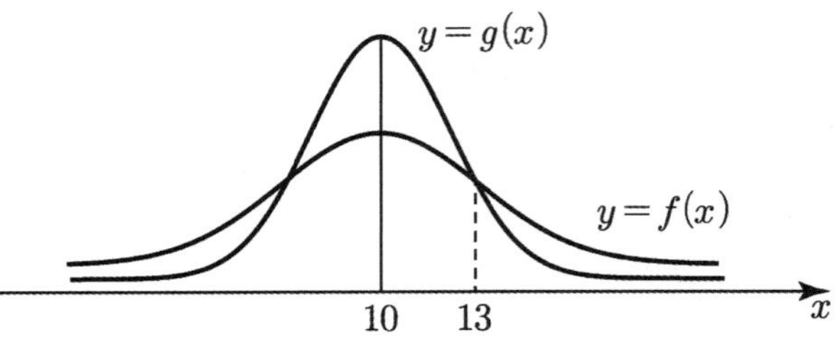

이 때 $h'(x) = f(x) - g(x)$이므로, $x = 13$ (a는 자연수)에서 $h(13)$의 값이 -0.044이다.

$\displaystyle\int_{10}^{13} f(t)dt = P(10 \le X \le 13) = P(0 \le Z \le 1.5) = 0.4332$

이다.

따라서

$h(13) - \displaystyle\int_{10}^{13} f(t)dt = -\int_{10}^{13} g(t)dt$

$= -0.044 - 0.4332 = -0.4772$이므로,

$\displaystyle\int_{10}^{13} g(t)dt = 0.4772 = P(0 \le Z \le 2)$이다.

즉, $\dfrac{13-10}{\sigma} = 2$이므로, $\sigma = 1.5$이다.

따라서 $P(10.75 \le Y \le 13)$을 구하면,

$P\left(\dfrac{0.75}{1.5} \le Z \le \dfrac{3}{1.5}\right)$

$= P\left(\dfrac{1}{2} \le Z \le 2\right) = 0.4772 - 0.1915 = 0.2857$

임을 알 수 있다.

188 정답 178

[출제자 : 이호진T]

$N(170,\ 10^2) \sim A$에서
$P(A \geq 180) = P(Z \geq 1) = 0.16$이므로
B부대에서 의장대로 뽑힐 확률을 p라고 하였을 때, 의장대 인원 중 한 명을 선발하였을 때, 그 인원이 B부대 출신일 확률은
$\dfrac{31}{47} = \dfrac{p}{0.16 + p}$ 로부터 $p = 0.31$이다.
따라서 $N(168,\ 20^2) \sim B$로부터
$P(B \geq a) = P(Z \geq 0.5)$이므로 $a = 178$임을 알 수 있다.

189 정답 ①

$P(a \leq X \leq a+3)$의 값은 확률밀도함수의 그래프와 x축 및 두 직선 $x = a$, $x = a+3$으로 둘러싸인 부분의 넓이와 같다.
그런데 평균이 10인 정규분포를 따르는 확률변수의 확률밀도함수의 그래프는 직선 $x = 10$에 대하여 대칭이므로
$P(a \leq X \leq a+3)$의 값이 $a = p$에서 최댓값을 가지려면
$\dfrac{a+(a+3)}{2} = 10$ 즉, $a = \dfrac{20-3}{2} = 8.5$
이어야 한다.
$$\begin{aligned}
\therefore\ q &= P(a \leq X \leq a+3)\\
&= P(8.5 \leq X \leq 11.5)\\
&= P\left(\dfrac{8.5-10}{3} \leq \dfrac{X-10}{3} \leq \dfrac{11.5-10}{3}\right)\\
&= P(-0.5 \leq Z \leq 0.5)\\
&= 2P(0 \leq Z \leq 0.5)\\
&= 2 \times 0.1915 = 0.3830
\end{aligned}$$
$\therefore\ p+q = 8.5 + 0.3830 = 8.8830$

190 정답 97

이 초등학교 4학년 학생들의 몸무게를 확률변수 X라 하면 X는 정규분포 $N(m, \sigma^2)$을 따른다.
이 초등학교 4학년 학생 중에서 몸무게가 $52\,kg$ 이상인 학생의 비율이 18%이므로
$P(X \geq 52) = 0.18 \cdots \text{㉠}$
몸무게가 $42\,kg$ 초과이고 $52\,kg$ 미만인 학생의 비율이 64%이므로
$P(42 < X < 52) = 0.64 \cdots \text{㉡}$
㉠, ㉡에서
$$\begin{aligned}
P(X > 42) &= P(42 < X < 52) + P(X \geq 52)\\
&= 0.64 + 0.18 = 0.82
\end{aligned}$$
이므로
$P(X \leq 42) = 1 - P(X > 42) = 1 - 0.82 = 0.18$
즉, $P(X \leq 42) = P(X \geq 52)$이므로

$m = \dfrac{42+52}{2} = 47$
한편, $Z = \dfrac{X-47}{\sigma}$ 이라 하면 확률변수 Z는 표준정규분포 $N(0, 1)$을 따르고
$P(47 < X < 52) = 0.32$이므로
$P(47 < X < 52) = P\left(0 < \dfrac{X-47}{\sigma} \leq \dfrac{52-47}{\sigma}\right) = 0.32$
이다.
$P(0 \leq Z \leq 0.9) = 0.32$에서 $\dfrac{5}{\sigma} = 0.9$
따라서 $\sigma = \dfrac{5}{0.9} = \dfrac{50}{9}$
$m + 9\sigma = 47 + 50 = 97$

191 정답 23

참가자의 제기차기 개수를 확률변수 X 라 하면 확률변수 X는 정규분포 $N(48, 4^2)$을 따른다. $Z = \dfrac{X-48}{4}$으로 놓으면 확률변수 Z는 표준정규분포 $N(0, 1)$을 따른다.
제기차기 개수가 56인 참가자가 사은품을 받았으므로
$P(X \geq 56) \leq \dfrac{n}{1000}$
$$\begin{aligned}
P(X \geq 56) &= P\left(Z \geq \dfrac{56-48}{4}\right) = P(Z \geq 2) = 0.5 - 04772\\
&= 0.0228
\end{aligned}$$
$0.0228 \leq \dfrac{n}{1000}$
$22.8 \leq n$
따라서 자연수 n의 최솟값은 23이다.

192 정답 147

확률변수 X가 이항분포 $B\left(450,\ \dfrac{1}{3}\right)$ 을 따르므로
$E(X) = 450 \times \dfrac{1}{3} = 150$
$\sigma(X) = \sqrt{450 \times \dfrac{1}{3} \times \dfrac{2}{3}} = 10$
즉, 확률변수 X는 근사적으로 정규분포 $N(150,\ 10^2)$을 따른다.
$$\begin{aligned}
P(X \geq 155) &= P\left(Z \geq \dfrac{155-150}{10}\right) = P(Z \geq 0.5)\\
&= 0.5 - P(0 \leq Z \leq 0.5)\\
&= 0.5 - 0.191 = 0.309
\end{aligned}$$
$P(X \geq a) = P\left(Z \geq \dfrac{a-150}{10}\right)$

$$= 2 \times 0.309 = 0.618$$
$$= 0.5 + 0.118 = 0.5 + P(0 \leq Z \leq 0.3)$$
$$= 0.5 + P(-0.3 \leq Z \leq 0)$$
$$= P(Z \geq -0.3)$$

$$\therefore \ \frac{a-150}{10} = -0.3$$

$$\therefore \ a = 147$$

193 정답 ⑤

주사위 두 개에서 모두 5의 약수가 나올 확률은

$\dfrac{1}{3} \times \dfrac{1}{3} = \dfrac{1}{9}$ 이므로

확률변수 X는 $n=243$, $p=\dfrac{1}{9}$ 인 이항분포를 따른다.

$B\left(243, \dfrac{1}{9}\right)$ 에서 $E(X) = 243 \times \dfrac{1}{9} = 27$,

$V(X) = 27 \times \dfrac{8}{9} = 24$ (ㄱ.참)

243은 충분히 큰 수이므로 확률변수 X는 근사적으로 정규분포 $N(27, 24)$을 따른다.

또한 $Z = \dfrac{X-27}{2\sqrt{6}}$ 이라 하면 확률변수 Z는 표준정규분포 $N(0, 1)$을 따르므로

$$P(X \leq 24) = P\left(Z \leq \frac{-3}{2\sqrt{6}}\right)$$

$$P(X \geq 30) = P\left(Z \geq \frac{3}{2\sqrt{6}}\right)$$

$P(X \leq 24) = P(X \geq 30)$ (ㄴ.참)

또한

$P(X \leq 20) = P(X \geq 34)$ 이므로

$P(X \leq 20) < P(X \geq k)$ 에서 $k < 34$ 이므로 자연수 k의 최댓값은 33이다. (ㄷ. 참)

이상에서 옳은 것은 ㄱ. ㄴ. ㄷ. 이다.

유형 9 모평균과 표본평균

194 정답 7

$\dfrac{1}{3} + \dfrac{1}{2}a + 6a^2 + \dfrac{1}{2}a - \dfrac{1}{3} = 1$ 이므로

$$6a^2 + a - 1 = 0$$
$$(3a-1)(2a+1) = 0$$
$$a = \frac{1}{3} \ (\because \ a > 0)$$

따라서 $P(X=-1) = \dfrac{1}{3}$, $P(X=0) = \dfrac{1}{6}$, $P(X=1) = \dfrac{1}{2}$

확률변수 $\overline{X}$가 갖는 값은 -1, $-\dfrac{1}{2}$, 0, $\dfrac{1}{2}$, 1 이고

$P\left(\overline{X} \leq \dfrac{1}{2}\right) = 1 - P(\overline{X} = 1)$ 이므로

$\overline{X} = 1$ 인 경우는 모집단에서 임의추출한 크기가 2인 표본을 X_1, X_2라 하면 $(X_1, \ X_2)$가 $(1, \ 1)$일 때

$$P(\overline{X} = 1) = \frac{1}{2} \times \frac{1}{2} = \frac{1}{4}$$

$$P\left(\overline{X} \leq \frac{1}{2}\right) = 1 - P(\overline{X} = 1) = \frac{3}{4}$$

$p=4$, $q=3$이므로 $p+q=7$

195 정답 ④

$$P(X=0) + P(X=1) + P(X=2) + P(X=3)$$
$$= a + b + a + b = 2a + 2b$$

이때 확률변수 X가 갖는 값에 대한 확률의 총합이 1이므로

$$2a + 2b = 1$$

$a + b = \dfrac{1}{2}$ 이다. $\cdots$ ㉠

모집단에서 크기 2인 표본을 X_1, X_2라 하자.

$\overline{X} = \dfrac{X_1 + X_2}{2} = \dfrac{3}{2}$ 가 되는 순서쌍 $(X_1, \ X_2)$는

$(0,3)$, $(1,2)$, $(2,1)$, $(3,0)$이므로

$$P\left(\overline{X} = \frac{3}{2}\right) = ab + ba + ab + ba = 4ab$$

$\overline{X} = \dfrac{X_1 + X_2}{2} = 3$ 이 되는 순서쌍 $(X_1, \ X_2)$는

$(3, 3)$이므로 $P(\overline{X} = 3) = b^2$

이때 $P\left(\overline{X} = \dfrac{3}{2}\right) = 2P(\overline{X} = 3)$ 에서

$$4ab = 2b^2$$
$$b = 2a$$ 이다.

㉠에 대입하면

$a = \dfrac{1}{6}$, $b = \dfrac{1}{3}$

따라서 이산확률변수 X의 확률분포를 표로 나타내면 다음과 같다.

X	0	1	2	3	합계
$P(X=x)$	$\dfrac{1}{6}$	$\dfrac{1}{3}$	$\dfrac{1}{6}$	$\dfrac{1}{3}$	1

$$E(X) = 0 + 1 \times \frac{1}{3} + 2 \times \frac{1}{6} + 3 \times \frac{1}{3} = \frac{5}{3}$$

$$E(\overline{X}) = E(X) = \frac{5}{3}$$

196 정답 2

모집단에서 임의추출한 초콜릿 4개가 들어있는 1상자의 무게의

평균을 $\overline{X}$라고 하면 $\overline{X}$는 정규분포 $N\left(30, \dfrac{4^2}{4}\right)$ 즉

$N(30, 2^2)$을 따른다.

초콜릿 4개가 들어있는 1상자의 무게가 $109.76\,g$이하이면

$\overline{X} \le \dfrac{109.76}{4} = 27.44$이므로 초콜릿 1상자가 불량일 확률은

$$P(\overline{X} \le 27.44) = P\left(Z \le \dfrac{27.44-30}{2}\right) = P(Z \le -1.28)$$
$$= P(Z \ge 1.28) = 0.5 - P(0 \le Z \le 1.28) = 0.1$$

이제 900개의 상자 중에서 불량인 상자의 개수를 확률변수

Y라고 하면 Y는 이항분포 $B(900, 0.1)$을 따른다.

$\therefore\ E(Y) = 900 \times 0.1 = 90$

$\therefore\ V(Y) = 900 \times 0.1 \times 0.9 = 9^2$

시행횟수가 충분히 크므로 확률변수 Y의 확률분포는

정규분포 $N(90, 9^2)$으로 근사화할 수 있다.

따라서 초콜릿 상자 900개 중에서 불량인 상자가 72개 이하일

확률은

$$P(Y \le 72) = P\left(Z \le \dfrac{72-90}{9}\right) = P(Z \le -2) = P(Z \ge 2)$$
$$= 0.5 - P(0 \le Z \le 2) = 0.02$$

따라서 $p = 0.02$

$100p = 2$

197 정답 352

양계장에서 생산되는 계란 1개의 무게를 확률변수 X라 하면

X는 정규분포 $N(55.45, (2.5)^2)$을 따르므로 모집단에서 임의로

추출한 크기가 25인 표본의 표본평균 $\overline{X}$의 평균은

$E(\overline{X}) = E(X) = 55.45$, 표준편차

$\sigma(\overline{X}) = \dfrac{\sigma(X)}{\sqrt{25}} = \dfrac{2.5}{5} = 0.5$이므로 확률변수 $\overline{X}$는 정규분포

$N(55.45, (0.5)^2)$을 따른다.

확률변수 Z가 표준정규분포 $N(0, 1^2)$을 따를 때 상자에 든 계란

25개의 무게의 평균이 55.3g 이상 56.5g 이하일 확률은

$$P(55.3 \le \overline{X} \le 56.5) = P\left(\dfrac{55.3-55.45}{0.5} \le Z \le \dfrac{56.5-55.45}{0.5}\right)$$
$$= P(-0.3 \le Z \le 2.1)$$
$$= P(0 \le Z \le 0.3) + P(0 \le Z \le 2.1)$$
$$= 0.1179 + 0.4821$$
$$= 0.6$$

3개의 상자 중 각 상자에 든 계란 25개의 무게의 평균이 55.3g

이상 56.5g 이하인 상자의 개수를 확률변수 Y라 하면 Y는

이항분포 $B(3, 0.6)$을 따르므로 구하는 확률은

$P(Y \le 1) = P(Y = 0) + P(Y = 1)$

$$= {}_3C_0 \times (0.4)^3 + {}_3C_1 \times 0.6 \times (0.4)^2$$
$$= 0.064 + 0.288$$
$$= 0.352$$

$P = 0.352$

따라서 $1000P = 352$

198 정답 46

제품 한 개의 무게를 확률변수 Y라 하면 Y는 정규분포

$N(100, 8^2)$을 따른다. 제품 16개를 포장하여 한 세트로 만드는

것은 크기가 16인 표본을 추출하는 것이므로 그 표본평균을

$\overline{Y}$라 하면 $\overline{Y}$는 정규분포 $N(100, 2^2)$을 따른다. 16개씩 한

세트의 무게가 $1664g$ 이상이거나 $1536g$ 이하인 것을

불량품으로 판정하므로 불량품으로 판정할 확률은

$$P(16\overline{Y} \ge 1664) + P(16\overline{Y} \le 1536)$$
$$= P(\overline{Y} \ge 104) + P(\overline{Y} \le 96)$$
$$= P\left(Z \ge \dfrac{104-100}{2}\right) + P\left(Z \le \dfrac{96-100}{2}\right)$$
$$= P(Z \ge 2) + P(Z \le -2)$$
$$= 2P(Z \ge 2) = 2\{0.5 - P(0 \le Z \le 2)\} = 0.046$$

따라서 1000개의 포장세트 중 불량품으로 판정되는 세트의 개수

X는 이항분포 $B(1000, 0.046)$을 따른다.

$\therefore\ E(X) = 1000 \times 0.046 = 46$

199 정답 ⑤

이 회사에서 만든 단팥빵의 무게 X는 정규분포 $N(100, 9^2)$을

따른다.

이때 $Z_1 = \dfrac{X-100}{9}$로 놓으면 확률변수 Z_1은 표준 정규분포

$N(0, 1)$을 따르므로

$$P(X \ge 9a - 413) = P\left(\dfrac{X-100}{9} \ge \dfrac{9a-413-100}{9}\right)$$
$$= P\left(Z_1 \ge \dfrac{9a-513}{9}\right)$$
$$= P(Z_1 \ge a - 57)$$

한편 이 빵집에서 생산된 단팥빵 중에서 임의 추출한 81개의

무게의 표본평균이 $\overline{X}$이므로

$E(\overline{X}) = 100$, $\sigma(\overline{X}) = \dfrac{9}{\sqrt{81}} = 1$

확률변수 $\overline{X}$는 정규분포 $N(100, 1^2)$을 따른다.

이때 $Z_2 = \dfrac{\overline{X}-100}{1}$로 놓으면 확률변수 Z_2는 표준정규분포

$N(0, 1)$을 따르므로

$$P(\overline{X} \le 157 - a) = P\left(\dfrac{\overline{X}-100}{1} \le \dfrac{157-a-100}{1}\right)$$
$$= P(Z_2 \le 57 - a)$$

따라서

$\mathrm{P}(X \geq 9a - 413) + \mathrm{P}(\overline{X} \leq 157 - a) = 0.0456$

$= \mathrm{P}(Z_1 \geq a - 57) + \mathrm{P}(Z_2 \leq 57 - a)$

$= \mathrm{P}(Z \geq a - 57) + \mathrm{P}(Z \leq 57 - a)$

$= 0.0456$ (단 Z는 표준정규분포를 따르는 확률변수이다.)

이므로 $2\mathrm{P}(Z \geq a - 57) = 0.0456$

$\mathrm{P}(Z \geq a - 57) = 0.0228$

$0.5 - \mathrm{P}(0 \leq Z \leq a - 57) = 0.0228$

$\mathrm{P}(0 \leq Z \leq a - 57) = 0.4772$

이고 주어진 표준정규분포표에서

$\mathrm{P}(0 \leq Z \leq 2) = 0.4772$이므로

$a - 57 = 2$ 따라서 $a = 59$

200 정답 ③

이 공장에서 생산하는 노트북 컴퓨터 1대의 무게를 확률변수 X라 하면 X는 정규분포 $\mathrm{N}(1000,\ 30^2)$을 따른다.

이 공장에서 생산하는 노트북 컴퓨터 중에서 임의추출한 9대의 무게의 평균을 $\overline{X}$라 하면 표본평균 $\overline{X}$는 정규분표

$\mathrm{N}\left(1000,\ \left(\dfrac{30}{\sqrt{9}}\right)^2\right)$ 을 따르므로

$Z = \dfrac{\overline{X} - 1000}{10}$ 이라 하면

확률변수 Z는 정규분포 $N(0,\ 1)$을 따른다.

이때 임의추출한 노트북 9대의 무게의 합은 $9\overline{X}$와 같으므로 구하는 확률은

$\mathrm{P}(9\overline{X} \leq 9090) = \mathrm{P}(\overline{X} \leq 1010)$

$\qquad = \mathrm{P}\left(\dfrac{\overline{X} - 1000}{10} \leq \dfrac{1010 - 1000}{10}\right)$

$\qquad = \mathrm{P}(Z \leq 1) = 0.5 + \mathrm{P}(0 \leq Z \leq 1)$

$\qquad = 0.8413$

201 정답 ②

$\mathrm{E}(\overline{X}) = m$, $\sigma(\overline{X}) = \dfrac{4}{\sqrt{25}} = \dfrac{4}{5}$ 이므로 확률변수 $\overline{X}$는 정규분포

$\mathrm{N}\left(m,\ \left(\dfrac{4}{5}\right)^2\right)$을 따른다.

$\mathrm{P}(\overline{X} \geq 19) = \mathrm{P}(\overline{X} \leq 21)$에서 $m = 20$임을 알 수 있다.

따라서 확률변수 X는 정규분포 $\mathrm{N}(20, 4^2)$, 확률변수 $\overline{X}$는

정규분포는 $\mathrm{N}\left(20,\ \left(\dfrac{4}{5}\right)^2\right)$을 따른다.

$\mathrm{P}(\overline{X} \geq 19) = 0.8944$에서

$Z = \dfrac{19 - 20}{\dfrac{4}{5}} = -\dfrac{5}{4} = -1.25$이므로

$\mathrm{P}(Z \geq -1.25) = 0.8944 \Rightarrow \mathrm{P}(0 \leq Z \leq 1.25) = 0.3944 \cdots \bigcirc$

한편,

$\mathrm{P}(X \leq 15) + \mathrm{P}(\overline{X} \leq 22)$

$= \mathrm{P}\left(Z \leq \dfrac{15 - 20}{4}\right) + \mathrm{P}\left(Z \leq \dfrac{22 - 20}{\dfrac{4}{5}}\right)$

$= \mathrm{P}(Z \leq -1.25) + \mathrm{P}(Z \leq 2.5)$

$= 0.5 - 0.3944 + \mathrm{P}(Z \leq 2.5) = 1.0994$

따라서 $\mathrm{P}(Z \leq 2.5) = 1.0994 - 0.1056 = 0.9938$

그러므로 $\mathrm{P}(0 \leq Z \leq 2.5) = 0.4938 \cdots \bigcirc$

$\mathrm{P}(10 \leq X \leq 25)$

$= \mathrm{P}\left(\dfrac{10 - 20}{4} \leq Z \leq \dfrac{25 - 20}{4}\right)$

$= \mathrm{P}(-2.5 \leq Z \leq 1.25)$

$= \mathrm{P}(-2.5 \leq Z \leq 0) + \mathrm{P}(0 \leq Z \leq 1.25)$

$= \mathrm{P}(0 \leq Z \leq 2.5) + \mathrm{P}(0 \leq Z \leq 1.25)$

$= 0.4938 + 0.3944 \ (\because \bigcirc,\ \bigcirc)$

$= 0.8882$

모평균의 추정

202 정답 ②

(i) 모표준편차 σ, 표본의 크기 $n = 100$, 표본평균 $\overline{x} = 0.72$일 때, 모평균 m에 대한 신뢰도 95 %의 신뢰구간은

$0.72 - 1.96 \times \dfrac{\sigma}{\sqrt{100}} \leq m \leq 0.72 + 1.96 \times \dfrac{\sigma}{\sqrt{100}}$

이므로

$a = 0.72 - 1.96 \times \dfrac{\sigma}{\sqrt{100}} = 0.72 - 0.196\sigma$

$b = 0.72 + 1.96 \times \dfrac{\sigma}{\sqrt{100}} = 0.72 + 0.196\sigma$

따라서 $2b - 3a = 0.98\sigma - 0.72$

(ii) 모표준편차 σ, 표본의 크기 $n = 36$, 표본평균 $\overline{x} = k$일 때, 모평균 m에 대한 신뢰도 99 %의 신뢰구간은

$k - 2.58 \times \dfrac{\sigma}{\sqrt{36}} \leq m \leq k + 2.58 \times \dfrac{\sigma}{\sqrt{36}}$

이므로

$c = k - 2.58 \times \dfrac{\sigma}{6} = k - 0.43\sigma$

$d = k + 2.58 \times \dfrac{\sigma}{\sqrt{36}} = k + 0.43\sigma$

따라서 $d - c = 0.86\sigma$

이때 $2b - 3a = d - c$이므로

$0.98\sigma - 0.72 = 0.86\sigma$에서

$0.12\sigma = 0.72$

$\sigma = 6$

203 정답 ①

임의로 뽑은 25명의 몸무게의 합이 1200kg이므로 표본평균

$\overline{X}$는 $\overline{X} = \dfrac{1200}{25} = 48$

따라서 구하는 신뢰구간은

$$48 - 2.58 \times \dfrac{1.5}{\sqrt{25}} \leq m \leq 48 + 2.58 \times \dfrac{1.5}{\sqrt{25}}$$

$$\therefore \ 47.226 \leq m \leq 48.774$$

204 정답 121

$$2 \times 2 \times \dfrac{22}{\sqrt{n}} \leq 8$$

$$\sqrt{n} \geq 11$$

$$\therefore \ n \geq 121$$

따라서 n의 최솟값은 121이다.

205 정답 225

모표준편차가 0.5인 정규분포를 따르므로 표본평균이 1.9이고 표본의 크기가 n인 표본을 이용하여 구한 모평균 m에 대한 신뢰도 95%의 신뢰구간은

$$1.9 - 1.96 \times \dfrac{0.5}{\sqrt{n}} \leq m \leq 1.9 + 1.96 \times \dfrac{0.5}{\sqrt{n}}$$

$$1.9 + 1.96 \times \dfrac{0.5}{\sqrt{n}} = 2.04 \text{에서} \ n = 49$$

$$a = 1.9 - 1.96 \times \dfrac{0.5}{\sqrt{n}} = 1.9 - 0.14 = 1.76$$

$$\therefore \ 100a + n = 176 + 49 = 225$$

통계 단원 평가

206 정답 60

단감의 무게와 당도를 각각 확률변수 X, Y라 하면 X와 Y는 각각 정규분포 $N(260, 50^2)$과 $N(12, 2^2)$을 따른다.

$$P(X \geq 218) = P\left(Z \geq \dfrac{218 - 260}{50}\right)$$
$$= P(Z \geq -0.84) = 0.5 + 0.3 = 0.8$$

$$P(10.32 \leq Y \leq 15.28)$$
$$= P\left(\dfrac{10.32 - 12}{2} \leq Z \leq \dfrac{15.28 - 12}{2}\right)$$
$$= P(-0.84 \leq Z \leq 1.64) = 0.3 + 0.45 = 0.75$$

그러므로 임의로 뽑은 단감이 상품으로 출하될 확률은 $0.8 \times 0.75 = 0.6$이다.

따라서 100개의 단감을 수확할 때, 상품으로 출하될 수 있는 단감의 기댓값은 $100 \times 0.6 = 60$이다.

207 정답 37

(i) 흰공 0, 검은공 2

$$\dfrac{4}{9} \times \dfrac{3}{5} \times {}_3C_2 \left(\dfrac{1}{2}\right)^3 + \dfrac{4}{9} \times \dfrac{2}{5} \times {}_2C_2 \left(\dfrac{1}{2}\right)^2$$

(ii) 흰공 1, 검은공 1

$$\dfrac{4}{9} \times \dfrac{2}{5} \times {}_3C_2 \left(\dfrac{1}{2}\right)^3 + \dfrac{4}{9} \times \dfrac{3}{5} \times {}_2C_2 \left(\dfrac{1}{2}\right)^2$$

(iii) 흰공 2, 검은공 0

$$\dfrac{1}{9} \times \dfrac{1}{5} \times {}_3C_2 \left(\dfrac{1}{2}\right)^3 + \dfrac{1}{9} \times \dfrac{4}{5} \times {}_2C_2 \left(\dfrac{1}{2}\right)^2$$

(i), (ii), (iii)에 의해 동전의 앞면이 2번 나올 확률은

$$\dfrac{37}{3 \times 5 \times 8} \text{이다.}$$

$$\therefore \ n = 37$$

208 정답 5

확률변수 X는 이항분포 $B(20, p)$를 따르므로 분산 $V(X) = 20pq(p + q = 1)$에서

$$p + q \geq 2\sqrt{pq}$$

$$1 \geq 2\sqrt{pq}$$

$$\therefore \ pq \leq \dfrac{1}{4}, \ V(X) = 20pq \leq 5$$

따라서, 분산 $V(X)$의 최댓값은 5이다.

209 정답 100

$y = \dfrac{2}{a}x^2$과 원 $x^2 + (y-1)^2 = 1$은 원점 $(0, 0)$에서 만나므로 다른 점에서 만나는 점이 없어야 한다. 따라서

$$x^2 + (y-1)^2 = 1 \ \rightarrow \ \dfrac{a}{2}y + y^2 - 2y + 1 = 1$$

$$\rightarrow \ y^2 + \left(\dfrac{a}{2} - 2\right)y = 0 \ \rightarrow \ y\left(y + \dfrac{a}{2} - 2\right) = 0$$

따라서 $y = 0$ 또는 $y = 2 - \dfrac{a}{2}$

$y = \dfrac{2}{a}x^2$과 원 $x^2 + (y-1)^2 = 1$은 $y \geq 0$에서만 만나므로

$2 - \dfrac{a}{2} \leq 0$이면 $(0, 0)$만 교점이 된다. 따라서 $a \geq 4$

따라서 $p = \dfrac{1}{2}$

확률변수 X는 $B\left(200, \dfrac{1}{2}\right)$를 따르므로

$$E(X) = 200 \times \dfrac{1}{2} = 100$$

210 정답 256

한 조각에서 네 숫자 중 한 숫자가 3개 이상 나올 확률을 p라 하면

$$p = {}_4\mathrm{C}_1\left\{{}_5\mathrm{C}_3\left(\frac{1}{4}\right)^3\left(\frac{3}{4}\right)^2 + {}_5\mathrm{C}_4\left(\frac{1}{4}\right)^4\left(\frac{3}{4}\right)^1 + {}_5\mathrm{C}_5\left(\frac{1}{4}\right)^5\left(\frac{3}{4}\right)^0\right\}$$
$$= \frac{53}{128}$$

확률변수 X는 이항분포 $\mathrm{B}\left(n, \dfrac{53}{128}\right)$을 따른다.

따라서 $\mathrm{E}(X) = \dfrac{53}{128}n$이므로

$\therefore\ \dfrac{53}{128}n \geq 106$

따라서 $n \geq 256$

211 정답 298

번호의 평균을 $\mathrm{E}(X)$ 라 하면
$$\mathrm{E}(X) = \frac{1 \times n + 2 \times (n-1) + \cdots + n \times 1}{1 + 2 + \cdots + n} \quad \cdots \text{㉠}$$

이때,
$$1 \times n + 2 \times (n-1) + \cdots + n \times 1$$
$$= \sum_{k=1}^{n} k(n+1-k) = (n+1)\sum_{k=1}^{n} k - \sum_{k=1}^{n} k^2$$
$$= (n+1) \times \frac{n(n+1)}{2} - \frac{n(n+1)(2n+1)}{6}$$
$$= \frac{n(n+1)(n+2)}{6}\ \text{이므로 ㉠에서}$$
$$\mathrm{E}(X) = \frac{\dfrac{n(n+1)(n+2)}{6}}{\dfrac{n(n+1)}{2}} = \frac{n+2}{3}$$

따라서
$\dfrac{n+2}{3} = 100$ 이므로 $n = 298$

212 정답 ②

확률변수 X는 $\mathrm{B}\left(n, \dfrac{3}{4}\right)$을 따른다.

따라서 $\mathrm{E}(X) = \dfrac{3}{4}n$, $\mathrm{V}(X) = \dfrac{3}{16}n$

크기가 3인 표본평균 $\overline{X}$의 평균과 분산은 다음과 같다.
$$\mathrm{E}(\overline{X}) = \frac{3}{4}n,\ \mathrm{V}(\overline{X}) = \frac{n}{16}$$

따라서 $\mathrm{E}(\overline{X}) + \mathrm{V}(\overline{X}) = \dfrac{13}{16}n = 26$

$\therefore\ n = 32$

213 정답 ③

함수 $f(t)$ 는 $t = 10$에서 최댓값을 가지므로
$f(10) = \mathrm{P}(10 \leq X \leq 12)$ 에서 확률변수 X의 평균 m 은 11이다.

$$f(m) = f(11) = \mathrm{P}(11 \leq X \leq 13) = \mathrm{P}\left(0 \leq Z \leq \frac{13-11}{\sigma}\right)$$
$$= 0.4772$$
$\dfrac{13-11}{\sigma} = 2$ 에서 $\sigma = 1$
$$k = f(10) = \mathrm{P}(10 \leq X \leq 12)$$
$$= \mathrm{P}\left(\frac{10-11}{1} \leq Z \leq \frac{12-11}{1}\right)$$
$$= \mathrm{P}(-1 \leq Z \leq 1)$$
$$= 2\mathrm{P}(0 \leq Z \leq 1)$$
$$= 0.6826$$

214 정답 216

정십이면체를 던져서 지면에 닿은 면이 검정색이 되는 확률을 p라 하면 $p = \dfrac{k}{12}$이다.

확률변수 X는 이항분포 $\mathrm{B}\left(n, \dfrac{k}{12}\right)$을 따르므로

$\mathrm{E}(X) = \dfrac{nk}{12}$, $\mathrm{V}(X) = \dfrac{nk}{12} \times \dfrac{12-k}{12}$ 이다.

조건(가)에서 $3 \times \dfrac{nk}{12} = 4 \times \dfrac{nk}{12} \times \dfrac{12-k}{12} \rightarrow 12-k=9$

$\therefore\ k = 3$

따라서 $p = \dfrac{1}{4}$이다.

$$\mathrm{P}(X=1) = {}_n\mathrm{C}_1\left(\frac{1}{4}\right)\left(\frac{3}{4}\right)^{n-1},$$
$$\mathrm{P}(X=0) = {}_n\mathrm{C}_0\left(\frac{1}{4}\right)^0\left(\frac{3}{4}\right)^n\text{이므로}$$

조건(나)에서
$${}_n\mathrm{C}_1\left(\frac{1}{4}\right)\left(\frac{3}{4}\right)^{n-1} = 24\,{}_n\mathrm{C}_0\left(\frac{1}{4}\right)^0\left(\frac{3}{4}\right)^n \rightarrow \frac{n}{4} = 18$$
$\therefore\ n = 72$

따라서 $nk = 216$

215 정답 14

함수 $f(x) = \begin{cases} a(x+1) & (-1 \leq x < 0) \\ a\left(-\dfrac{1}{2}x+1\right) & (0 \leq x < 2) \end{cases}$ 에서 $a > 0$이고

그래프는 다음과 같다.

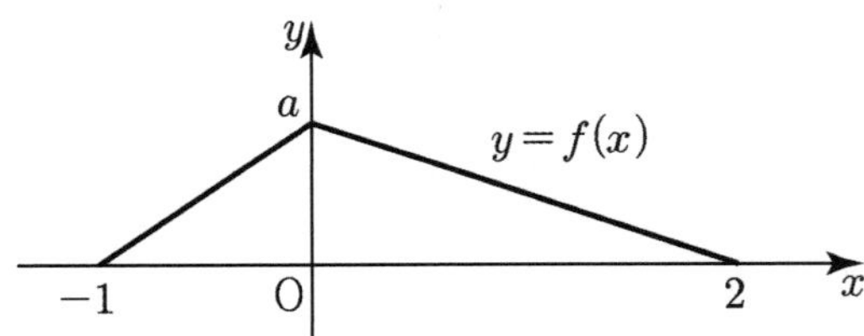

$f(x)$가 확률밀도함수이므로
$3 \times a \times \dfrac{1}{2} = 1$이므로 $a = \dfrac{2}{3}$

따라서 $f(x)=\begin{cases}\dfrac{2}{3}x+\dfrac{2}{3} & (-1\le x<0)\\[2mm]-\dfrac{1}{3}x+\dfrac{2}{3} & (0\le x<2)\end{cases}$ 이다.

$$P(c\le X\le c+1)$$
$$=\int_{c}^{0}\left(\frac{2}{3}x+\frac{2}{3}\right)dx+\int_{0}^{c+1}\left(-\frac{1}{3}x+\frac{2}{3}\right)dx$$
$$=\left[\frac{1}{3}x^2+\frac{2}{3}x\right]_{c}^{0}+\left[-\frac{1}{6}x^2+\frac{2}{3}x\right]_{0}^{c+1}$$
$$=-\frac{1}{3}c^2-\frac{2}{3}c-\frac{1}{6}(c+1)^2+\frac{2}{3}(c+1)=-\frac{1}{2}c^2-\frac{1}{3}c+\frac{1}{2}$$
$$=-\frac{1}{2}\left(c+\frac{1}{3}\right)^2+\frac{5}{9}$$

$-1\le c\le 0$ 이므로 $P(c\le X\le c+1)$은

$c=-\dfrac{1}{3}$ 에서 최댓값 $\dfrac{5}{9}$를 갖는다.

따라서 $p=9,\ q=5$

$p+q=14$

216 정답 43

$b-a$는 신뢰구간의 길이를 의미한다.

모표준편차가 1이고 표본의 크기가 144,

$P(|Z|\le 2.58)=0.99$이므로

$$b-a=2\times 2.58\times \frac{1}{\sqrt{144}}=2.58\times \frac{1}{6}=0.43$$이다.

$c=0.43$

따라서 $100c=43$이다.

217 정답 306

A고등학교는 정규분포 $N(m,\sigma^2)$, B고등학교는 정규분포
$N(m-1,9\sigma^2)$을 따르므로 다음 그림과 같다.

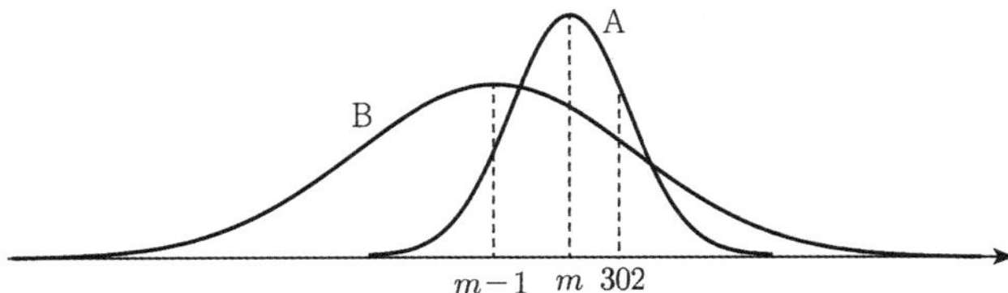

두 고등학교의 임의추출한 학생 36명에 대한 수면시간이 302분
이상의 확률이 모두 0.5보다 작으므로 다음 그림과 같다.

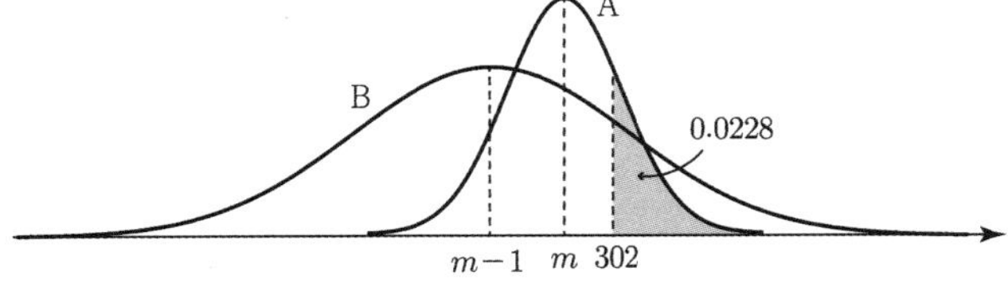

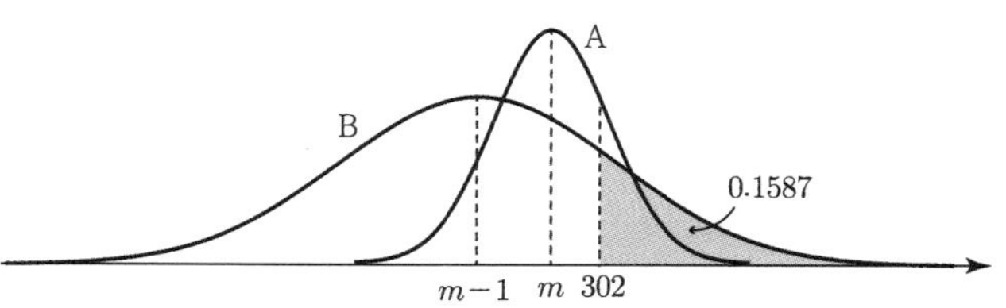

표준화 하면
$$P(Z\ge 2)=0.5-0.4772=0.0228,$$
$$P(Z\ge 1)=0.5-0.3413=0.1587\ \text{이므로}$$
$$\frac{302-m}{\frac{\sigma}{\sqrt{36}}}=2,\ \frac{302-(m-1)}{\frac{3\sigma}{\sqrt{36}}}=1\ \text{이다.}$$

정리하면 $302-m=\dfrac{\sigma}{3},\ 303-m=\dfrac{\sigma}{2}$이 성립한다.

따라서 $m=300,\ \sigma=6$이므로 $m+\sigma=306$

218 정답 ④

확률변수 $Z_1=\dfrac{X-m}{\sigma}$는 표준정규분포 $N(0,\ 1)$을 따르고

$P(X\le a)=0.0808$에서 $a<m$이므로

$$P(X\le a)=P\left(Z_1\le \frac{a-m}{\sigma}\right)$$
$$=0.5-P\left(0\le Z_1\le \frac{m-a}{\sigma}\right)$$
$$=0.0808$$
$$P\left(0\le Z_1\le \frac{m-a}{\sigma}\right)=0.4192$$

그러므로 $\dfrac{a-m}{\sigma}=-1.4\ \cdots\ \text{㉠}$

한편, 확률변수 Y는 평균 $4m+8$, 표준편차 2σ인 정규분포를

따르므로 확률변수 $Z_2=\dfrac{Y-(4m+8)}{2\sigma}$은 표준정규분포

$N(0,\ 1)$을 따른다.

$P(Y\le 4a+24)=0.9641$이므로 $4a+24>m$이다.

$$P(Y\le 4a+24)=P\left(Z_2\le \frac{4a+24-(4m+8)}{2\sigma}\right)$$
$$=P\left(Z_2\le \frac{4(a-m)+16}{2\sigma}\right)$$
$$=P\left(Z_2\le 2\left(\frac{a-m}{\sigma}\right)+\frac{8}{\sigma}\right)$$
$$=0.5+P\left(0\le Z_2\le 2\left(\frac{a-m}{\sigma}\right)+\frac{8}{\sigma}\right)$$
$$=0.9641$$

에서 $P\left(0\le Z_2\le 2\left(\dfrac{a-m}{\sigma}\right)+\dfrac{8}{\sigma}\right)=0.4641$

그러므로 $2\left(\dfrac{a-m}{\sigma}\right)+\dfrac{8}{\sigma}=1.8$이고 ㉠에서

$\dfrac{8}{\sigma}=1.8+2.8\rightarrow \dfrac{8}{\sigma}=\dfrac{23}{5}\rightarrow 23\sigma=40$

따라서 $23\sigma=40$

$\therefore\ \sigma=\dfrac{40}{23}$

219 정답 784

크기가 100인 표본의 표본평균을 $\overline{X}$라 하면 조건 (가)에 의하여

$$\overline{X}=\frac{\sum\limits_{n=1}^{100} x_n}{100}=\frac{900}{100}=9$$

표본표준편차를 S라 하면 조건 (나)에 의하여

$$S^2=\frac{1}{100-1}\sum_{n=1}^{100}(x_n-9)^2=\frac{396}{99}=4$$

이때 $\mathrm{P}(-1.96\le Z\le 1.96)=0.95$이므로 모평균 m에 대한 신뢰도 95%의 신뢰구간의 길이는

$$2\times 1.96\times\frac{2}{\sqrt{100}}=0.784$$

따라서 784

220 정답 39

$$\mathrm{P}(X\le 10)=0.9938=0.5+0.4938$$
$$=\mathrm{P}(X\le m)+\mathrm{P}(m\le X\le 10)$$

표준정규분포표를 이용하면
$\mathrm{P}(0\le Z\le 2.5)=0.4938$이므로

$$\frac{10-m}{\sqrt{\dfrac{16}{(4m+1)^2}}}=\frac{5}{2}\text{이다.}$$

$$\frac{(10-m)(4m+1)}{4}=\frac{5}{2}$$

$$-4m^2+39m+10=10$$

$$-4m\left(m-\frac{39}{4}\right)=0\text{에서}$$

$$m=\frac{39}{4}\text{이다.}$$

따라서 $4m=39$

221 정답 ①

이때 $|\overline{X}-m|\le 0.049\sigma$일 확률이 0.8584이상이므로

$$\mathrm{P}\big(|\overline{X}-m|\le 0.049\sigma\big)$$

$$=\mathrm{P}\left(\left|\frac{\overline{X}-m}{\dfrac{\sigma}{\sqrt{n}}}\right|\le\frac{0.049\sigma}{\dfrac{\sigma}{\sqrt{n}}}\right)$$

$$=\mathrm{P}\big(|Z|\le 0.049\sqrt{n}\big)$$

$$=\mathrm{P}\big(-0.049\sqrt{n}\le Z\le 0.049\sqrt{n}\big)$$

$$=2\mathrm{P}\big(0\le Z\le 0.049\sqrt{n}\big)\ge 0.8584$$

즉, $\mathrm{P}\big(0\le Z\le 0.049\sqrt{n}\big)\ge 0.4292$이므로

$0.049\sqrt{n}\ge 1.47,\quad \sqrt{n}\ge 30$

따라서 $n\ge 900$이므로 n의 최솟값은 900이다.

222 정답 80

$$\sum_{r=0}^{20}\mathrm{P}(X\ge r)$$

$$=\mathrm{P}(X\ge 0)+\mathrm{P}(X\ge 1)+\mathrm{P}(X\ge 2)+\cdots$$
$$\qquad\qquad +\mathrm{P}(X\ge 19)+\mathrm{P}(X=20)$$

$$=\mathrm{P}(X=0)+2\mathrm{P}(X=1)+3\mathrm{P}(X=2)+\cdots+21\mathrm{P}(X=20)$$

$$=\sum_{r=0}^{20}(r+1)\mathrm{P}(X=r)$$

$$=\sum_{r=0}^{20} r\,\mathrm{P}(X=r)+\sum_{r=0}^{20}\mathrm{P}(X=r)$$

$$=\mathrm{E}(X)+1=17$$

따라서 $\mathrm{E}(X)=16$

$\mathrm{E}(X)=20p=16$이므로 $p=\dfrac{4}{5}$

따라서 $\mathrm{V}(5X)=25\times 20\times\dfrac{4}{5}\times\dfrac{1}{5}=80$

223 정답 309

대구시의 수험생 n명의 하루 수학 공부시간의 평균을 $\overline{x_1}$라 하자.

평균 m에 대한 신뢰도 99%의 신뢰구간이
$0.6608\le m\le 0.9389$이므로

$$\overline{x_1}-2.58\times\frac{\sigma}{\sqrt{n}}\le m\le\overline{x_1}+2.58\times\frac{\sigma}{\sqrt{n}}\text{에서}$$

$$\overline{x_1}-2.58\times\frac{\sigma}{\sqrt{n}}=0.6608\qquad\cdots\cdots\ \text{㉠}$$

$$\overline{x_1}+2.58\times\frac{\sigma}{\sqrt{n}}=0.9389\qquad\cdots\cdots\ \text{㉡}$$

㉡$-$㉠을 하면

$$2\times 2.58\times\frac{\sigma}{\sqrt{n}}=0.2781$$

이다.

한편 $81n$명의 평균 m에 대한 신뢰도 99%의 신뢰구간
$\alpha\le m\le\beta$에서

$$\beta-\alpha=2\times 2.58\times\frac{\sigma}{\sqrt{81n}}=\frac{0.2781}{9}=0.0309$$

$$10000(\beta-\alpha)=309$$

224 정답 ①

어느 지역 재수학원 학생들의 하루 수학 공부시간은 정규분포 $\mathrm{N}(m,\,3^2)$을 따르고 이 학생들 중 36명의 수학 공부시간 표본평균의 값이 $\overline{x_1}$일 때, $\mathrm{P}(|Z|\le 1.96)=0.95$이므로 모평균 m에 대한 신뢰도 95%의 신뢰구간은

$$\overline{x_1}-1.96\times\frac{3}{\sqrt{36}}\le m\le\overline{x_1}+1.96\times\frac{3}{\sqrt{36}}\text{이다.}$$

$$\overline{x_1}-0.98\le m\le\overline{x_1}+0.98$$

따라서 $\overline{x_1}+0.98=60.98$이므로 $\overline{x_1}=60$이다.

그러므로 $a=60-0.98=59.02$

$\overline{x_2}=\dfrac{5}{6}\overline{x_1}=50$이다.

재수학원 학생 n명의 모평균 m에 대한 신뢰도 95%의
신뢰구간은

$$50-1.96\times\dfrac{3}{\sqrt{n}}\leq m \leq 50+1.96\dfrac{3}{\sqrt{n}}$$

$$50-1.96\times\dfrac{3}{\sqrt{n}}=49.51$$

$$\dfrac{3}{\sqrt{n}}=\dfrac{0.49}{1.96}=\dfrac{1}{4}$$

$$\sqrt{n}=12$$

따라서 $n=144$이고 $b=50+1.96\times\dfrac{1}{4}=50.49$

$n-(a+b)$
$=144-(59.02+50.49)$
$=144-109.51$
$=34.49$

225 정답 64

모평균 m을 신뢰도 92%로 추정한 신뢰구간의 길이가 l이므로

$$l=2\times1.8\times\dfrac{1}{\sqrt{81}}=0.4$$

또, $\mathrm{P}(-\alpha\leq Z\leq\alpha)=\dfrac{k}{100}\ (\alpha>0)$라 할 때, 모평균 m을

신뢰도 k%로 추정한 신뢰구간의 길이가 $\dfrac{l}{2}$이므로

$$\dfrac{l}{2}=2\times\alpha\times\dfrac{1}{\sqrt{81}}\ ,\ 0.2=\dfrac{2}{9}\alpha\ ,\ \alpha=0.9$$

따라서, $\mathrm{P}(-0.9\leq Z\leq 0.9)=\dfrac{k}{100}$이므로

$$\dfrac{k}{100}=2\mathrm{P}(0\leq Z\leq 0.9)=2\times0.32=0.64$$

$$\therefore\ k=64$$

226 정답 ④

공원에서 머무를 시간을 확률변수 X라 하면 X는 정규분포
$\mathrm{N}(3.2,\ 1.5^2)$을 따른다.

$Z=\dfrac{X-3.2}{1.5}$로 놓으면

$X=5$일 때, $Z=\dfrac{5-3.2}{1.5}=1.2$이다.

따라서 구하는 확률을
$\begin{aligned}\mathrm{P}(X\geq5)&=\mathrm{P}(Z\geq1.2)\\&=0.5-\mathrm{P}(0\leq Z\leq1.2)\\&=0.5-0.3849\\&=0.1151\end{aligned}$

227 정답 5

확률변수 $X=1,\ 2,\ 3,\ 4$이다.

(i) $X=1$인 경우

처음 던져 4가 바닥에 닿을 경우이므로 구하는 확률은 $p=\dfrac{1}{4}$

(ii) $X=2$인 경우

두 번째까지 던져 바닥에 닿은 면의 합이 4 이상이어야 하므로
이러한 경우는 $(1,\ 3),\ (1,\ 4),\ (2,\ 2),\ (2,\ 3),\ (2,\ 4),$
$(3,\ 1),\ (3,\ 2),\ (3,\ 3),\ (3,\ 4)$의 9가지이고, 구하는

확률은 $p=\dfrac{9}{4^2}=\dfrac{9}{16}$

(iii) $X=3$인 경우

세 번째까지 던져 바닥에 닿은 면의 합이 4 이상이어야 하므로
이러한 경우는 $(1,\ 1,\ 2),\ (1,\ 1,\ 3),\ (1,\ 1,\ 4),$
$(1,\ 2,\ 1),\ (1,\ 2,\ 2),\ (1,\ 2,\ 3),\ (1,\ 2,\ 4),$
$(2,\ 1,\ 1),\ (2,\ 1,\ 2),\ (2,\ 1,\ 3),\ (2,\ 1,\ 4)$의

11가지이고 구하는 확률은 $p=\dfrac{11}{4^3}=\dfrac{11}{64}$

(iv) $X=4$인 경우

네 번째까지 던져 바닥에 닿은 면의 합이 4 이상이어야 하므로
이러한 경우는 $(1,\ 1,\ 1,\ 1),\ (1,\ 1,\ 1,\ 2),$
$(1,\ 1,\ 1,\ 3),\ (1,\ 1,\ 1,\ 4)$의 4가지이고 구하는 확률은

$p=\dfrac{4}{4^4}=\dfrac{1}{64}$

X	1	2	3	4	계
$\mathrm{P}(X)$	$\dfrac{1}{4}$	$\dfrac{9}{16}$	$\dfrac{11}{64}$	$\dfrac{1}{64}$	1

$\therefore\ \mathrm{E}(X)=1\times\dfrac{1}{4}+2\times\dfrac{9}{16}+3\times\dfrac{11}{64}+4\times\dfrac{1}{64}$

$$=\dfrac{16+72+33+4}{64}=\dfrac{125}{64}$$

$$\mathrm{E}\left(\dfrac{64}{25}X\right)=\dfrac{64}{25}\times\dfrac{125}{64}=5$$

228 정답 70

$$\dfrac{20}{1000}=0.02$$

따라서 장학금을 받기 위해서는 성적이 상위 2%안에 들어야
한다.
$\mathrm{P}(0\leq Z\leq2.0)=0.48$
이므로 $\mathrm{P}(Z\geq2)$이면 상위 2%이다.

따라서 $\dfrac{X-60}{5}\geq2$

에서 $X\geq70$
따라서 70점이 장학금을 받기 위한 최소점수이다.

229 정답 86

표준편차 $\sigma=6$이므로 α%의 신뢰도 상수를 k라 하면

$$\overline{X}-k\times\frac{6}{9}\leq m\leq\overline{X}+k\times\frac{6}{9}$$

이 성립하고

$$(\beta+2)-\beta=2k\times\frac{6}{9}$$

에서 $k=\frac{3}{2}$이다.

표준정규분포표에서
$\mathrm{P}(0\leq Z\leq 1.5)=0.43$이므로
$\alpha=2\times0.43\times100=86$이다.

230 정답 46

정규분포를 $\mathrm{N}(20,\,6^2)$을 따르는 모집단에 크기가 9인 표본을
임의 추출하여 구한 표본평균을 $\overline{X}$는 정규분포 $\mathrm{N}(20,\,2^2)$을
따르므로

$$\mathrm{P}(\overline{X}\geq 17)=\mathrm{P}\left(Z\geq\frac{17-20}{2}\right)=\mathrm{P}\left(Z\geq-\frac{3}{2}\right)$$

정규분포 $\mathrm{N}(12,\,\sigma^2)$을 따르는 모집단에서 크기가 36인 표본을
임의추출하여 구한 표본평균을 $\overline{Y}$는 정규분포 $\mathrm{N}\left(12,\,\left(\frac{\sigma}{6}\right)^2\right)$을
따르므로

$$\mathrm{P}(\overline{Y}\geq 13)=\mathrm{P}\left(Z\geq\frac{13-12}{\frac{\sigma}{6}}\right)=\mathrm{P}\left(Z\geq\frac{6}{\sigma}\right)$$

따라서 $\mathrm{P}\left(Z\geq-\frac{3}{2}\right)+\mathrm{P}\left(Z\geq\frac{6}{\sigma}\right)=1$을 만족하기 위해서는

$\frac{6}{\sigma}=\frac{3}{2}$이어야 한다.

$\therefore\ \sigma=4$

표준정규분포표에서 $\mathrm{P}(0\leq Z\leq 0.75)=0.27$이므로
$\mathrm{P}(Z\leq 0.75)=\mathrm{P}(Z\geq-0.75)=0.77$이다.

따라서

$$\mathrm{P}(\overline{Y}\geq a)=\mathrm{P}\left(Z\geq\frac{a-12}{\frac{4}{6}}\right)=\mathrm{P}\left(Z\geq\frac{3}{2}(a-12)\right)$$

$$=\mathrm{P}(Z\geq-0.75)$$

이므로

$\frac{3}{2}(a-12)=-\frac{3}{4}$이다.

$$a-12=-\frac{1}{2}$$

$$a=12-\frac{1}{2}=\frac{23}{2}$$

$$4a=46$$

쉬운 4점과
　　준킬러 난이도 문항 탑재

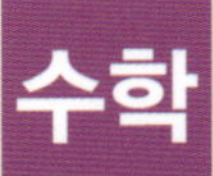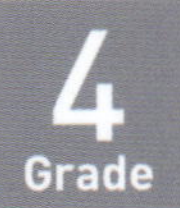

본 교재의 정오표 및 첨부 파일은 atom.ac의 본 교재 페이지에서 다운로드 하실 수 있습니다.